ESSAI

HISTORIQUE, PHILOSOPHIQUE ET PITTORESQUE

SUR LES

DANSES DES MORTS.

ESSAI

HISTORIQUE, PHILOSOPHIQUE ET PITTORESQUE

SUR LES

DANSES DES MORTS

PAR E.-H. LANGLOIS

DU PONT-DE-L'ARCHE,

ACCOMPAGNÉ DE CINQUANTE-QUATRE PLANCHES ET DE NOMBREUSES VIGNETTES,
DESSINÉES ET GRAVÉES
PAR E.-H. LANGLOIS, Mlle ESPÉRANCE LANGLOIS,
MM. BREVIÈRE ET TUDOT;

SUIVI

D'UNE LETTRE DE M. C. LEBER ET D'UNE NOTE DE M. DEPPING

SUR LE MÊME SUJET.

OUVRAGE COMPLÉTÉ ET PUBLIÉ

PAR

M. ANDRÉ POTTIER,
CONSERVATEUR DE LA BIBLIOTHÈQUE DE ROUEN.
ET M. ALFRED BAUDRY.

TOME PREMIER.

ROUEN
A. LEBRUMENT, LIBRAIRE, QUAI NAPOLÉON, 45.

M DCCC LI.

AVERTISSEMENT DES ÉDITEURS.

En mettant enfin au jour cette publication posthume de leur compatriote E.-H. Langlois, les éditeurs, qui ont entrepris la tâche délicate d'ajouter à son œuvre les compléments dont elle était demeurée privée, se fussent estimés heureux sans doute que leur faible contingent réussît tellement à se confondre avec le fonds principal, qu'il n'en pût être désormais distingué. Ils eussent, dans cet espoir, fait de grand cœur abnégation de tout amour-propre; mais ils ont pleinement la conscience qu'il n'en saurait être ainsi : la pensée de Langlois, partout où elle se produit, se montre revêtue d'un tel cachet d'autorité et d'énergie, dont le style garde fidèlement l'empreinte, qu'il est impossible de la méconnaître, et que ce serait présomption de chercher à l'imiter. Le lecteur n'eût pas manqué de faire facilement la distinction, sans qu'il fût besoin de l'éclairer à cet égard. Si les éditeurs se laissent donc entraîner à parler ici de leur participation, c'est uniquement pour revendiquer leur part de responsabilité à l'égard des erreurs qu'ils ont pu commettre.

Il ne paraîtra pas hors de propos de rappeler en quelles conditions l'ouvrage fut laissé par son savant auteur.

Une première rédaction parut en 1832 dans les Bulletins de la Société d'Emulation de Rouen, sous forme de mémoire sur la Danse des Morts de l'Aitre de Saint-Maclou de cette ville et accessoirement sur ce genre de représentations en général. C'est à peu près en cet état, sauf beaucoup de notes éparses et non reliées entre elles, qu'il fut recueilli par les éditeurs.

Etendre et développer considérablement ce travail, tout en conservant sa disposition et ses bases, eût présenté de grandes difficultés. C'est, en effet, bien moins une collection de faits qu'une exposition de théories et d'idées; et la forme toute personnelle des appréciations de l'auteur, l'enchaînement étroit de ses discussions n'étaient guère susceptibles d'admettre, par intercalation, des accompagnements étrangers.

La tâche des éditeurs devait donc, pour cette partie, se borner à rassembler les observations détachées, les recherches éparses de l'auteur, et à les coordonner, soit en les introduisant dans les chapitres déjà préparés, soit en les disposant pour en former des chapitres nouveaux ou des appendices accessoires.

Toute la partie de l'ouvrage dont il s'agit ici est renfermée dans les huit premiers chapitres, y compris leurs appendices ; c'est à proprement parler l'œuvre personnelle de Langlois, et les éditeurs n'y ont guère contribué que pour en ménager la disposition et l'arrangement.

Là peut-être eût dû se borner leur mission ; mais, quelque intéressante au fond que fût cette partie, soit par l'originalité des aperçus de l'auteur, soit par l'ingénieux à-propos des rapprochements, elle ne pouvait cependant passer pour un ouvrage un peu complet sur le sujet traité. Si la partie théorique et conjecturale s'y trouvait discutée avec autant d'étendue que d'érudition et d'habileté, la partie positive, c'est-à-dire la description des planches nombreuses gravées d'avance pour l'illustration du volume ; l'indication des monuments anciens peints ou sculptés, caractérisés par quelque Danse funèbre ; la mention bibliographique de tous les ouvrages ayant les figurations macabres pour sujet principal ou pour ornement accessoire, tous ces compléments indispensables d'un traité un peu étendu, n'était pas même abordée. Il est vrai que l'auteur, dans sa préface, semblait annoncer l'intention de laisser de côté toute énumération bibliographique, estimant que MM. Peignot et Douce avaient suffisamment élaboré ce genre de recherches ; mais si de son vivant cette opinion pouvait passer pour fondée, elle avait plus tard cessé d'être exacte, de nouveaux et nombreux ouvrages, parus en France, en Allemagne et jusqu'en Hollande, ayant considérablement augmenté la somme des renseignements bibliographiques et des autres documents de toute espèce. Qu'il suffise de citer à cet égard les noms de leurs auteurs, tels que MM. Alfred Maury, Jacob Grimm, Massmann, Fortoul, Ellissen, Naumann, Kist, etc. Les éditeurs ont donc pensé que, en s'aidant de tous ces importants travaux, il était possible d'abord d'ajouter à l'ouvrage primitif quelques chapitres supplémentaires, et ensuite de donner aux divers catalogues bibliographiques une étendue, des développements et surtout une exactitude qui mît cette nouvelle publication au rang des plus complètes. Puisse ce résultat de leurs efforts n'être point jugé indigne de l'œuvre qu'ils étaient chargés de compléter !

On ne réussit point à produire des œuvres de ce genre, formées d'éléments empruntés à tant de sources, sans contracter de nombreuses obligations envers les savants, les artistes qui ont bien voulu vous aider de leurs communications érudites ou de leurs travaux artistiques. C'est à Langlois lui-même qu'il eût appartenu de remercier dignement M. Leber, dont il avait reçu une savante dissertation inédite qui ne sera pas l'un des moindres ornements de cet ouvrage, et M. Depping, qui avait également traité quelques points curieux dans une note écrite à son intention, et qu'on trouvera jointe à la précédente.

Quant aux éditeurs, c'est surtout à M. Brevière qu'ils doivent le tribut de leur reconnaissance pour l'obligeance qu'il a mise à graver, d'après un dessin de Langlois, le beau frontispice qui décore le deuxième volume, et en outre à M. Tudot, qui, sur leur désir et en témoignage de pieux souvenir pour son ami Langlois, a également lithographié trois sujets qui ont pris place dans la série des planches de l'ouvrage exécutées par l'auteur.

ANDRÉ POTTIER, ALFRED BAUDRY.

Septembre 1851.

PRÉFACE DE L'AUTEUR.

Il est à propos de faire connaître au lecteur que la première pensée de cet ouvrage ne semblait pas promettre tous les développements que j'ai été peu à peu conduit à lui donner. Il ne s'agissait d'abord que de la description d'un de nos monuments locaux les plus complétement ignorés : la Danse des Morts sculptée sur les colonnes de l'ancien cloître appelé Aitre de Saint-Maclou. A cette monographie pittoresque devaient naturellement se rattacher quelques considérations sur les monuments du même genre qui ont existé ou qui existent encore dans différentes contrées. Mais, en dirigeant mes recherches de ce côté, un point de vue piquant et jusqu'alors à peu près inexploré avait principalement attiré

mon attention. J'entends parler ici de faits relatifs aux anciens mystères et aux représentations mimiques dont la Danse Macabre a certainement et fréquemment fourni les sujets. J'avais fait tous mes efforts pour élucider cette curieuse particularité ; je m'étais même, à cet égard, jeté dans une correspondance fort étendue. Des littérateurs allemands, anglais, polonais, italiens, avaient amicalement accueilli mes prières; mais, malheureusement, leur obligeance n'a pu me fournir qu'un nombre de faits tellement minime, que, malgré leurs efforts, les miens et ma longue expectative, je suis resté pauvre, bien pauvre même, et n'ai pu remplir entièrement, dans cet ouvrage, la fâcheuse lacune qui se retrouve dans ceux de mes devanciers, qui n'ont pu, de leur côté, tracer un tableau largement développé des Danses des Morts exécutées par des vivants dans le cours du moyen-âge. Tel était le champ vierge encore que je me proposais de défricher, et dans lequel je n'ai pu, je l'avoue, tracer que quelques faibles sillons.

De tous les écrivains qui se sont occupés avant moi de la Danse des Morts, je ne citerai que les noms de M. Gabriel Peignot, en France, et de sir Francis Douce, en Angleterre, qui ont traité spécialement cette matière, dont le dernier s'est occupé pendant plus de trente ans. Je me suis proposé un plan différent des leurs, dont les descriptions bibliographiques absorbent la plus large part.

Dans mon travail, j'ai cherché à réunir aux types les plus grossiers des créations gothiques ceux des compositions élégantes des époques plus récentes. Excepté la petite Danse des Morts des belles Heures gothiques de Simon Vostre, que j'ai dû reproduire tout entière, je n'ai donné que des spécimens des autres Danses, dont les exemplaires sont plus ou moins répandus; mais cela suffit pour faire connaître le style qui les caractérise et le mérite de leur exécution. Quant à mon texte, au lieu de le grossir de dissertations critiques sur les auteurs formellement connus ou présumés de la plupart de ces divers produits de l'art, j'ai préféré me renfermer autant que possible dans tout ce qui rattache au fond moral de ces singuliers sujets la Danse Macabre et les idées philosophiquement grotesques qui se groupent autour d'elle.

Cette Danse fut indubitablement une variété des spectacles barbares dont se composait le théâtre informe de nos pères; mais, indépendamment de son but philosophique, par ce qu'il y avait de sombre et de terrible dans de semblables ballets, elle se rattachait sans doute aussi à des légendes bizarres, à des traditions étranges, à des croyances superstitieuses qui sympathisaient mystérieusement avec elle. Sans prétendre attaquer la foi de nos pères, on peut affirmer, néanmoins, que, pendant bien des siècles, l'adoration des débris des morts, celle des reliques, fut le principal aliment du culte public. Il n'était point alors d'invention de corps saint sans une apparition préalable, et rien ne paraissait plus croyable à des hommes qui peuplaient les cimetières et les églises de spectres et de revenants. Tantôt, en effet, les âmes du Purgatoire apparaissaient pour solliciter des prières ; tantôt des damnés mêmes s'échappaient de l'antre infernal pour épouvanter les vivants, et ces terribles fantômes, quel que fût leur point de départ, ne se présentaient jamais que stigmatisés par des feux vengeurs ou sous des formes épouvantablement cadavériques. « Peut-on, dit Cromer, dans son *Histoire de Po-* » *logne*, en parlant des hallucinations de ces temps » reculés, peut-on lire sans indignation les fré- » quentes apparitions de ces âmes qui revenaient de » l'autre monde, il y a six ou sept cents ans, les » unes avec la peau toute brûlée, et les autres ron- » gées de vers ? » Alors, l'écho des vieux châteaux retentissait du bruit nocturne des chaînes des réprouvés ; au fond des épaisses forêts, l'horrible fracas de la Chasse Macabée se mêlait, dans les ténèbres, aux longs hurlements des loups. Alors, à l'époque des Avents, le moine-bourru poursuivait en robe blanche les habitants épouvantés des campagnes, et le loup-garou ne trouvait pas l'année trop longue pour épier dans les chemins et persécuter ses victimes. Alors, magie, sortiléges, incantations impies, sorts funestes jetés sur les animaux et sur les hommes, voilà ce qui se passait sur la terre aux heures où les démons, semant les péchés sur les villes et les hameaux, s'agitaient, en riant, dans les voiles de la nuit. Alors encore, le glaive de la justice humaine n'était pas seul à frapper le crime et le sacrilége, car souvent, prévenant ses coups, le Ciel, dans sa colère, revendiquait le droit de punir le coupable. De là, les innombrables et prodigieux exemples que nous ont transmis les chroniques gothiques, et parmi lesquelles figurent ces Danses profanes si célèbres par le miraculeux châtiment de leurs acteurs. On se figure aisément que, fortement impressionnés par de telles croyances, nos pères, qui, du reste, ne valurent pas mieux que nous, perdaient rarement de vue l'idée d'un monde métaphysique et la pensée d'un avenir sans limites où les attendait le Paradis ou l'Enfer. Ainsi, la méditation de la mort était regardée par eux, ce que font encore les rares fidèles de nos jours, comme la véritable planche de salut, et l'Église, dans ses prescriptions liturgiques, leur avait elle-même tracé les formules qui consacraient au souvenir de la dernière heure le commencement et la fin de la journée. On vit, pour ajouter à l'impression de ces austères pensées, Maximilien 1er conserver, dans sa chambre à coucher, son cercueil, et Charles V, le petit-fils de cet empereur, s'étendre vivant dans sa bière, pendant que, couvert du drap mortuaire, on célébrait pour lui l'office des trépassés. Pour des générations ainsi moralement prédisposées, malgré son Fou, qui n'était lui-même qu'une satire de la vie, la Danse Macabre n'était pas un spectacle entièrement frivole et de pure curiosité. Par sa nature simple et grossière, ce spectacle non seulement se trouvait au niveau des intelligences de l'époque, mais encore il empruntait tellement la couleur des idées éminemment dominantes, que si nous n'avons pu recueillir qu'un petit nombre de faits relatifs à ces funèbres représentations théâtrales, il ne faut pas conjecturer de là qu'elles aient été extrêmement rares; nous sommes, pour notre propre compte, formellement persuadé du contraire, et si nos recherches n'ont pas été plus fructueuses, on ne doit, avec nous, en accuser que les ravages du temps et l'anéantissement qu'amène l'oubli.

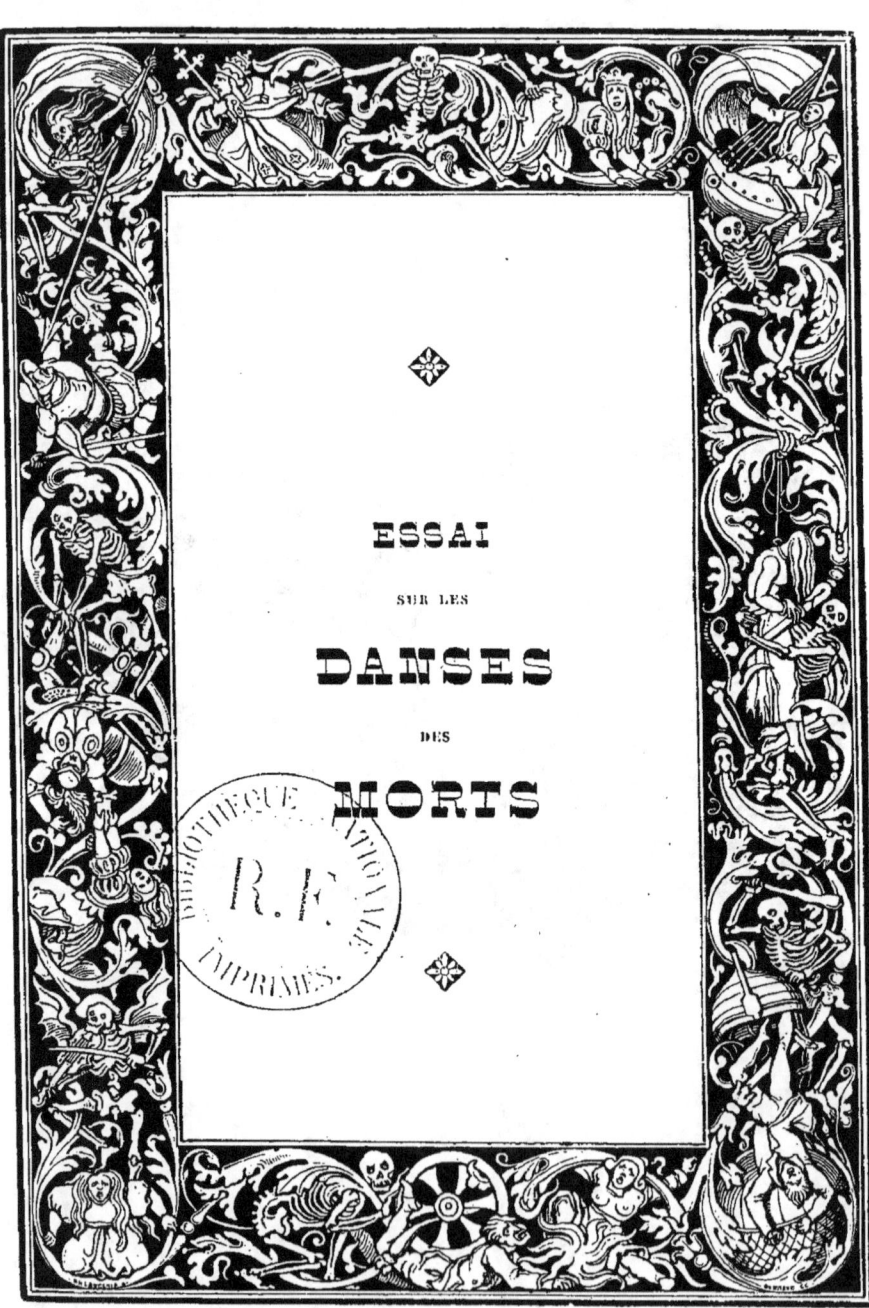

ESSAI
SUR LES
DANSES
DES
MORTS

ESSAI

HISTORIQUE, PHILOSOPHIQUE ET PITTORESQUE

SUR LES

DANSES DES MORTS.

CHAPITRE PREMIER.

ROUEN AU XVIᵉ SIÈCLE.

Il n'est certainement pas de villes occidentales de France où le moyen-âge ait laissé plus que dans Rouen de nombreuses et nobles traces de son austère et long passage. Aussi, dans cette cité si riche de souvenirs et, quoique dépouillée de la plupart de ses vieux monuments, si féconde encore en inspirations artistiques, l'historien, l'antiquaire et le peintre ne peuvent-ils faire un pas sans témoigner leur admiration à l'aspect d'un chef-d'œuvre, ou sans s'affliger sur la ruine complète ou la mutilation de quelque édifice civil ou religieux. Ce dernier sentiment fut celui que me fit éprouver la découverte des groupes funèbres, aujourd'hui misérablement défigurés, dont la philosophie chrétienne, matérialisant une pensée morale, décora jadis un asile de la mort : l'ancien cloître de Saint-Maclou. Je conçus dès-lors le projet de disputer à l'oubli ce curieux monument, enterré lui-même, pour ainsi dire, dans un coin presque ignoré d'un quartier populeux et plein de vie, mais d'un aspect pauvre et vulgaire et de l'animation la plus triviale.

De cette première pensée découla celle d'associer à la publication de la Danse Macabre qui frappait mes regards quelques recherches sur les sujets du même genre. Mais, pour faire connaître à mes lecteurs le point lugubre d'où je suis parti, qu'ils me permettent de les y conduire à travers la ville morte, le Rouen du XVIe siècle, dont il ne reste plus qu'un pâle et froid fantôme. Si, dans leurs sombres caprices, des imaginations bizarres ont fait danser les hôtes inanimés des sépulcres, pourquoi n'évoquerions-nous pas, en agrandissant cette image, notre vieille cité tout entière, toute vivante, et, comme elle le fut jadis, si différente de ce que l'ont faite pour nous de nouveaux temps, de nouvelles mœurs et de nouveaux goûts?

A la classique mélodie de la lyre d'Amphion, les murailles de Thèbes se construisirent d'elles-mêmes : essayons de relever nos ruines aux grincements romantiques du rebec de **MACABRE**.

Déjà nos verts et riants boulevards font place à de profonds et larges fossés, interlignés de massives casemates. La Seine, élargissant son lit, repousse les quais, rapproche leurs talus du pied des remparts, et, sur son onde rajeunie, le pont de l'impériale épouse de Henry-l'Oiseleur et de Geoffroy Plante-Genest revoit dominer, sans rivales, ses arches arrondies. Dans la ville, qui tout-à-coup s'est resserrée dans ses vieux murs flanqués de tours couronnées de créneaux et de machicoulis, vous n'entrerez pas par cent portes, comme dans la Thèbes antique; car on en compte huit à peine, percées à de longues distances l'une de l'autre. Mais chacune de ces portes, défendue par un puissant châtelet, est armée de herses, de bascules, de pont-levis et de vantaux bardés de fer et de guichets.

Au-dessus de cette noble enceinte militaire, voyez se relever et s'élancer de toutes parts, au sein de la nue, les tours aériennes et les pyramides gigantesques des nombreux monuments religieux de la cité de Rollon; car le Rouen qui nous apparaît ne compte pas moins de trente-cinq paroisses et de trente-quatre monastères[1]. N'oubliez pas surtout de remarquer, au milieu de cette forêt majestueuse de clochers, les donjons massifs des trois citadelles, dont deux dominent également la ville.

Jetez maintenant, vers l'orient, un regard sur le Mont-Sainte-Catherine, dont la cime orgueilleuse, envahie par le fort du même nom, paraît comme ornée d'une couronne murale. Une basilique en forme le point culminant en élevant jusqu'à la nue le signe de la rédemption. C'est la belle église de l'abbaye bénédictine de la Sainte-Trinité-du-Mont, qui rappelle en tous points

---

[1] Il ne reste aujourd'hui que onze paroisses et trois succursales. En 1718, année de la publication des *Voyages liturgiques* de Lebrun-Desmarettes, Rouen renfermait trente-six églises paroissiales et environ cinquante maisons religieuses des deux sexes.

celle de Saint-Georges-de-Boscherville, près Rouen, monument remarquable de l'architecture *romane*, ou *normande*, si vous l'aimez mieux, de l'époque du vainqueur d'Hastings [1].

Pendant la durée de notre illusion, parcourons les quatre-vingts rues étroites, tortueuses et sombres, pavées ou non, mais si pittoresques, de ce Rouen du moyen-âge ; puis, explorant tour-à-tour l'intérieur de ses édifices sacrés, contemplons surtout ce que l'ignorance et la barbarie doivent anéantir dans le plus grand siècle de lumières. Ainsi, dans la cathédrale, recueillons nos souvenirs à l'aspect de ces statues royales qui semblent endormies sur les tombeaux du chœur. Dans la chapelle de la Vierge [2] de cette même basilique, admirons ces graves effigies pontifi-

---

[1] Le fort et l'abbaye du **Mont-Sainte-Catherine** furent détruits dès le règne de Henri IV, mais les forteresses de l'intérieur de la ville ne l'ont été que dans le siècle dernier.

[2] La chapelle de la Vierge renfermait les sépultures des archevêques suivants, décorés des effigies de ces prélats : Georges d'Amboise oncle et neveu [*], Guillaume De Flavacourt, Raoul Roussel et Eude Rigaud. Dans l'aile gauche du côté du chœur, on voyait, dans la chapelle de Saint-Pierre et de Saint-Paul, les statues couchées de deux autres archevêques, exécutées en marbre blanc : les noms de ceux que représentaient ces dernières

[*] Les statues à genoux de ces deux archevêques existent encore avec le merveilleux tombeau dont elles font partie. Le mausolée du sénéchal de Brézé, assez gravement mutilé, se voit toujours aussi dans la même chapelle.

cales, étudions leurs antiques et pompeux ornements, et, maintenant, visitons aussi les tombeaux des autres églises; car il n'en est point une à laquelle on ait épargné ce luxe de la mort.

Jetons, en passant, un coup d'œil sur les fontaines publiques. Dans celle de Saint-Maclou, ces deux beaux enfants, élégante création de Jean Goujon, rappellent, par une indispensable fonction de la nature, le plaisant et célèbre *Mannekenpis* de Bruxelles, et, comme lui, versent abondamment, dans la cruche de la jeune fille naïve et sans malice, l'eau limpide qu'elle vient recueillir à l'angle du temple sacré. (Voyez planche Ire.)

Voici la jolie fontaine gothique désignée sous le nom de *la Croix-de-Pierre*, ornée de son ancien *pinacle* et de ses statues primitives.

étaient oubliés. Dans le chœur, de simples inscriptions marquent aujourd'hui les places qu'occupaient les tombeaux de Henri-le-Jeune, de Jean, duc de Bethford, et les cénotaphes renfermant les cœurs de Richard-Cœur-de-Lion[*] et de Charles V. Que sont devenus les tristes débris de ces monuments et ceux de tant d'autres, détruits ainsi qu'eux dans le xviiie siècle? Pourtant, la plupart de ces pontifes et de ces princes étaient les bienfaiteurs de l'église de Rouen. Ces illustres personnages ne connaissaient donc pas ce mot de Plaute :

Si quid benefacias, levior pluma est gratia.

[*] Il est en quelque sorte inutile de rappeler que l'effigie sépulcrale et le cœur de Richard-Cœur-de-Lion ont été exhumés, en août 1838, par les soins de MM. Grégoire et Deville. (Note de l'Éditeur.)

Celle de Saint-Vincent, sous son dais magnifique, abrite un groupe admirable représentant la naissance du Sauveur ; au-dessous de ces sculptures, s'arrondit le bassin où tombe, en bouillonnant, le cristal qui jaillit des bouches de bronze des secourables animaux de la crèche [1].

Allons retrouver, à la Crosse, la belle statue de Marie, dont l'enfant divin semble bénir les eaux, et n'oublions pas de nous rafraîchir, en passant, à celles qui coulent du gosier des salamandres, au monument pyramidal de l'hôtel des évêques de Lisieux.

Dans cette dernière fontaine, entièrement peinte et dorée, les arts de la renaissance vous ont représenté *le Mont de Parnassus*. N'allez pas croire que le personnage assis sur le sommet soit Louis XII ou François Ier, psalmodiant, dans le costume négligé de leur époque, une ballade amoureuse sur la harpe gauloise ; c'est *Apollo*, Apollon-Cytharèdes ; et ces neuf damoiselles, si *gorgiasement atournées* en habit de cour, ne sont autre chose que les illustres filles de Mnémosine.

---

[1] Des voleurs s'emparèrent une nuit de ces objets de métal ; ensuite, cette fontaine partagea le sort des autres qui sont aujourd'hui entièrement détruites ou horriblement mutilées.

Dans ce cheval ailé, vous reconnaîtrez facilement *Pegasus ;* mais si vous êtes embarrassé de savoir quelle est cette magnifique matrone tricéphale dont les dimensions dominent celles des autres figures, sachez que c'est *Philosophie,* et que ses trois visages représentent la logique, la physique et la métaphysique [1].

Arrêtons-nous surtout ici ; car c'est la fontaine monumentale de l'héroïne d'Orléans. Que

---

[1] « Soit noté qu'il y a dedens ladicte cuve, estant au coing de la porte de moy dict Lelieur, deux chantepleures, et que de ladicte cuve jusques au lieu de la maison de Lisieulx, où elle court ordinairement en rue et sort ledict cours par deux salmandres de cuivre, soubs une très-belle et magnifique masse de pierre, en laquelle est figuré le Mont de Pernasus, out (*sic*) est Philosophie, Appollo, le cheual Peguasus et les neuf Muses, y a doubles cahots et doubles........, qui sont conduicts et menés l'un contre l'autre pour les causes qui cy-après sera déclaré.

« Soit noté que l'une desdictes chantepleures estant en ladicte dernière cuve, sert à soutenir et lascher les eaues pour les faire courir ordinairement par les deux salmandres, et l'autre chantepleure sert pour lascher les eaues et pour faire ung triumphe deuant quelque personne honneste, et pour une nouallité, en les faisant courir par les neuf instruments des neuf Muses, par les deux mammelles de Philosophie et par un gros boillon d'eau sortissant de dessoubs le pié du cheval Peguasus, en contemplation de la fiction poétique de la source des eaues. »

(Extrait du précieux manuscrit orné de plans et de miniatures, relatif au cours des fontaines de la ville de Rouen, exécuté en 1525, et faisant aujourd'hui partie des archives de la mairie.)

Dans l'ancienne épitaphe de saint Maurile, archevêque de Rouen, mort en 1067, une des plus hautes louanges accordées à ce prélat roule sur ce que *potavit trifido fonte philosophico.*

pensez-vous de cette gracieuse et légère coupole, des trois élégantes colonnes qui la supportent, et surtout de la jolie statue qu'elle abrite? Pauvre Jeanne! cette aimable figure est encore palpitante de tes glorieux et touchants souvenirs; mais, sur les ruines de celle-ci, qui pourra te reconnaître dans la lourde *virago* que le ciseau de Paul Slodtz doit si pesamment te consacrer. Au reste, tel est à ton égard, pure et noble martyre, l'erreur populaire qu'alimente la lecture d'un chef-d'œuvre infame dont l'auteur te dépeint comme une robuste hommasse, quand, au contraire, ton cœur si vaillant battit dans un corps délicat et de petite taille.

Pressons-nous, hâtons le pas ; car le prestige peut s'évanouir. Alors le Rouen si coloré, si poétique, si monumental du xvie siècle, redevient le Rouen si vaste, mais déjà si monoforme de nos jours, la ville de briques et de plâtre.

Mais ne voilà-t-il pas que le temps se couvre : il est si souvent pluvieux à Rouen. Eh bien ! ces files d'*avant-soliers*, espèces de galeries couvertes, dont nous retrouverons les semblables dans presque tous les quartiers et dans les places de marché surtout, vont nous offrir, comme aux autres passants, des abris pendant la pluie.

Leurs robustes poteaux nous serviront d'ailleurs de boucliers contre les moyeux des voitures de roulage et des charriots à rideaux de cuir doré, où l'aristocratie, durement cahotée, parcourt la ville au trot pesant de ses épais chevaux normands.

Reprenons le pavé, et considérez ces autres maisons de bois, à pignon sur rue : voyez comme leurs étages forment singulièrement saillie les uns sur les autres; manière ingénieuse, pour le temps, d'élargir sa demeure sans opposer d'obstacle à la voie publique. Remarquez surtout cette maison enrichie de sculptures depuis sa base de pierre jusqu'à la sommité du poinçon. L'honorable bourgeois qui l'a fait bâtir respire encore dans ses murs, environné de ses chers commensaux. Chacun le salue, en passant, de la toque ou du chaperon; car c'est un ami connu de Monseigneur le cardinal-légat Georges d'Amboise. Le prud'homme se nomme Andrieu, sa femme s'appelle Margarite, le premier de ses fils, Jehan, le second Pol, et ses deux filles portent les noms de Katharine et de Mahiette.

Si vous me demandez qui m'en a tant appris, jetez les yeux sur ces vénérables statuelles façonnées à même les pièces de la charpente : eh bien!

sachez que ces images ne se trouvent point là
comme de simples objets de décor et de caprice;
c'est le laraire extérieur de cette paisible famille
dont les patrons sont ici figurés. Cette grosse lanterne voit, chaque soir, allumer en leur honneur
une chandelle bénite, et cette pieuse coutume,
commune à mille autres habitants, compose le
seul éclairage de la cité, lorsque les arbalestriers
de la *Cinquantaine* épouvantent, dans leurs rondes
nocturnes, par le cliquetis de leurs armures et le
pas de leurs chevaux, les voleurs, les *mauvais
garçons*[1] et les *galoises*[2] *courant furtivement l'esguillette.*

Passons, et suivons ces longues lignes de maisons, semblables à celles que nous venons de
voir, et qui doivent un jour, déjetées et noircies
par le temps, ne trouver grâce qu'aux yeux de
l'antiquaire et du peintre. Nous y trouvons les

---

[1] L'épithète de *mauvais garçon* équivalait à celles de libertin, de tapageur, et quelquefois même de coupe-jarret.

[2] C'est ainsi qu'on appelait souvent les femmes de mauvaise vie, auxquelles, à Rouen comme en beaucoup d'autres lieux, on assignait pour demeure certaines rues hors desquelles il leur était défendu de faire appel aux passants. L'expression *courir l'esguillette* vient de ce qu'en certain temps on contraignit les prostituées à porter une aiguillette cousue sur l'épaule, pour les distinguer des honnêtes femmes.

mêmes emblêmes; mais vous voyez que souvent une inspiration profane, une pensée bizarre et quelquefois cynique vient avec audace s'y associer aux insignes religieux. Remarquez, en effet, ces tritons, ces syrènes, ces satyres, type chéri des artistes du XVIe siècle; voyez, sur ces demeures d'un style antérieur, ces dragons à la gueule béante, à la queue turbinée, ces gargouilles monstrueuses, mystérieux hiéroglyphe non encore expliqué, si prodigalement et si long-temps employé par nos pères. Ici, distinguez, si votre œil peut en saisir les rinceaux délicats, ces arabesques environnant ces têtes gothiques ou romaines qu'encadrent des *chapels* (couronnes) de *fruitages*, de laurier ou de chêne, et dites-moi s'il ne vous semble pas, en longeant ces agrégations de façades si libéralement, si diversement décorées, marcher environné de riches tentures empreintes des symboles des traditions les plus folles et des croyances les plus révérées.

Ce luxe effréné, mais si poétique, des arts ressuscitant pleins de jeunesse, d'enthousiasme et d'énergie, vous l'avez particulièrement admiré sur les murs d'un grand nombre de maisons de pierre, et notamment sur ceux du monastère de

Saint-Amand, du Bureau des Finances, de la Chambre des Comptes et du Palais abbatial de Saint-Ouen, élégante victime réservée aux vandales du xixe siècle; mais vous venez de le voir resplendissant de son plus vif éclat dans les bas-reliefs historiques de l'Hôtel du Bourgtheroulde[1], dans les admirables portes de Saint-Maclou, exquises productions de Jean Goujon, et dans cette série de sujets bibliques et évangéliques des portails de la cathédrale, où les sculpteurs ont fait assaut de délicatesse et de mignardise avec les miniaturistes-calligraphes.

Cependant (car nous évoquons les habitants de la vieille ville avec la vieille ville elle-même), voyez avec quelle indifférence passent, devant ces chefs-d'œuvre, vierges et complets encore, ceux qui les virent éclore; c'est qu'apparemment

---

[1] Nous parlons ici des cinq beaux et grands bas-reliefs publiés par Montfaucon et par plusieurs autres antiquaires, qui représentent la fameuse entrevue de François Ier et de Henri VIII, connue sous le nom de *Camp du Drap d'or*. Ces belles sculptures, gravement mutilées, ont été moulées, au moyen d'une souscription formée par plusieurs amis des arts, pour notre Musée d'antiquités. Cette opération, qui seule pouvait nous consoler de l'altération progressive de ces morceaux remarquables, exposés depuis trois siècles aux intempéries de l'air, a fait le plus grand honneur à l'habileté de notre concitoyen M. Pellegrin, sculpteur et mouleur.

il manque à ces temples, à ces tombeaux, à ces palais, à ces fontaines, trois siècles d'existence, des mutilations et des ruines; car le délire anti-catholique des années 1559 et 1562 n'a pas encore exercé ses ravages sur ces précieux produits de l'art. Au reste, telle est l'inconcevable inconséquence de l'homme, que, presque toujours, il n'apprécie les choses à leur véritable valeur que lorsqu'il les voit irrémédiablement dépérissantes ou perdues. Telle est, hélas! aujourd'hui notre déplorable histoire.

Puisque nous sommes encore au xvie siècle, et au sein du Rouen de cette époque, apprenez que, dans cette enceinte de hautes murailles et de fossés profonds, le mort infecte continuellement le vif.....

En effet, outre que chaque église est elle-même un véritable charnier, près de quatre-vingts cimetières sont enchâssés comme autant de noirs compartiments dans cette vieille et compacte cité, vaste mosaïque composée de mille et mille pièces de figures variées.

Or, ces muguets en toque à plumet, en *braies* collantes, en pourpoint de satin, en manteline de velours, en souliers tailladés, que vous voyez caressant leur barbe ou filant leur moustache en souriant aux dames ; ces dames si *cointes,* si *mignotes,* poupées musquées au chaperon de pourpre, à la fraise godronnée, à la cotte infundibuliforme, au corselet de brocard d'or qui les tient si raides et si droites, ces hommes d'armes, ces marins de tous pays, ces moines de toutes couleurs, ces flots tumultueux de *menu populaire,* petites gens en casaque, en jaquette et en vertugalle de *bureau* ou de gros drap de Rouen : eh bien ! dis-je, dans ces rues humides, étroites et tortueuses, où l'air est concentré, captif et sans ressort, tout ce monde, riche ou pauvre, aspire à longs traits les miasmes cadavériques qui s'élèvent de toutes parts en invisibles tourbillons.

Cependant, cet effrayant résultat d'un religieux mais funeste abus doit avoir une longue durée, car nous ne sommes encore, s'il vous en souvient, que dans le xvie siècle, et l'autorité des cours souveraines ne pourra contraindre la mort à se tenir à l'écart de la vie[1] que bien avant dans le xviiie.

---

[1] Dès le xvie siècle, et même long-temps avant, on s'était cependant quelquefois récrié contre un abus si contraire à la police sanitaire des villes. « Les chrestiens », dit par exemple Claude

Le xvɪɪɪᵉ siècle !!! Eh ! n'est-il pas déjà tombé dans l'abîme des âges, en y entraînant avec lui ses innombrables morts et ses événements immenses. Et nous, qui lui survivons en propageant au sein des générations nouvelles son *heureuse* incrédulité et ses *sages* désenchantements, nous, enfants gâtés de la raison, soyons positifs comme elle, et laissons le Rouen de Louis XII et de François Iᵉʳ redevenir celui de 1835... Oh! que de monuments anéantis, et comme le poids de trois siècles a froissé ce qui nous en reste ! Reliques précieuses, mais, pour la plupart, mutilées encore par le fer des Calvinistes !

Les partisans de Montgommery ne furent pas, il est vrai, les seuls barbares, et pourtant le vandalisme d'une époque de terreur et de sang n'a laissé chez nous presque aucune trace de son épouvantable passage.... Mais, paix aux trépas-

---

Guichard, dans son livre des *Funérailles* (1581), page 520, « ve-
» nans à estre les maistres, et à auoir leurs temples dans les
» villes, y voulurent auoir aussi leurs sepultures, comme ils ont
» encor auiourdhuy, à l'entour, ou non guere loing des églises,
» au grand preiudice de leur propre santé. D'alentour des temples
s ils sont apres entrés dedans : et finalement, non contents d'estre
» enseuelis en la nef, ont voulu que le chœur leur ayt serui de
» cemetière, auquel iadis il n'y auait que les SS. martyrs ense-
» pulturés. »

sés, quelque faute qu'ils aient pu commettre; paix aux vivants, même, qui pourraient en avoir commis....

Maintenant, renonçant à toute fiction parasite, continuons à parler de cimetières et de mort, entretien qui, jadis, entraînait la pensée bien au-delà des domaines du temps, mais qui, bien que toujours affligeant et grave, ne touche guère aujourd'hui qu'à des intérêts matériels. Pour mon compte, moi, qui malgré mon lambeau de philosophie n'ai guère bu que d'amers breuvages dans la coupe de la vie, je cherche parfois à m'en consoler dans la méditation solennelle d'un autre monde. Et s'il vous plaît aussi de réfléchir aux vanités de la chétive espèce humaine, voici précisément, enfin, l'entrée de l'aitre de Saint-Maclou, local qui, pour la ville de Rouen, était ce que fut, pendant tant de siècles, pour celle de Paris, le cimetière des Saints-Innocents, abîme de putridité qui ne fut supprimé qu'en 1785.

Ce monument, jadis extrêmement curieux, est, depuis 1559, resté défiguré comme les générations qui dorment au pied de ses longues galeries. Entrons cependant, car, après tout, les ruines et la mort forment toujours un harmonieux tableau[1].

---

[1] En 1559, les calvinistes exercèrent des dévastations de toute espèce sur l'église de Saint-Maclou, et les belles portes de ce temple, qui devaient dater à-peu-près de quinze à vingt ans à peine, furent mutilées comme nous les voyons aujourd'hui. Les ravages du cimetière dont il s'agit datent indubitablement de la même époque.

CHAPITRE II.

CIMETIÈRE DE SAINT-MACLOU.

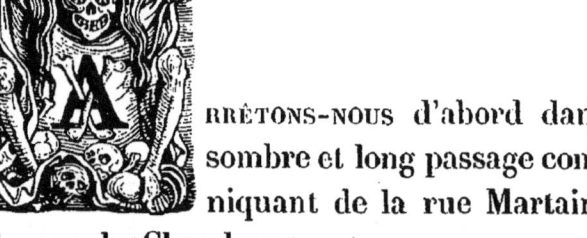Arrêtons-nous d'abord dans ce sombre et long passage communiquant de la rue Martainville à la rue du Chaudron.

A la lueur du jour sépulcral qui perce à travers ces treillis de fil de fer que d'innombrables générations d'araignées ont enlacés de leurs noirs tissus, distinguez-vous les vestiges de ces pierres tumulaires enclavées dans le mur[1]? Il ne reste de la première que l'enfoncement qui la contenait, et sa bordure couronnée de jolies *dentelles* gothiques. Cependant, ce petit monument funèbre nous parle encore en faveur de son destinataire, désormais inconnu pour toujours, en ces mots inscrits au-dessous de la place qu'occupait l'épitaphe :

Donez luy une patenotre ou ave maria.

C'est également à nous que s'adresse cette seconde pierre sur laquelle on ne lit plus qu'à peine :

Cy devant gist honorable homme Jehan le Thuillier,
en son vivant bourgeois de Rouen,
lequel deceda le xviij de septembre 1584.
Priez Dieu pour lui.

---

[1] Il est important de faire observer, pour l'intelligence de notre planche II, que nous avons représenté cette partie du cloître dans son état primitif, c'est-à-dire avec ses colonnes dégagées des superfétations en bois, plâtre et croisées à treillis de fer, dans lesquelles elles sont presqu'ensevelies aujourd'hui. Ces chétives additions, qui détruisent entièrement l'effet architectural de ce monument, paraissent dater déjà d'un grand nombre d'années. Les autres parties du cloître sont entièrement fermées, et des châssis vitrés éclairent leur intérieur, partagé entre des frères de la doctrine chrétienne et des dames religieuses d'Ernemont, qui s'y consacrent à l'enseignement des enfants des deux sexes.

Celle qui suit représente un autre citoyen notable, à genoux et les mains jointes; derrière lui, dans la même attitude, sont ses fils, au nombre de dix; en face, prie également son épouse, accompagnée de ses trois filles. (Voyez la pl. III.) Ce n'est pas sans beaucoup de peine qu'on peut déchiffrer le millésime de cette pierre entièrement gravée en creux, et quelques bouts de phrases sans suite, parmi les longues inscriptions gothiques qui remplissaient les larges phylactères serpentant au-dessus des têtes des personnages. Sur le listel, qui règne à la base du sujet, on ne distingue que ces mots :

    Cy gist Jehan............ le x.... jo^r de januier mil vrrij.

Dans le discours du chef de famille, on peut lire encore :

    .... Sire Dieu, nostre Saulueur, aide nous et $\overline{\text{ns}}$ deliure p^r la gloire de ton nom....

Et dans celui des jeunes hommes agenouillés derrière :

    .... Monseigneur et mon Dieu, aide moy et saulue par ta misericorde....

Dans les inscriptions du côté des femmes, l'écriture est encore plus mutilée, et ces mots se distinguent à peine sur l'*escripteau* de la mère :

.... Saulue moy au nom du Seigneur....

Ce dernier fragment de prière offre quelque chose de singulier, et paraît s'adresser à Dieu le père, en l'invoquant au nom de Jésus-Christ. Au reste, le peu de mots que nous avons pu recueillir témoigne assez que cette famille croyait avoir encore besoin de quelque chose au-delà du trépas, et probablement ses discours se résumaient, comme de coutume, à supplier humblement les passants de lui accorder quelque prière [1]. Le fer des incrédules a déçu son vœu et fait taire son dernier entretien avec la terre, en martelant sans pitié presque tous les caractères; il ne reste des autres inscriptions de cette

---

[1] On lit quelquefois, même sur des sépultures royales, des épitaphes d'une simplicité de cœur et d'une humilité touchantes, qui démentent, dans ces cas particuliers, la strophe de Malherbe parlant de monarques mangés des vers sous leurs pompeux tombeaux,

Où leurs ames hautaines
Font encore les vaines.

Sur la tombe d'Eric (Henri) VIII, dit le Jeune, roi de Danemarck, enterré dans l'église de Ringsted, ce prince et son épouse sont représentés entourés de leurs épitaphes latines. Voici la traduction littérale de celle de la reine :

« Moi Ingiburg (Ingeburge), native de Suède, et autrefois reine
» de Danemarck, je supplie tous ceux contre lesquels j'aurais

galerie que quelques débris de leurs encadrements gothiques.

Il est probable que, parmi ces épitaphes, se trouvaient celles des personnages à la piété desquels on dut, dans le xvie siècle, les constructions nouvelles et les décorations du cimetière de Saint-Maclou, personnages dont les noms paraissent aujourd'hui totalement oubliés. Il prit donc un soin inutile pour transmettre sa mémoire à la postérité, celui qui fit sculpter pompeusement ses armoiries sur une des colonnes de la façade regardant le sud (voyez pl. V); car il est d'autant plus difficile aujourd'hui de les approprier à tel ou tel individu, que les quartiers et les pièces dont elles se composent, et qui ne sont pas même distingués par les couleurs, se retrouvent dans les blasons de diverses familles entre lesquelles il n'exista jamais d'alliance. *Vanitas vanitatum !*

De pareils témoignages de vaine gloire, si communs dans les monuments, ne trouvaient

---

» forfait en quelque chose (ce que j'aurais fait involontairement)
» d'être, par grâce, indulgens envers moi, et de se souvenir de
» mon ame.
 » Je me suis en allée l'an de notre Seigneur m ccc xix, le jour
» de l'Assomption de la bienheureuse vierge Marie. »
L'épitaphe d'Eric offre à-peu-près le même sens.

pas grace aux yeux du prédicateur Menot, qui s'écriait, dans un de ses sermons en mauvais latin, selon sa coutume : « Le Seigneur te dit » de ne pas faire sonner la trompette devant toi » lorsque tu fais l'aumône; mais ils agissent » en sens contraire, ceux qui font peindre ou » sculpter leurs armes sur les objets qu'ils ont » donnés. Vous les voyez quelquefois représen- » tés eux-mêmes, avec un saint qui semble, » malgré leur mauvaise volonté, les diriger vers » le paradis. Étrange dérision ! Le saint peint » sur le vitrail ou sur le mur te pousse *devant* » *lui* vers le ciel, et tu restes immobile; mais le » grand Diable (*magnus Diabolus*) te traîne *après* » *lui*, tout vivant, aux enfers [1]. »

Pénétrons maintenant dans l'aître propre- ment dit, enceinte funèbre qui subsistait dès le xive siècle, et qui fut, dans la suite, progres- sivement agrandie par diverses acquisitions ou donations pieuses de terrains adjacents.

Avant de décrire ce qu'elle offre de remar- quable sous le rapport de l'art, nous reprodui- rons ici l'article que l'abbé Farin lui a consacré dans son *Histoire de la ville de Rouen*.

---

[1] Serm. Mich. Menot; *Feria sexta Cinerum*.

« Le cimetière de Saint-Maclou est le plus beau et le plus régulier qui soit à Rouen : son étendue est de cent cinquante pieds en quarré; on va tout autour par des galeries couvertes et pavées, et deux de ces galeries sont décorées de deux autels, où l'on célèbre la messe, principalement les dimanches. L'un de ces autels se nomme l'Autel-des-Trépassés. L'autre est dédié à saint Michel, à cause de la confrérie de cet archange, qui y fut érigée en l'an 1648 [1].

» Ce cimetière a été agrandi en plusieurs fois. L'an 1432, le 23 novembre, M. Nicolas Roussel, vicaire de Saint-Maclou, fieffa aux trésoriers, par

---

[1] Ces deux autels furent élevés, comme cela se pratiquait souvent en de semblables lieux, en raison des rapports intimes que de pieuses croyances ont établi entre les morts et l'archange vainqueur du dragon infernal. C'est de là que les confréries qui se chargeaient du charitable soin des inhumations, portaient, dans l'exercice de ces pieux devoirs, l'image de saint Michel brodée sur leurs chaperons. Par la même raison, c'était presque toujours à ce grand esprit céleste qu'étaient dédiées les chapelles érigées dans les cimetières. Saint Michel passait en effet non-seulement pour recevoir les âmes des justes et les introduire dans le ciel, mais encore pour défendre les cadavres des trépassés des maléfices du démon.

Cette dernière croyance devait être fondée, au moins en partie, sur le verset neuvième de l'épître catholique de saint Jude, dans lequel cet apôtre nous apprend que le même archange eut un violent débat avec le Diable, qui voulait s'emparer du corps mort de Moïse. Quoiqu'il en soit, l'encens, les reliques et les autres objets sacrés que, par une très-ancienne coutume, on déposa long-temps

onze livres de rente, une maison et un jardin, pour l'accroître. Et l'an 1446, le 21 février, il fit donation d'une maison, dans le grand cimetière, afin d'être associé aux prières de l'église de Saint-Maclou. Et par autres lettres passées devant les tabellions, l'an 1505, le 28 décembre, fondation fut faite par Jean du Four le jeune, fils de Pierre du Four et de Colette Masselin, de l'antienne *Salve Regina, De profundis*, et oraisons accoutumées, tous les mercredis, après complies; pour laquelle fondation le sieur du Four donna une maison et deux places vuides assises en la même paroisse, ruë du Sac, qui,

---

dans les sépultures, y étaient placés dans le but principal d'empêcher les démons d'approcher des cadavres. Non-seulement les morts dorment en paix sous le bouclier du saint archange leur protecteur, mais encore c'est sa voix qui doit, réveillant leurs cendres, les évoquer du fond des tombeaux, pour paraître devant le juge suprême. Epreuve terrible durant laquelle lui, Michel, exposera la croix, les clous, la lance et la couronne d'épines du Christ aux yeux du genre humain ressuscité[*]. Dans les images ordinaires de cet archange, on le voit foulant aux pieds le prince des ténèbres; mais les plus anciennes images nous le montrent souvent des balances à la main, comme pour distinguer, par la différence de leurs poids, les ames des réprouvés de celle des justes, figurées, les unes et les autres, dans les plateaux de la redoutable machine. Enfin, saint Michel est investi d'une foule d'autres attributions qui répondent à la sublimité de son nom, dont l'interprétation est : *Quid sicut Deus.*

[*] *Legend. Aur., ad fest. S. Michael.*

depuis, ont été abattuës, pour accroître ce cimetière. Trois des galeries du même cimetière furent faites l'an 1526, et la dernière, où est l'autel de saint Michel, fut construite l'an 1640, afin que rien ne manquât à cet ouvrage, que nos pères avaient commencé avec tant de piété. C'est en cette dernière galerie que, l'an 1659, Messieurs du bureau des pauvres valides ont institué une école publique, pour enseigner les pauvres garçons de la ville. »

En 1745 et les années suivantes, M. Esmangard, curé de Saint-Maclou, agrandit ces écoles à ses frais, probablement en faisant clore, vitrer et couper par des murs de refend, les deux galeries, dont l'une regarde le sud et l'autre l'occident. Un incendie ayant presqu'entièrement détruit cet établissement, le 19 novembre 1758, le même pasteur le fit reconstruire également de ses propres deniers, comme le témoignait une inscription reproduite par l'impression, dans un grand nombre de placards dont on a donné naguère une édition nouvelle [1]. Au reste, il est extraordinaire que la catastrophe dont il vient

---

[1] Des têtes de mort et des larmes composaient l'entourage de la première édition de ce placard. Un Christ gravé en bois, placé en tête, une bordure large d'un pouce, composée de feuilles

d'être question n'ait pas entraîné la combustion de la charpenterie décorée d'ornements funèbres qui couronne les colonnades, et qui, très-certainement, doit remonter à une époque fort antérieure à cet incendie.

Il s'en faut de beaucoup que Farin ait relaté, dans l'article que nous lui avons emprunté plus

---

d'acanthe, remplacent aujourd'hui ces lugubres objets. Le texte seulement est resté ponctuellement le même et tel qu'il suit :

D. O. M.
POUR PERPÉTUELLE MÉMOIRE.

Enfants qui recevez ici tous les jours l'Instruction, souvenez-vous continuellement dans vos Prières de l'Ame de vénérable et discrète Personne, Messire ADAM-CHARLES ESMANGARD, Prêtre, Docteur de Sorbonne, ancien Curé de cette Paroisse, Grand-Vicaire et Official du Diocèse, et Archidiacre du Grand-Caux, qui, tant qu'il a vécu, a été animé du zèle le plus pur pour votre sanctification.

Rien ne lui a coûté pour vous en ménager les moyens. En 1745 et les années suivantes, il bâtit, en grande partie, ces Écoles, et après l'Incendie qui les consuma presque totalement, la nuit du 19 Novembre 1758, il les reconstruisit avec des augmentations considérables, les dota, et y établit l'ordre édifiant qui y règne.

Vous tous qu'il a portés dans son cœur, et qui avez toujours été les principaux objets de ses travaux, de ses peines, en bénissant le Seigneur de s'être servi de lui pour vous ménager les secours abondants que vous recevez ici, unissez-vous chaque jour à la Prière qui, à perpétuité, sera adressée au Seigneur pour le repos de son Ame, après le saint Sacrifice de la Messe, auquel vous assistez tous les jours.

C'est tout ce qu'il vous a demandé par son testament, en reconnaissance de ce qu'il a fait en votre faveur.

Il mourut le 14 juin 1769, plein de vertus et de mérites, regretté universellement.

QUE DIEU SOIT SA RÉCOMPENSE.

haut, tous les noms des fondateurs ou réédificateurs du cimetière de Saint-Maclou. Il a, du moins, omis ceux qui se lisent encore sur une inscription lapidaire, aujourd'hui mutilée, mais probablement complète de son temps, qui se voit environnée d'un riche entourage, également détérioré, dans la galerie regardant le sud, et derrière laquelle règne la rue du Chaudron. Voici tout ce que l'on en peut déchiffrer aujourd'hui :

> Cest edifice que voiez tout
> au long de ceste rue a esté
> faicte des bn̄s amoines —
> ap͞z le trespas de honorables
> personēs guillaume le feure
> et Kath͞rne celeste sō espouze
> lors quilz vivoīet bourḡ
> de ceste ville demourans en
> ceste par . . . . maclou
> a la grād . . . .
> le . . . . jor
> de . . . . . . an de grace mil
> v͞ᵉ. x . . . . Dieu quil lᵉ̄.
> face misericorde.

L'image suivante est probablement celle d'un des anciens fondateurs ou bienfaiteurs de la paroisse ou du cimetière de Saint-Maclou. Son costume, qui paraît avoir été primitivement peint en rouge, appartient au xve siècle. Cette statuelle en pierre, haute d'environ dix-huit pouces, dépendait, à n'en pas douter, des constructions antérieures au xvie.

Détachée de son ancienne place, elle est depuis long-temps enclavée dans le mur de la cour du logement qu'occupait le fossoyeur, et dont la porte communique dans le passage public.

CHAPITRE III.

DANSE MACABRE DU CIMETIÈRE DE SAINT-MACLOU.

L serait facile de juger approximativement, à la seule inspection de cet édifice, la date de son exécution, car ce fut en effet en 1526 que, mis dans l'état où nous le voyons à peu près aujourd'hui, l'architecture et la sculpture s'associèrent pour bâtir et décorer de scènes cadavériques et d'attributs funèbres les

trois galeries regardant l'ouest, le sud et l'est. Réunies à celle qui fait face au nord, et qui ne fut construite qu'en 1640, dans un style plus lourd et plus simple, ces galeries circonscrivent un carré irrégulier, d'environ cent quarante-cinq pieds de long sur quatre-vingt-quinze de large (et non de cent cinquante pieds en tous sens comme dit Farin), vaste lit mortuaire dont, pour ainsi dire, elles formaient les courtines ou rideaux. (Voyez pl. IV, fig. 4, et la note ci-dessous [1].)

Les colonnes de cette espèce de cloître, dont l'abaque est élevé de six pieds neuf à dix pouces au-dessus du socle, sont encore visibles au nom-

---

[1] Explication de la planche IV :
1. Demi-travée du cloître, prise de l'intérieur du cimetière.
2. Chapiteaux de la partie du cloître regardant le nord, et construite dans le XVIIe siècle. Ces chapiteaux n'offrent aucune différence entre eux.
3. Bas-relief faisant partie des compartiments d'un pilastre extrêmement orné, situé dans l'intérieur du passage qui conduit de la rue Martainville à celle du Chaudron; il se trouve près de la porte qui donne dans cette dernière rue.
4. Plan du cloître et du cimetière de Saint-Maclou et de ses attenances.
A. Rue de la Grande-Mesure.
B. Rue du Chaudron.
C. Passage de l'aitre ou cloître Saint-Maclou.
D. Rue Martainville.
E. Rue des Arpents, autrefois des Filles-Saint-Thomas.

bre de trente-une, et distante l'une de l'autre d'à-peu-près onze pieds. (Voyez pl. IV, fig. Ire.) Sur chacune d'elles, un groupe de deux figures, sculptées à même chaque fût, représente, ou plutôt représentait, tant furent grands les ravages exercés sur ces objets d'art, un personnage vivant, entraîné dans la tombe par un cadavre du marasme le plus consommé; conception singulière qui semble matérialiser cet axiôme de la jurisprudence de Saint-Louis : *Mortuus saisit vivum*, et qui trouva de célèbres analogues sur plusieurs points de l'Europe.

Dans les statuelles du cimetière de Saint-Maclou, tantôt la mort se montre dans une action d'entraînement plus ou moins brusque; tantôt, affectant une pose tranquille, elle paraît employer le raisonnement plutôt que la violence. Sur quelques colonnes des plus mutilées, on retrouve des pieds décharnés, dont l'élévation, au-dessus du plan sur lequel posaient les figures, atteste que plusieurs de ces cadavres symboliques *gambadaient* en s'emparant de leurs victimes. Quant à ces derniers personnages, ils montrent généralement, par leurs poses simples et calmes, plus de résignation que de résistance.

Au-dessous des moulures en ressaut sur lesquelles posent les figures, un écusson dans le goût du temps, surmonté d'une crosse, présente sur chaque colonne le monogramme ci-dessous, dans les enlacements duquel se trouvent toutes les lettres dont se compose le nom latin de saint Maclou, S. MACVTVS.

La tige de la crosse forme le jambage du T, le C se trouve dans la moitié de l'M, et l'A compte pour le V supposé vu dans un sens inverse; on ne peut méconnaître l'S, qui réunit, comme une espèce de ligature, ce groupe de caractères. Dans les monogrammes antiques, comme dans ceux du moyen-âge, une seule lettre, par la manière dont elle est combinée, en représente souvent plusieurs autres à-la-fois. Dans l'exemple dont nous donnons la figure, il n'existe à la vérité qu'un seul V, mais il suffisait généralement que chacune des lettres dont se composait un mot se trouvât une seule fois figurée, dans ces sortes de chiffres, pour qu'ils fussent considérés comme complets.

Les sombres sujets du genre de ceux dont on attrista les colonnes de l'aitre Saint-Maclou furent extrêmement répandus, à de certaines époques du moyen-âge, et le plus communément appelés *Danses Macabres*, ou *Danses de la Mort;* ils semblaient avoir pour principal but de rappeler aux hommes, dans une série d'images, la plus rigoureuse leçon de leur égalité naturelle, si poétiquement exprimée par Horace et par notre Malherbe, égalité qui range indistinctement, sous le terrible niveau de la mort, toutes les conditions sociales, depuis la thiare jusqu'à la besace du frère lai, depuis la couronne impériale jusqu'à l'écuelle du gueux.

Ainsi, le misérable serf, ou le mendiant dédaigné, trouvait, dans la méditation de ces *danses de cimetière*, la consolante idée que celui qui le froissait par son despotisme, ou qui l'accablait de ses mépris, devait lui-même, un jour, rencontrer dans la mort un tyran implacable, sans yeux, sans oreilles et sans entrailles.

Cependant, si les plus indigents même des habitants du quartier le plus populeux et le plus misérable de Rouen étaient admis à l'honneur de pourrir dans l'enclave du cimetière de Saint-Maclou, avec le ciel pour seul abri, car les galeries couvertes (autrement le cloître) étaient réservées pour la *bourgeoisie* et ceux que nous appelons fastueusement aujourd'hui, souvent à tort et à travers, les *gens comme il faut*[1]; par je ne sais quelle sorte d'orgueil aristocratique, on repoussa de cet asile de la mort les images des gens du peuple, comme si l'on eût craint de le profaner par celle d'un de ces infortunés prolétaires que le parlement de Rouen contraignait, par un arrêt du 24 avril 1544, à porter une

---

[1] Le dallage de ces galeries se composait presqu'entièrement, autrefois, de pierres tumulaires chargées de figures et d'inscriptions; elles ont toutes successivement disparu.

croix jaune sur le bras, humiliant témoignage des chétifs secours que leur accordait la ville. Ce fut ainsi que long-temps la figure d'une roue, cousue sur leurs vêtements, dénonça les Juifs, proscrits et sans patrie, à l'abomination publique [1]. Des souverains et des grands, des pontifes et des moines, tels sont les seuls personnages qu'on a trouvés dignes de figurer dans l'aitre de Saint-Maclou; et ce que vous ne manquerez pas de noter, c'est que les femmes ont été également exclues de cette danse des morts, bien différente en cela de presque toutes les autres, où la hiérarchie des rangs descend graduellement, chez le sexe, de l'impératrice à la mendiante.

Tous ces groupes ont été mutilés avec rage; il n'est point une seule de ces figures qui ne soit sans tête, et de beaucoup d'autres il ne reste plus que d'informes vestiges. Nous allons parler de celles qu'il est encore possible de reconnaître, et en tête desquelles se voient Adam et Eve, auteurs du péché et de la mort, et présidents

---

[1] Une ordonnance royale du mois d'octobre 1363 déclarait que ces malheureux porteraient une *rouelle ou platine d'estain sur l'espaule*, de la largeur du grand sceel de l'état, pour qu'ils pussent être discernés d'avec les chrétiens.

obligés de ces funèbres assemblées ; fatale prérogative que leur accordaient, témoin les vers suivants, nos vieux poètes eux-mêmes :

> Mors, qui venis de mors de pome,
> Primes en feme et puis en home,
> Tu bats le siècle comme toile, etc.
>
> (*Vers sur la Mort, par Thibaut de Marly.*)

MORT ENGENDRÉE D'ADAM ET D'ÈVE.

(C'est la Mort qui parle.)

> Adam, le jour de sa création,
> Commet péché par désobéissance,
> Et commettant prévarication,
> Se vit soumis à mon obéissance.
> Dieu me donna sur lui cette puissance,
> Et sur les corps de sa postérité,
> Pour les meurtrir de mon autorité.
> Ainsy, dès-lors, me voyant en saisine,
> J'anéantis toute (*sic*) humanité,
> Bois, feuilles, fleurs, et boutons et racine [1].

---

[1] *La grande Danse Macabée des hommes et des femmes.* — Troyes, 1729, in-4°.

Si, en tête des vers précédents, la mort est simplement dite engendrée par nos premiers parents, ailleurs elle s'honore d'une bien plus noble et plus antique origine. En effet, dans *la Historia della Morte* (*Trevigni*, 1674, in-4° de quatre feuilles seulement), poëme en vers divisés par huitains, l'auteur suppose que, s'égarant dans un bois, et que, fondant en larmes à la pensée accablante de l'approche de la mort, la toute puissante dominatrice du genre humain, il y est soudainement accosté par un épouvantable fantôme : c'était la mort elle-même.... « Elle était, dit-il,

Ce groupe d'Adam et d'Ève est d'une bonne exécution (voyez pl. V); la figure d'Ève surtout, qui rappelle un peu la Vénus Médicis, devait être fort gracieuse. Il est à remarquer que le serpent est ici représenté comme une jeune femme dont le torse se termine en queue de reptile. C'est ainsi qu'on le trouve encore figuré dans de beaux

---

» longue, maigre et décharnée. Dans sa bouche obscure brillaient
» des dents d'acier; deux cornes de fer se dressaient sur sa tête;
» nul n'eût pu la voir sans perdre le goût du plaisir et des fêtes....
» A son aspect, tout mon corps frémit d'une horrible peur. »

L'ouvrage, au reste, ne consiste qu'en un long dialogue entre la mort et l'auteur; celui-ci demande à son effroyable interlocutrice si elle naquit de père et de mère. La mort répond qu'elle fut créée par Jésus-Christ, qui, dit-elle, est un *joyeux seigneur* (che e signor giocondo), en même temps que les autres anges; mais qu'après le péché d'Adam, elle fut appelée *la Mort*. L'auteur lui réplique qu'il la prend plutôt pour un malin esprit, et lui adresse encore plusieurs questions pressantes; elle le renvoie à la Bible et aux paroles de David sur l'ange exterminateur : « Quand
» Rome fut désolée par moi, poursuit-elle, Grégoire me vit de ses
» yeux (con suo occhio honesto), brandissant un glaive ensan-
» glanté sur l'édifice qui, pour cela, fut depuis appelé le château
» Saint-Ange. »

Ceci n'est autre chose que la tradition qui rapporte que, pendant une peste violente, le pape Grégoire vit un ange tenant une épée flamboyante planer et s'abattre sur le mole d'Hadrien, mais qui remit son épée dans le fourreau aussitôt que le pontife eut fixé son regard sur lui. La mort, enfin, satisfait à de nouvelles demandes de l'auteur avec une condescendance qui s'étend jusqu'à lui rendre compte de l'usage qu'elle fait de ses dents et de ses cornes. Il faut convenir que l'auteur de *la Historia della Morte* fait, dans son épouvantable description, subir à saint Michel une étrange métamorphose, cet archange étant regardé comme l'esprit céleste dont le pape Grégoire eut la miraculeuse vision.

reliefs du xvi° siècle, d'une maison de Rouen, rue de l'Ecureuil, n° 13. L'immortel Raphaël s'est contenté de lui donner, notamment dans les loges du Vatican, une simple tête de femme. Ce n'est point, au reste, aux artistes qu'il faut attribuer la première pensée de ce monstrueux amalgame, qu'ils ont puisé dans de graves écrivains du moyen-âge. Pierre Comestor assure, en effet, qu'avant la chute de nos premiers parents, le serpent ne rampait point, mais qu'il marchait debout comme l'homme; et le vénérable Bede, qui, probablement, en savait encore plus long sur ce sujet que Comestor, nous apprend que le Diable choisit, pour tenter Eve, un serpent à face de femme, *quod similia* (inquit) *similibus applaudunt*. Imbu de cette galante tradition, ce bon prêtre anglais devait terriblement redouter l'accointance du beau sexe. Bien avant dans le xvii° siècle encore, beaucoup de savants continuaient à s'occuper du serpent tentateur, notamment Jean Frischmuth, de Wertheim, en Franconie, Jean Paschasius et autres, parmi lesquels surtout Moïse Amyrault, qui a traité cette matière *ex professo*, a cru, et a tâché de prouver, qu'il n'y avait point eu de véritable serpent, et qu'il fallait entendre proprement du démon ce que Moïse a dit trop laconiquement de cet animal[1].

Quant aux figures d'Adam et d'Eve, leur emploi, nous le répétons, ne fut jamais plus convenable et plus commun que dans les danses de la Mort; aussi retrouverons-nous plusieurs fois l'image de ces deux premiers pécheurs reproduites dans les planches de ce volume, d'après des originaux appartenant à des époques plus ou moins reculées.

L'arbre de la croix, malgré la divinité de ses fruits, a surgi des racines amères de celui de la science du bien et du mal; de là l'image de nos premiers parents est devenue, chez nos aïeux, un des plus hauts symboles de leurs croyances évangéliques. La religion chrétienne se divise, en effet, en deux grandes et vastes catégories : l'ancien et le nouveau Testament; et la nature de ces catégories peut se définir en deux mots : la *Faute* et la *Réparation;* l'une se traînant, proscrite et humiliée, dans le pénible sentier ouvert par Adam, l'autre marchant absoute et régénérée, sous la bannière triomphante du Christ;

---

[1] V. *Nouvelles de la République des Lettres*, octobre 1701, p. 373 et suiv.

d'un côté la mort et l'enfer, de l'autre le ciel et la vie. Voilà ce que, dans ses conceptions mystiques, toujours si naïves, le moyen-âge chercha souvent à revêtir de formes dramatiques et vivantes, et, dans cette fin, quelquefois un individu seul était chargé d'offrir, dans sa personne, le spectacle vivement énergique, malgré son extrême simplicité, du double emblème du crime et du pardon [1].

C'est ainsi, par exemple, qu'à Halberstad, en Saxe, à l'entrée du carême, on choisissait jadis, parmi les habitants de la cité, un homme auquel on imposait le nom d'Adam, comme pour assumer sur sa tête l'iniquité de la nature humaine. Revêtu de deuil, la face couverte d'un voile, on le chassait, à l'issue de la messe, de l'église qui

---

[1] Un des plus grands poètes des temps modernes, Milton, nous a révélé, dans son *Paradis perdu*, toutes les beautés qu'un génie tel que le sien pouvait faire jaillir de l'histoire d'Adam et d'Eve. Déjà, cependant, un auteur presqu'oublié de nos jours s'était exercé sur le même sujet avec un talent assez remarquable pour que l'Homère anglais ne dédaignât pas de lui faire des emprunts qui l'ont fait, dans le siècle dernier, accuser de plagiat par Lauder. En effet, l'homme dont nous parlons, Jacques Masénius, professeur de rhétorique et de poésie au collége des jésuites de Cologne, avait, dans son poème de la *Sarcothée* et dans son drame d'*Androphile*, qui ne sont l'un et l'autre que l'histoire allégorique d'Adam et d'Eve, répandu une foule de traits heureux dont plusieurs critiques, et entre autres M. Saint-Marc-Girardin, soupçonnent Milton de s'être approprié la meilleure partie.

figurait le délicieux Éden ; puis, errant nuit et jour, les pieds nus, dans les cimetières, dans les rues et hors des lieux saints, dont l'entrée lui était interdite, il ne pouvait que proférer seulement quelques paroles pendant le retentissement de la douzième heure de minuit, tant était rigoureux le silence qui lui était imposé. Enfin, il ne recevait d'autre nourriture que les aliments qu'il plaisait aux chanoines de la collégiale de lui fournir ; mais le jour du Jeudi-Saint, cet étrange représentant du faible époux d'Ève, était ramené et réintégré dans le sein de l'église, solennellement absous en pompeuse cérémonie, et renvoyé chargé des aumônes du peuple : coutume singulière, locale peut-être, que le pape Æneas-Sylvius et Volaterran ne peuvent s'empêcher, en nous la racontant, de traiter de barbare.

Mais revenons au cimetière de Saint-Maclou, et donnons enfin la série des figures qui s'y voient aux prises avec la mort.

A la suite d'Adam et Ève, qui se retrouvent encore, mais exécutés, en bas-relief, dans une autre partie de l'édifice (voyez pl. IV, fig. 3), viennent :

1. (Pl. V.) Un empereur.

2. Un roi.

3. Le débris d'un connétable tenant l'épée.

4. Un duc ou comte drapé d'un vaste manteau.

5. Un autre personnage en habit de cour.

6. Un autre en manteau de cérémonie.

7. Un grand seigneur en habit civil. — Ici, l'implacable cadavre qui porte une bière entraîne sa proie par le manteau.

8. (Pl. VI.) Un pape ou patriarche tenant sa double croix[1].

9. Un cardinal ou légat.

10. Un évêque.

11. Un personnage en riche costume ecclésiastique, mais sans attributs distincts.

12. Un abbé bénédictin.

13. Un autre abbé crossé, très-mutilé.

14. Un religieux chartreux.

Les colonnes de la face regardant le nord sont chargées de statuelles de femmes également privées de tête, et quelquefois au nombre de trois, représentant des sibylles et des vertus chrétien-

---

[1] Dans la *Danse des Morts* de Pierre Desrey, sous la date de 1490, ces deux personnages sont représentés avec cette sorte de croix. On voit quelquefois ailleurs le souverain-pontife avec une croix triple comme la couronne.

nes; aucun cadavre ne les accompagnait. (Voyez les trois derniers sujets de la pl. V, et les deux premiers de la planche VI.)

Ces figures de sibylles sont, comme le reste, extrêmement mutilées et privées des emblêmes qui font reconnaître ces antiques devineresses que nos pères élevèrent au niveau des prophètes; on distingue cependant encore, à leurs attributs, Agrippa et Elepontia (l'Hellespontine). Comme un assez grand nombre de monuments offrent encore, soit dans des sculptures, soit dans des vitres peintes, les figures des sibylles dont on accrut, dans le moyen-âge, le nombre jusqu'à douze, nous établirons ici, pour les faire plus facilement reconnaître, le tableau suivant, tiré des *Heures à l'usaige de Rouan;* Simon Vostre, 1508, goth., fig.

NOMS DES SIBYLLES.	LEURS EMBLÊMES.	LEURS PROPHÉTIES.
1. Libica.	Un flambeau allumé.	La venue du Christ.
2. Erichea [1].	Une rose.	L'annonciation de la Vierge.
3. Cumana.	Tenant la plaie de Jésus-Christ [2].	La nativité de Jésus-Christ.

---

[1] Erythrea.

[2] On a cru reconnaître, dans la figure oblongue de la plaie que tient cette sibylle, un coquillage de la classe des porcelaines,

NOMS DES SIBYLLES.	LEURS EMBLÈMES.	LEURS PROPHÉTIES.
4. Sanne [1].	Un berceau.	Jésus-Christ dans la crèche.
5. Cyemeria.	Une corne.	L'allaitement de Jésus-Christ.
6. Europa.	Une Épée.	La fuite en Égypte.
7. Persica.	Elle écrase un serpent et tient une lanterne.	Victoire de Jésus-Christ sur Satan.
8. Agrippa.	Un fouet.	Flagellation de Jésus-Christ.
9. Tiburtina.	Un gantelet ou gant.	Jésus-Christ souffleté.
11. Delphica.	Une couronne d'épines.	Jésus-Christ couronné d'épines.
11. Elepontia.	Une croix.	La crucifixion de Jésus-Christ.
12. Frigea	Une croix ornée d'un étendard.	La résurrection de Jésus-Christ.

Au reste, il y a des variantes dans l'histoire et les noms des sibylles, mais les figures des précédentes sont, je crois, les plus répandues.

Les débris d'une balance et d'une colonne, qui s'aperçoivent près de deux statuelles, pour-

---

vulgairement appelées *pucelages*, avec lequel cette plaie a véritablement beaucoup de ressemblance. Or, cet emblême ne se trouve plus en rapport avec la prophétie relative à la naissance du Christ, attribuée à la sibylle *Cumana;* nouvelle preuve de la confusion qui s'est fréquemment introduite dans la concordance de ces figures et du texte qui les accompagne. Dans la *Chronique de Nuremberg*, d'Hartmann Schedel, on trouve décrits les portraits des sibylles, non-seulement sous le rapport de leur physionomie, mais encore sous celui de la forme et de la couleur de leurs divers costumes.

[1] Cette sibylle *Sanne* est celle de Samos, autrement dite *Samia*. V. la note curieuse de M. Peignot, sur les sibylles, dans ses *Recherches sur les Danses des Morts*, page 154 et suiv.

raient faire penser qu'elles représentaient la Justice et la Force.

Ces figures, qui portent généralement de vingt-deux pouces à deux pieds de haut, sont d'une exécution supérieure à celle des bas-reliefs de l'Hôtel du Bourgtheroulde.

Comme pour compenser ce que l'aspect de ces groupes avait de sombre et de sépulcral, les chapiteaux des colonnes déployaient tout ce que le style arabesque offrait de plaisant et de folâtre dans ses innombrables licences. Des femmes nues, de gracieuses cariatides, des cupidons et des figures fantastiques, qui semblaient vouloir provoquer, par les formes, les grimaces et les attitudes les plus grotesques, l'hilarité du spectateur, ornaient ces chapiteaux, dont la *taille* vive, franche et délicate fait amèrement regretter la mutilation. On en trouve encore, cependant, plusieurs passablement conservés, comme on peut le voir dans les trois *specimen* de notre planche VI. Mais il est probable qu'ils n'ont échappé au vandalisme des compagnons de Gabriel de Lorge, que parce qu'aucune pensée religieuse n'avait présidé à leur exécution.

Le bâtiment qui circonscrit le cimetière ou l'aitre de Saint-Maclou se compose d'un seul étage en charpente, où se trouvent comprises les espèces d'architrave et d'entablement en bois qui surmontent la colonnade de pierre. L'un et l'autre sont chargés de sculptures grossièrement taillées, distribuées en longues frises, et représentant toutes les parties éparses du squelette humain, et aussi des bières et des instruments funéraires de toutes les formes; sinistres emblèmes dont une tête de mort à triple face, entourée d'une couronne, fait encore ressortir le hideux assemblage. (Voyez pl. IV, fig. 1re, et la vignette ci-dessous.)

Cette triformité monstrueuse fut souvent employée par les artistes gothiques dans des représentations de la Trinité, dans lesquelles on ne trouve qu'une seule barbe pour trois visages, dont les deux yeux de celui vu de face forment en même temps ceux des profils. Les sculptures des portes latérales de la façade occidentale de Notre-Dame de Rouen offrent un sujet de ce genre.

Quelle décoration pouvait mieux s'adapter à la destination de ce sol anthropophage, qui, pour ainsi dire, n'était lui-même qu'un immense cadavre dont les chairs, comme le foie de Prométhée, étaient perpétuellement renaissantes.

Une vénérable religieuse, morte presque octogénaire, dans l'unique étage qui couronne ces galeries funèbres, m'apprenait un jour que, déjà couverte du voile et toute jeune encore, elle avait longuement résidé dans cet horrible foyer de méphitisme; elle me montra sa fenêtre d'où jadis, à des époques de mortalité publique, elle voyait quelquefois, pour un seul jour, précipiter dans la fosse dix ou douze cadavres à peine enveloppés d'un chétif linceul.

Ce terrain, qu'ombragent maintenant de jeunes arbres groupés autour d'une croix, ne voyait pas alors un seul brin d'herbe verdoyer à sa surface qu'une forte pluie semblait parsemer de dents, de ces dents, peut-être, qu'avaient comparées à des *perles enchâssées dans du corail* Michel d'Amboise et Eustorg de Beaulieu, galants blasonneurs du temps des derniers Valois.

Les registres de la fabrique de l'église de Saint-Maclou, malheureusement incomplets aujourd'hui, quant à ce qui concerne des travaux indubitablement exécutés, quinze ou vingt ans après, par l'illustre Jean Goujon, nous conservent encore, au moins, les noms de la plupart des artistes qui furent employés à l'exécution de la Danse Macabre du cimetière en question, et dont le pinceau revêtit de couleurs à l'huile une partie des galeries, les colonnes et les figurines. Ces comptes, où les prix de main-d'œuvre et de fourniture sont relatés, nous paraissent assez curieux pour être ajoutés, comme appendice, à la suite de ce chapitre. Nous remercions ici notre confrère et ami M. Achille Deville, auquel nous sommes redevable de leur communication.

RENSEIGNEMENTS FOURNIS PAR M. DEVILLE.

L'examen des anciens comptes manuscrits de la fabrique de Saint-Maclou m'a mis à même de recueillir quelques détails sur les travaux du cimetière de cette paroisse et sur sa Danse Macabre, décrite ci-dessus, pages 33-44. Je vais les ranger dans l'ordre chronologique.

Disons d'abord que c'est de 1526 que datent les premiers travaux :

« En 1526, rapporte un manuscrit de l'épo-
» que, furent commencées les allées du cime-
» tierre de Saint-Maclou. »

Il paraît que la dépense fut en partie couverte au moyen de quêtes et de dons particuliers. En effet, je lis dans les comptes :

ANNÉE 1526-1527 [1].

« Il a este receu de Nicolas Jolys la somme de
» quarante livres tournois de la charité aux tré-
» soriers et parroissiens de faire faire dedens le
» cymitiere xxiiii piedz de gallerie du costé du
» passage pour ce cy mis............. xl [1].
» *Item.* Il a este receu de Cornille du Desert
» lun des tresoriers dicelle eglise la somme de
» .... lxxvi [1] v [s].
» Plus a este receu de Charlet Anger par les
» mains de Gauthier Bellissent la somme de
» .... lx [s].
» Somme de ce chapitre Cent xix [1] v [s]. »

---

[1] Ces comptes courent de Saint-Michel en Saint-Michel, suivant l'usage du temps.

Dès le mois de mars 1526, on charriait les matériaux nécessaires à la construction. Je vois que la pierre employée aux fondations était payée à raison de sept sous par tonneau; les *tablettes* de pierre, neuf sous la toise; le muid de chaux, dix-huit sous; le muid de sablon, dix sous.

Quant aux ouvriers, ils recevaient, les maçons ou tailleurs de pierre, quatre sous par jour; les manœuvres, deux sous et demi.

On nomme parmi les premiers:

Jehan Louvel[1].

Nicolas Dumesnil.

Robert Luy.

Henry Loysiau.

Nicolas et Jehan Canu.

Robert Mollin.

Je passe à la copie des comptes:

1527.

« Le xviii° jour du moys de juing v°. xxvii payé
» a Symmonet le Cousturier pour une pierre de
» Vernon pour faire deux pilliers pour le cymi-
» tiere, pour ce...................... xli^s.

---

[1] Jehan Louvel est toujours cité en tête des maçons.

» Le xxvii° jour dud. moys de juing v° xxvii
» payé aux machons et aux mannouvriers pour
» pain et vin quilz ont eu en faisant les fon-
» demens de la gallerie de devers le jardin du
» passage, pour ce.................... viii ˢ.

» Le xxix° jour dud. moys de juillet v° xxvii
» payé a maistre Guillaume Ribert pour la façon
» de deulx pilliers pour le grant cymitiere comme
» appert par quittance, la somme de... ix¹. »

Il s'agit ici des piliers destinés à recevoir les figures de la Danse Macabre. Plus bas, nous trouverons le nom des *ymaginiers.*

« *Item.* Ced. jour dud. moys daoust v° xxvii
» payé a Estienne Dehors huchier pour avoir
» resfaict et fourny de boys la grant porte du
» cymitiere la somme de............. xl ˢ.

. . . .

» Le ii° jour de septembre v° xxvii payé a
» Denys Leselin pour avoir faict les ymages de
» deulx pilliers pour le grant cymitiere comme
» par quittance appert, la somme de.... xl ˢ.

» Pour le boys et façon de la couverture de
» cinq pilliers................... lxxv ¹.

. . . .

» *Item.* Payé a Jehan Louvel et a Nicolas Canu

» machons pour avoir fourny de pierre et de leur
» mestier de machonnerie troys pilliers de pierres
» du grant cymitiere.................. x^l.

» Pour achat d'une pierre contenant xxxiii
» piedz pour faire deulx pilliers à xxii^s vi^d la
» toyse............................ lxi^s x^d.

....

» Led. jour xxiiie jour dud. moys d'octobre
» v^c xxvii payé a Denys Leselin pour la façon des
» ymages de troys pilliers comme appert par sa
» quittance, la somme de........... iiii^l x^s.

» *Item*. Payé a maistre Guillaume Trubert
» pour la façon de troys pilliers a bouter au cy-
» mitiere de la gallerie............ xiii^l x^s.

» Le xxviiie jour dud. mois d'octobre v^c xxxvii
» payé aud. maistre Guillaume Trubert pour
» prins garde de la besongne du cymitiere et
» pour ses paines daller choisir la pierrre sur le
» hay............................. lx^s.

....

» *Item*. Payé a Robert Collas painctre pour
» avoir huillé et painct les ymages de cinq pil-
» liers du cymitiere................ xxxv^s.

» *Item*. Payé a Robert Collas painctre pour
» deux potz troys demyons huille de lin à iii^s

» iiii^d le pot pour huiller la charpenterie de
» dessus les cinq pilliers du cymitiere.. ix^s ii^d. »

1528.

« Le xxiie. jour de janvier payé a Denis Lese-
» lin tailleur dymages pour les ymages de deux
» pilliers............................ LX^s.

» A maistre Guillaume Trubert pour la facon
» de deux pilliers pour le cymitiere...... ix^l.

....

» Le viiie jour dud. moys de feburier payé a
» Denis Leselin pour la facon des ymages dun
» pillier....................... xxx^s.

» Payé à Guillaume Trubert pour la façon
» d'un pillier.................. iiii^l x^s.

....

» A Louys Godes marchant de boys la somme
» de xxxix^l iiii^s, ainsi qu'il appert par sa quit-
» tance dabtée du iiie jour de septembre v^c
» xxviii pour le reste de iiii^{xx} livres T^s. pour
» quatre pilliers du boys quil a baillé pour la
» gallerie de l'estre (aître) moullé et charpenté
» assis tout prest charpenté et moullé pour ce
» mys................... xxxix^l iiii^s.

» Pierre de Vernon pour faire deulx pilliers
» .... LXVIII^s.

....

» *Item.* Payé à Denis Leselin ymagynier pour
» avoir faict les ymages d'un pillier pour la gal-
» lerie..... .... XXX^s.

....

» *Item.* Le xviiie jour du moys de decembre
» payé à maistre Guillaume Ribert machon sur
» la facon de troys pilliers quil a en sa maison
» pour la gallerie de l'estre............ VII^l.

1529.

» *Item.* A este payé a Louys Godes marchant
» de bois sur la somme de vi^{xx} ii l^s. que nous avons
» marchandé a lui a faire et parfaire une gallerie
» du cymitiere Sainct Maclou de longueur de
» LXXII piedz a toize fermée a celle quil a faicte
» destrame[1] ainsy quil appert par sa cedulle et
» quittance la somme de.............. LX^s.

---

[1] Le mot *estrame* s'orthographiait de diverses manières ; mais, le plus souvent, par *estrain* ou *estran*, de *stramen*, paille, chaume. On pourrait supposer, d'après le sens assez embrouillé de cet article, qu'il y était question de remplacer une galerie provisoire couverte en chaume, par une de celles que nous voyons aujourd'hui.   E.-H. L.

....

» *Item.* Le 1ᵉʳ jour de may payé à Denys Le-
» selin pour avoir faict les ymages de deux pil-
» liers . . . . ʟxˢ.

» A Guillaume Ridel maistre machon pour
» avoir faict des apeuys de deux pilliers pour la
» gallerie du cymitiere jouxte sa quittance de ce
» faicte et marché de luy en dabte du ᴠɪ juillet
» ᴠᵉ xxɪx . . . . ᴠɪɪˡ.

» Le xxᴠɪɪᵉ jour du moys de juillet payé à
» Gaultier Leprevost ymaginier pour avoir faict
» les ymages d'un pillier de la gallerie . . xxxˢ.

» Le 1ᵉʳ jour du moys d'aoust payé à maistre
» Guillaume Ridel machon pour la façon de deux
» pilliers . . . . ɪxˡ.

» Aud. pour avoir faict et assiz ung pillier de
» la gallerie . . . . xɪɪˡ. xˢ.

» *Item.* A Jacques de Sès pour avoir painct
» neuf pilliers aud. estre de blanc de plomb et
» ymages et pour avoir blanchy le pavey du cy-
» mitiere au long de la rue pour ce . . . . . . ᴠɪˡ.

» *Item.* A Adam Lesselin ymaginier pour avoir
» faict les ymages au grant pillier luy a este payé
» la somme de . . . . ᴠɪˡ. xᴠˢ. »

Les registres de la fabrique manquant de 1529

à 1533, il m'a été impossible de compléter les comptes de la construction. Il paraît que vers 1533 on s'occupait du pavage des galeries, ce qui doit faire supposer qu'elles étaient, du moins une partie, terminées à cette époque. Néanmoins, plusieurs années après, en 1540 et 1541, je trouve encore des articles de pavage. Voici comme s'expriment les comptes :

« Le xxiiie. decembre v[cc]. xl donné a deux
» machons quatre solz pour avoir tezé (toisé) le
» pavement du cymitiere pour ce........ iiii[s].

» Le xve. jour de janvier v[cc]. xli payé a Guil-
» laume Liegart machon de Sainct Maclou la
» somme de cent sept livres cinq solz pour avoir
» assis et taillé xxxvii toises de pierre de liait[z]
» de pavement assiz au grant cymittiere de lad.
» eglise au prix de vingt solz chacune toize et
» mesmes pour avoir par luy fourny le nombre
» de douze toises douze piedz de pierre de liaitz
» de pavés pour parfaire led. pavement de la
» gallerie dud. cymitiere au prix de cent quinze
» solz la toise assis en place pour ce paié jouxte
» la quitance dud. Liégard........ cvii[l]. v[s].

» ... Payé aud. Liegart pour une marche en
» pierre de liaitz au dégré du cymitiere viii[l] T[s].

. . . .

» Payé a Pierre Luce frère de Jacques Luce la
» somme de cent neuf livres seize solz six de-
» niers pour l'achapt de certaine quantité de
» pierre à paver la gallerie du grand cymitiere
» par laquelle on va de porte en autre mesme
» aussi pour aulchuns despens obtenus par led.
» Luce pour ce.......... CIX^l. XVI^s. VI^d. »

Je trouve, pour derniers articles, sous la même année 1544, une dépense pour plomb et couverture :

« Payé a Pierre Le Mausays, dit le registre, la
» somme de neuf livres pour quatre cent trente
» six livres de plomb employé a une des lucar-
» nes du grant cymitiere.

» Le quatr^e. d'octobre v^{cc}. XLI payé aud. Pierre
» Le Maussays la somme de vingt cinq l^s. dix sept
» solz pour huyt centz cinquante troys livres de
» plomb estimé au prix de soixante solz le cent
» pour festes des lucarnes et feste de la vieille
» galerie du grant cymitiere avecques cinq solz
» pour du clou jouxte la quittance, pour ce
» . . . . XXV^l XVII^s. »

Il résulte des relevés ci-dessus, quant à ce qui

concerne plus spécialement la Danse Macabre, que, de 1527 à 1529, vingt-quatre figures furent sculptées par Denis Leselin, ou Lesselin; deux par Adam Leselin, frère ou parent de celui-ci, et deux dernières par Gaultier Leprevost; que les quatorze piliers qui portaient ces figures furent exécutés par Guillame Trubert, Guillaume Ridel, Jean Louvel et Nicolas Canu; que les figures étaient payées aux *ymaginiers*, autremens dits *tailleurs d'images*, quinze sous pièce; les piliers, aux *maîtres maçons*, quatre livres dix sous; que piliers et figures furent couverts de couches d'huile et de peinture, et que Robert Collas et Jacques de Séez furent chargés de cette besogne.

La danse complète devait se composer de cinquante-six personnages, compris les squelettes. Je viens d'en mentionner vingt-huit. La lacune qui existe dans les comptes, à partir de 1529, ne m'a pas permis d'indiquer le nom des imaginiers qui sculptèrent les vingt-huit dernières figures; mais il est bien présumable qu'elles sortirent du ciseau de Denis Leselin.

CHAPITRE IV.

DES REPRÉSENTATIONS DE LA MORT DANS L'ANTIQUITÉ.

Quelles qu'aient été leurs diverses opinions sur la nature de l'ame, il est certain que les anciens ont généralement imaginé et revêtu de formes poétiques un monde invisible d'où les esprits des morts communiquaient souvent avec les vivants. On souhaitait au cadavre, comme s'il eût conservé quelque sentiment, que la terre lui fût légère; et, contradiction bizarre, l'ame même, dont on faisait une substance simple, impalpable, éthérée, on la supposait sujette encore aux besoins du corps; on suppliait Osiris[1] de lui accorder de l'eau fraîche, et quelquefois les parents du défunt lui rendaient eux-mêmes ce charitable office. Sotas, le mari d'une apaméenne nommée Olympie, termine ainsi l'épitaphe de celle qu'il pleure : « C'est pour l'amour de toi, ô ma chère femme, que j'ai érigé ce monument, et je verse de l'eau fraîche à ton ame altérée [2]. »

L'antiquité païenne, ainsi que le moyen-âge, croyait au retour, à l'apparition des esprits, et l'un et l'autre en avaient peur, les conjuraient chacun à leur manière; le moyen-âge, par les exorcismes, l'eau bénite et les messes, l'antiquité, par des cérémonies mystérieuses appropriées à ses croyances, et dont Ovide nous a transmis un piquant et singulier récit dans le cinquième livre de ses *Fastes*. Ces deux fantasmagories, quoique divergentes sous tant de rapports, roulaient cependant sur le même pivot :

---

[1] Osiris, ou Sérapis, était souvent pris pour Pluton.
[2] Montfaucon, *Paleog. græca.*

la Mort; et l'image de cette dernière rappelait également, aux spiritualistes des grandes époques dont nous venons de parler, les conditions de l'homme dans l'une et l'autre vie; mais la manière dont la figuraient les anciens ne pouvait se comparer à celle qui fut généralement adoptée dans le moyen-âge. En effet, plusieurs peuples de l'antiquité, notamment les Lacédémoniens, en avaient fait une déesse, titre que lui confirmèrent Virgile et plusieurs autres poètes, et, selon Plutarque, un temple lui fut même consacré[1]. C'eût été, alors, un énorme contre-sens que de la représenter dans un état de dissolution cadavérique, comme l'ont fait les chrétiens dans leurs monuments et dans toutes leurs danses macabres. Puis, à part même cette inconvenance sous les rapports religieux, les Grecs et les Romains, obéissant à l'impulsion de leur goût exquis, excluaient ordinairement des productions de l'art, et même dans la décoration des tombeaux, les images dont l'aspect eût révolté leur délicatesse. Mais, s'ils repoussaient tout ce qui

---

[1] Cette assertion de Plutarque détruit celle de M. Peignot, qui, dans l'introduction de son ouvrage (p. 14), donne comme certain que les Grecs et les Romains n'ont jamais élevé à la mort ni temple ni autel.

pouvait choquer les yeux, ils s'interdisaient jusqu'aux simples mots qui pouvaient affliger la pensée; c'est de-là qu'à Rome, surtout, le mot *mortuus* n'était jamais prononcé, dans le style familier, qu'avec une sorte d'horreur; aussi, parlant de quelqu'un dont on avait à déplorer la perte, on ne disait point : *mortuus est,* mais *vixit, fuit* ou *obiit*[1]. Cette répugnance se retrouve exprimée dans une épitaphe de la Vigne Borghèse, où Popilie, dame romaine, ajoute, à plusieurs autres recommandations, les mots suivants, qu'elle adresse également à Oceanus, son mari : « Dites que Popilie dort; il ne faut jamais dire que les gens de bien sont morts, mais qu'ils dorment d'un sommeil tranquille. » Quant à cette formule, il est vrai qu'elle est devenue fort commune, dans les inscriptions funèbres, parmi les chrétiens du moyen-âge; mais ceux-ci ne manquaient guère de gâter sa douce simplicité, en ajoutant que le dormeur n'était

---

[1] Il était expressément, selon Festus, interdit aux Flamines de proférer seulement le mot de *fèves,* que l'on eût regardé comme une grave souillure, par la raison qu'elles étaient consacrées aux morts, et parce que, en outre, on assurait (absurde préjugé dont parle Pline) que les mânes des défunts se retiraient dans ce légume.

plus qu'une charogne infecte et rongée par les vers. Ainsi, hormis un très-petit nombre de cas très-exceptionnels dont nous parlerons plus tard, loin d'ajouter, par les simulacres des crânes décharnés et des hideux squelettes, à ce qu'a de sinistre l'aspect des tombeaux, la mort n'était, chez les anciens, figurée sur le dernier asile des hommes que sous des formes élégantes et souvent gracieuses, ou par de simples attributs que l'artiste associait avec goût à l'ensemble du monument; tels étaient, par exemple, des flambeaux renversés, des masques scéniques ou des têtes de Méduse, souvent représentées belles, sans grimaces, et pourtant ingénieuses et parfaites images de l'immobilité, de la froideur et de l'exanimation du cadavre.

Ailleurs se voient, toujours comme images de destruction, des oiseaux dévorant des serpents et des lézards, ou béquetant des fruits; des chèvres broutant des vignes, des coqs combattant, etc.

La figure du sphinx était aussi fort communément employée sur les sépultures. Outre que cette image, comme celles des aigles et des griffons qui s'y rencontrent fréquemment aussi, est d'un grand effet, sous le simple rapport de la décoration, on ne peut guère douter que le sphinx ne désignât, en pareil cas, tout ce que l'autre vie présente à l'esprit d'énigmatique et de mystérieux.

Souvent la figure d'un papillon exprimait la fuite et la légèreté de cette *animula vagula* qu'en l'interpellant en ces termes, Hadrien mourant interrogeait en lui. Cette jolie allégorie se trouve dans la gravure d'un monument fort curieux, donnée par Spon (*Miscellanea eruditæ antiquitatis,* pl. VII); l'on y voit étendu par terre un corps, de la bouche duquel s'échappe un papillon. Nous devons encore à ce savant antiquaire une inscription funèbre très-remarquable, trouvée en Espagne, et où se trouvent les mots suivants :

HÆREDIBUS MEIS MANDO ETIAM
CINERE UT MEO VOLITET EBRIUS PAPILIO, *etc.*

Le symbole païen du papillon, quoique représentant l'immortalité de l'ame, n'a point trouvé grace aux yeux des artistes du moyen-âge, qui, pourtant, ont retenu tant de choses des anciens. Ils ont mieux aimé, pour exprimer le passage de la vie à l'éternité, représenter l'ame sous la forme d'une petite figure humaine que paraît exhaler la bouche du personnage expirant.

Des couronnes ou des guirlandes de cyprès et de pin décoraient aussi les sépultures antiques; car le premier de ces arbres était consacré à Pluton et le second à Proserpine; mais, parfois, ces divinités infernales elles-mêmes ou les Parques, souvent figurées gracieuses et belles, étaient représentées sur les tombeaux des riches et des grands. On y voyait encore des sacrifices, des combats, des chasses (*venationes*), et jusqu'à des scènes domestiques; en un mot, le polythéisme déroulait sur ces monuments ses innombrables mythes.

Mais c'était, alors, une espèce de monstruosité que d'allier, à ces nobles images, les têtes de morts et les affreux squelettes si communément employés dans le moyen-âge [1].

Il en fut de même chez les chrétiens, dans les

---

[1] Une chose qui dépose en faveur de la délicatesse du goût qui présidait, en France et en Italie, aux arts de la Renaissance, c'est qu'à cette époque on repoussait presque généralement des tombeaux qu'on exécutait alors, les images des hideux cadavres rongés de vers, et des squelettes. Il est à remarquer que ces dernières redevinrent chez nous de plus en plus de mode, en raison de l'abâtardissement progressif des arts, jusqu'à l'apparition de l'école de Vien.

premiers siècles de l'Eglise, où l'on ne figurait, sur les murs des catacombes et sur les sarcophages, que des emblêmes religieux, tels que le *labarum*, la colombe de l'arche de Noé, l'agneau mystique, etc.

A l'instar des païens, des épisodes complets embellissaient aussi le dernier lit des morts, et c'était le plus souvent Adam et Eve, Moïse frappant le rocher, Jésus en croix, la résurrection du fils de la veuve de Naïm, ou celle du Lazare, et Jonas, englouti et vomi par la baleine, témoignages évidents, quant à ces trois derniers sujets, d'une espérance consolatrice commune aux seuls chrétiens, la résurrection de la chair.

Cette exclusion de tout ce qui pouvait rappeler la putridité du tombeau se remarquait également, alors, dans le style des inscriptions tumulaires, et ce ne fut que bien long-temps après que les épitaphes commencèrent à faire ressouvenir le vivant que le mort était *vermibus esca datus*[1] (donné en pâture aux vers). Cette

---

[1] Je me rappelle avoir vu, sans pouvoir dire en quel endroit, cette singulière étymologie du mot *cadaver* :

CA*ro* DA*ta* VER*mibus*[*].

[*] M. De Maistre (SOIRÉES DE SAINT-PÉTERSBOURG) soutient en effet la réalité de cette étymologie. (Note de l'éditeur.)

expression, qui se lisait sur une infinité de tombes, était, au reste, parfaitement en rapport avec ces mots du dix-septième chapitre de Job : « *J'ai dit à la pourriture, tu es mon père, et aux* » *vers, vous êtes ma mère et ma sœur.* » Et quel langage convenait mieux, après tout, que la poésie sublime de cet antique arabe aux rites funèbres de l'Eglise, au lugubre formulaire des tombeaux [1].

Mais revenons pour un instant aux temps qui précédèrent l'invasion du christianisme. Si les artistes de ces hautes époques représentèrent la mort sous des symboles en rapport avec ses re-

---

[1] On était tellement habitué, dans les xive et xve siècles, aux idées de putréfaction, qu'on les exprimait jusque dans le langage le plus familier ou le plus badin, comme pour corriger ce que présentaient d'obscène la pensée de certains organes et les images d'amour et de volupté. L'anecdote du *Clerc châtré*, dans *les Cent Nouvelles Nouvelles*, où le bon La Fontaine a puisé de si jolis contes, nous offre un exemple de cette discordante rhétorique.

Un clerc de procureur (les chroniques scandaleuses ont, de tout temps, tympanisé le front des procureurs) fait accroire à son bénin patron, vieux et jaloux mari d'une jeune, vive et jolie femme, qu'il est réduit à la neutralité dans laquelle moururent Origènes et l'amant d'Héloïse; le bonhomme, aussitôt, fait du cauteleux gars, dont l'aveu mensonger le ravit secrètement d'aise, le surveillant de sa fringante moitié, qui savait mieux que personne à quoi s'en tenir sur le compte du faux eunuque, se trouvant souvent avec lui dans certains cas, où, dès la première fois, *n'espargnèrent pas*, dit le texte, *les membres qui en terre pourriront.*

doutables attributions, les poètes eux-mêmes, à commencer par Homère, la dépeignirent à leur manière et lui prêtèrent l'action et la parole : Horace la voit pâle et planant, à l'aide de ses ailes noires; Ovide, aveugle et furieuse; mais cette cécité, qui doit être prise dans un sens absolument abstrait et figuré, comme la surdité que d'autres ont prêtée à l'inexorable déesse, ne prouve nullement, comme le fait remarquer M. Peignot, qu'Ovide l'ait imaginée sous la forme d'un squelette; car, très-certainement, cette dernière figure n'était admise, alors, qu'à représenter l'état final où la mort réduit l'homme, mais non la mort elle-même. Au reste, on employait encore circonstanciellement, dans un but prétendu philosophique, comme cela s'était pratiqué dès la plus haute antiquité, des images de squelettes et des squelettes mêmes; mais c'était au milieu de certaines réunions gastronomiques que ces tristes objets, promenés à la ronde, étaient exposés aux regards des convives. C'était des Egyptiens que cet étrange usage était passé chez les Grecs, qui l'avaient transmis aux Romains. Chez ces derniers, Pétrone parle du petit squelette d'argent dont un esclave faisait mouvoir les ressorts au banquet de ce Trimalcion, dans lequel on a long-temps cru reconnaître l'abominable élève de Sénèque et de Burrhus.

Cependant, comme on l'a supposé quelquefois, y avait-il en cela, je ne dirai pas un sens religieux, une pensée psychologique, mais seulement une intention humainement morale ?... Non, très-probablement; c'était du matérialisme exploité au profit de la sensualité des hommes, souvent tels que celui à qui appartenait cette crapuleuse épitaphe antique :

CE QUE J'AI MANGÉ

CE QUE J'AI BU

CE QUE J'AI DISSIPÉ

JE L'AI MAINTENANT AVEC MOI

CE QUE J'AI LAISSÉ

JE L'AI PERDU.

C'est à-peu-près ainsi que parlaient chez les Juifs ces hommes tout charnels auxquels Isaïe fait dire : « Mangeons et buvons, car nous mourrons demain [1] ». Un chapitre de saint Paul cite

---

[1] Isaïe, cap. XXII, v. 13.

de pareilles expressions [1] ; mais cette invitation à la gloutonnerie s'y trouve fondée sur le doute de la résurrection des morts, comme si le matérialisme ne reconnaissait chez l'homme d'autres vertus que la gourmandise et ses grossières jouissances.

Dans le XIIIe siècle, Thibaud de Marly expose, dans ses Stances sur la mort, cette brutale doctrine, avec la naïveté et l'énergie de pensée qui caractérisent la plupart de ses vers. Voici comment il s'exprime à la fin de la treizième strophe, composée de douze vers, comme toutes les autres [2].

> . . . . . . Li fol dient : Nos que caille [3]
> De quelle heure mort nos assaille?
> Prendrons chi le bien qui nos vient,
> Après que puet valoir si vaille :

---

[1] Si mortui non resurgunt, manducemus et bibamus : cras enim moriemur. Saint Paul, I, *Corinth.*, cap. XV, v. 32.

[2] Thibaud de Montmorency, seigneur de Marly, après s'être croisé, en 1160, pour visiter les lieux saints, prit à son retour l'habit religieux, dans l'abbaye de Notre-Dame-du-Val, ordre de Cîteaux. Il y vivait encore en 1189.

Il existe quelques opinions contradictoires sur la famille et la personne de ce Thibaud. *Voy.* le père Anselme, *Hist. Généalog.*, t. III, p. 568 et 658.

[3] *Nos que caille*, que nous importe.

Mors est le fin de le bataille,
Ame et cors à nient devient.

XXIV str.

Piecha que celle error conmenche
De cele seculer [1] sentence
Dont fu la viés phylosophie,
Nascui ceste pesme [2] science
Ki tost [3] à Dieu se providence,
Ki dist qu'autres siècles n'iert mie ;
Selonc che [4] a la meillor partie
Chil qui s'abandonne à folie,
Que cil qui garde continence :
Car certes s'il n'est autre vie
Entre ame à home et ame à truie
N'a donques point de différence.

Non-seulement ceux qui faisaient profession de philosophie chez les anciens n'étaient pas tous matérialistes, comme semble les en accuser Thibaud, dans sa strophe précédente, mais encore il s'est trouvé, dans le cours de ces hautes époques, des hommes qui révérèrent le dogme de la résurrection. Si, toutefois, les vers de Phocylides, qui renferment le précepte suivant, n'ont pas été, comme on l'a quelquefois pensé, sup-

---

[1] *Seculer*, mondaine.
[2] *Pesme*, de *pessima* ; ce mot est ici pour *détestable*.
[3] *Ki tost*, qui enlève.
[4] *Selonc che*, d'après cela.

posés dans les premiers temps du christianisme.

Voici comme Vigénère a traduit, dans les commentaires de ses *Tableaux de Philostrate*, p. 160, ce passage, composé de trois vers seulement :

« Ce n'est pas chose honneste de défaire ce
» bel assemblement du corps humain, car peut-
» estre il y a espérance que de la terre encore, les
» reliques des morts retourneront en lumière et
» puis après seront dieux. »

Quoiqu'il en soit, et de ce qui précède, et de la strophe dans laquelle le bon Thibaud semble, au contraire, accuser indistinctement de matérialisme tous les philosophes de la Grèce et de Rome, il est inutile d'ajouter d'autres exemples à ceux que nous avons déjà cités dans le cours de ce chapitre, en faveur de la croyance telle quelle des anciens à l'immortalité de l'ame. Il est temps, d'ailleurs, d'aborder enfin la principale question, qui ressort de la nature et de l'objet de ce volume ; cette question, la voici : Les anciens ont-ils aussi, soit dans leurs poésies, soit dans leurs œuvres artistiques, exprimé l'idée singulière de faire danser les morts ? Que mes lecteurs n'imaginent pas, je les en conjure, que la tournure interrogative et fortuite de ma dernière phrase cache la ridicule prétention de leur apprendre ce que je crois seulement nécessaire de leur rappeler ; c'est que le moyen-âge, dont les idées n'étaient souvent que le reflet plus ou moins lumineux des conceptions antiques, pourrait toujours être soupçonné d'avoir emprunté d'elles les types de ses Danses Macabres, si, lors de l'apparition de ces derniers, l'étude des monuments grecs et romains eût déjà donné seulement le moindre signe de vie.

Pour ne parler d'abord que des poètes, Anacréon, dans la fin de sa quatrième ode, introduit une sorte de danse de la Mort dans les réjouissances des ames parties pour l'Elysée ; et, parmi les Romains, nous retrouvons cette idée développée dans ces vers de Tibulle :

 Sed me, quod facilis tenero sum semper amori,
 Ipsa Venus campos ducit in Elysios.
 Hic *choreæ* cantus vigent......

Virgile fait également danser et chanter les ombres :

 Pars pedibus plaudunt *choreas* et carmina dicunt.

Il ne serait pas impossible de produire quel-

---

[1] Lib. 1, Eleg. iii.
[2] Æneid. Lib. VI, v. 644.

ques autres exemples de ce genre ; mais nous nous en dispenserons, d'autant plus qu'ils ne répondent, il faut en convenir, que fort indirectement à la manière dont le moyen-âge a connu les Danses des Morts, dont des squelettes sont les principaux coryphées. Mais avant de parler des rares images de ce genre, que les anciens nous ont transmises, examinons d'abord le sens symbolique attaché par eux aux squelettes. Certainement ce n'est pas sans raison qu'on a, comme nous l'avons dit, vu dans ces derniers, non l'image de la Mort elle-même, mais celle des larves et des lémures, qui, du sein des ombres, apparaissent quelquefois sur la terre. Les larves ou lares, généralement pris pour être d'une nature bienfaisante, étaient regardés comme les amis de l'homme ; telle était l'opinion sur le démon familier de Socrate. Les lémures, au contraire, étaient des esprits de méchanceté et n'occasionnant que le malheur. Les larves se bornaient, selon Pétrone, à donner des avertissements aux vivants, et ne les effrayaient pas ; Sénèque lui-même nous prouve combien ils étaient peu redoutés : « Qui peut, dit-il, être
» assez enfant aujourd'hui pour avoir peur de
» Cerbère, du ténébreux séjour et de ces larves,

» bizarre assemblage d'ossements décharnés[1] ? »
On pourrait, au reste, fonder sur les paroles précédentes cette double question : Est-ce parce que les larves n'étaient pas réputés malfaisants qu'on ne les craignait plus ? ou ne les craignait-on plus parce qu'on avait cessé de croire à leur existence ? Cette dernière raison me semble, beaucoup plus que l'autre, susceptible d'une réponse affirmative.

Ce qu'il y a de plus clair dans le passage de Sénèque, c'est qu'on se figurait les larves sous la forme de squelettes, et nous allons tout-à-l'heure en offrir une autre preuve, non moins positive, après avoir, toutefois, fait observer en passant que les idées des anciens, sur les qualités respectives des larves et des lémures, étaient loin d'être identiques et d'accord entre elles.

Apulée, dans son éloquente et vigoureuse apologie contre ceux qui l'accusaient de magie, nous apprend que des simulacres de squelettes entraient déjà dans l'attirail des sorciers de son temps ; et je rapporte d'autant plus volontiers ce passage tout entier, que la curieuse défense dont

---

[1] Senec. Epist. XXIV.

je l'extrais est généralement assez peu consultée, et qu'il n'en existe pas, je crois, de traduction française.

« Votre troisième inculptation mensongère, » s'écrie Apulée, roulait sur une figure artifi- » cielle représentant un hideux cadavre maigre, » ou plustôt entièrement décharné, sans en- » trailles, et d'un aspect horrible et sépulcral. » Si vous aviez la certitude d'une preuve aussi « convaincante de magie, pourquoi ne l'avez- » vous pas déclaré, afin que je fusse contraint » de l'exhiber? Etait-ce pour vous réserver la » faculté de mentir plus impunément sur un » objet absent? Mais cette liberté de mensonge » va vous être enlevée par le favorable hasard » d'une de mes habitudes. En effet, j'ai pour » coutume, quelque part que j'aille, de porter » renfermée, parmi mes livres, l'image de quel- » que divinité, et, les jours de fête, de lui offrir » un hommage d'encens, de vin et quelquefois » de victimes. Or, dès que j'eus entendu qua- » lifier, par le plus prudent mensonge, cette » figure de *squelette*[1], j'ai ordonné à quelqu'un

---

[1] *Sceletus*, en grec Σκελετὸς, de ΣΚΕΛΛΩ, sécher, dessécher.

» d'aller promptement et de me rapporter de
» ma demeure cette petite image de Mercure,
» que m'a sculptée Saturnin [1]. Tenez, qu'on la
» voie, qu'on la manie, qu'on l'examine, voilà
» ce que ce *scélérat* (Æmilien, son calomnia-
» teur) appelait un *squelette* [2] !

» Entendez-vous maintenant les murmures d'é-
» tonnement de tous ceux qui vous entourent?
» Entendez-vous la condamnation de votre men-
» songe? N'avez-vous pas honte enfin de tant de
» calomnies? Est-ce là un *squelette?* Est-ce là une
» *larve?* Est-ce là ce que vous qualifiez de démon?
» Est-ce là un simulacre magique, ou plutôt
» n'est-ce pas une image aussi solennelle que gé-
» néralement vénérée? Prenez-la, je vous prie,
» Maxime (le proconsul auquel est adressée son
» apologie), et contemplez-la ; un objet consacré
» ne peut être mieux placé qu'en des mains aussi
» pieuses, aussi pures que les vôtres. Voyez com-

---

[1] Apulée, dans un passage précédent de son apologie, exalte le rare talent et les vertus de cet artiste, qu'il nomme Cornelius et Saturninus. La figurine de Mercure (*Mercuriolus*), dont il s'agit, était en bois d'ébène.

[2] ..... *Quem scelestus ille sceletum nominabat.*
Ce membre de phrase offre une espèce de jeu de mots auquel l'intention de l'auteur n'était peut-être pas étrangère.

» bien sa face est belle, pleine de chair et de vie.
» N'est-ce pas là le visage rayonnant d'un Dieu ?
» Comme un léger duvet descend agréablement
» sur chacune de ses joues ! Comme sa cheve-
» lure bouclée paraît avec avantage sous le bord
» de sa coiffure [1] ! Que ces deux ailerons se dé-
» tachent gracieusement de ses tempes ! Que
» ce vêtement est élégamment [2] retroussé autour
» de ses épaules ! Quiconque ose appeler ceci un
» *squelette* n'a jamais vu d'images de Dieu. On re-
» fuse d'ouvrir les yeux à l'évidence. Quiconque
» enfin pense que ceci est une larve, est devenu
» larve lui-même [3]. »

---

[1] Dans le texte, cette coiffure est le *pileus* ; il est beaucoup plus rare de voir les figures de Mercure coiffées de ce chapeau, que de celui qui portait le nom de *petasus*, et dont se couvraient ordinairement les voyageurs.

[2] Élégamment, etc. ; le texte porte *festivè*, ce qui, pris à la lettre, signifie gaiement, gaillardement.

[3] On trouve dans le texte : *Ipse est larvatus*. Le mot *larvatus* est, il est vrai, généralement employé pour désigner quelqu'un dont l'esprit est troublé par un spectre ; mais je regarde comme certain que mon interprétation est parfaitement conforme à la pensée de l'auteur. Nous l'avons vu traiter nettement Æmilien de scélérat ; dans l'opinion des platoniciens, dont Apulée professait la doctrine, les ames des méchants devenaient des larves. Au surplus, John Price a pensé comme moi, en disant, dans les commentaires sur l'apologie d'Apulée, que ce philosophe, en employant le mot *larvatus* à l'endroit en question, parlait *quasi a morte Æmilianus in larvam migraturus esset*..

» Pour toi, Æmilien, qu'en punition de ton
» mensonge, ce dieu, messager des divinités cé-
» lestes et infernales, t'attire l'animadversion des
» uns et des autres ; que, sans cesse, il fasse
» passer devant tes yeux des fantômes de mort
» et tout ce qu'il y a d'ombres, de lémures, de
» mânes et de larves ; qu'il rassemble en outre
» devant toi toutes les apparitions des nuits,
» toutes les terreurs formidables des bûchers,
» tous les *épouvantements* des sépulcres dont te
» rapprochent tant d'ailleurs ton âge et tes mé-
» rites. »

Revenons maintenant, une bonne fois pour toutes, aux danses de morts dans l'antiquité ; les citations que nous avons produites sur celles qu'exécutaient les ombres dans l'Élysée ne se rattachant que bien faiblement aux danses macabres du moyen-âge, c'est donc ailleurs qu'il faut chercher de plus vives analogies, mais malheureusement on ne les trouve qu'en fort petit nombre, et je ne crois pas qu'il soit possible d'en exhiber de beaucoup plus remarquables que les suivantes [1].

---

[1] Voyez dans l'ouvrage de M. Peignot sur les *Danses des Morts*,

Gori, dans son *Musæum Florentinum*, tome I, pl. 91, n° 3, décrit une agathe-sardoine antique sur laquelle un squelette danse devant un vieux pâtre assis et jouant de la double flûte. — Dans la galerie de Florence, ce sujet, que nous reproduisons dans notre planche VI *bis* [1], se trouve gravé d'après l'excellent dessinateur J.-B. Wicar; mais l'étrangeté de cette scène a donné quelque défiance à l'auteur du texte sur l'authenticité de ce petit monument.

« Il est difficile, écrit en effet M. Mongez, de
» dire quelque chose de raisonnable sur cette bi-
» zarrerie. Peut-être même la gravure n'est-elle
» pas antique; car les anciens n'ont presque
» jamais représenté des squelettes, ni des têtes
» décharnées. Ce n'était point sous des emblê-
» mes hideux qu'ils représentaient la mort elle-
« même, etc. » C'était en 1804 que M. Mongez s'exprimait ainsi. Cinq ans après, une découverte singulière, dont nous allons parler, offrait, dans un monument d'une antiquité incontestable, un nouveau témoignage des dérogations

---

page XIV de l'introduction, une note dans laquelle sont indiqués plusieurs auteurs, citant des monuments antiques où se voient des squelettes dansant.

[1] Par erreur, cette planche porte le chiffre VII *bis*.

des anciens à la pureté de goût qui caractérisait leurs conceptions en tous genres.

En janvier 1809, des paysans fouillant sur les bords du lac de Liscola, près de Cumes et de l'ancienne voie Domitienne, découvrirent un tombeau recélant trois sarcophages qu'ils brisèrent, dans l'espoir d'y trouver de l'or ; trompés dans leur attente, ils se vengèrent sur trois bas-reliefs en stuc qui décoraient l'intérieur des chambres sépulcrales, et les mutilèrent. M. le chanoine André de Jorio, custode de la galerie des vases peints, au musée de Naples, instruit de cet événement, accourut sur les lieux, fit dessiner ce que la grossière barbarie des paysans n'avait pas encore entièrement anéanti, et cette intéressante découverte lui fournit le sujet du mémoire qu'il publia l'année suivante, sous le titre de *Scheletri Cumani dilucidati dal canonico Andrea de Jorio*. (Les squelettes de Cumes, expliqués et publiés par le chanoine André de Jorio). *Napoli, nella stamperia Simoniana*, 1810, 72 pag. et 4 pl.

L'un des bas-reliefs, gravé pl. I, et que nous reproduisons dans notre planche VI *bis*, représente une danse des morts, si toutefois on veut prêter une action de ce genre aux deux figures

des extrémités. Quant à celle du milieu, dans laquelle M. de Jorio a cru reconnaître un squelette de femme, il est impossible de s'y méprendre, à moins de n'avoir jamais vu nos danseurs de l'Opéra. Ces trois bas-reliefs ont été interprétés à-peu-près de la même manière par l'antiquaire italien et par Millin (*Magasin Encyclopédique*, janvier 1813, p. 200-208). L'un et l'autre pensent qu'ils représentent le départ des ames de dessus la terre pour les enfers. « Dans le premier bas-
» relief, dit Millin, trois mortels dansent, pour
» faire voir que le passage de cette vie dans l'au-
» tre n'a rien de fâcheux et qui soit à craindre.
» dans le second, ce passage est figuré par la
» réception d'une ombre dans l'Elysée; Caron,
» qui l'a amenée, se repose; Némésis lui ap-
» prend son admission; une de ses compagnes
» cherche à lui montrer le bonheur dont on
» jouit dans le séjour des justes; des jeunes gens
» enlevés de bonne heure à leurs amis, et un
» vieux philosophe, s'entretiennent ensemble de
» la justice des dieux et des récompenses qu'ils
» accordent à la vertu. Le troisième bas-relief re-
» présente une table à un seul pied, portée par
» une figure en gaîne, et couverte de vases. Des
» hommes de différents âges sont nonchalam-

» ment couchés autour d'un *triclinium* [1], et une
» jeune fille danse devant eux. Ce dernier bas-
» relief nous offre la fin de l'heureuse allégorie
» qui a été commencée dans les deux précé-
» dents. Vivre sans soins, sans inquiétudes, se
» livrer à un nonchalant repos, entendre des
» chants divins, voir des danses agréables et lé-
» gères, entretenir la conversation par des récits
» intéressants, la ranimer par des mots heu-
» reux, et prolonger ainsi les plaisirs de la table,
» était chez les anciens le souverain bonheur,
» la volupté la plus réelle. Les dieux d'Homère
» passent ainsi le temps dans des banquets con-
» tinuels et à entendre les chœurs des Muses; et
» l'idée des anciens, si heureusement exprimée
» par Virgile, était que les hommes justes re-
» trouvaient dans l'Elysée les mêmes plaisirs qui
» les avaient charmés sur la terre. Il est donc
» naturel que la troisième scène figurée dans ces
» bas-reliefs nous montre l'ame qui a été reçue
» dans l'Elysée, admise à ces banquets. »

Cette conclusion de Millin emprunte tout ce qu'elle a de probable, non-seulement aux croyan-

---

[1] M. Peignot (Introduct., p. xx) fait judicieusement observer que Millin se sert d'une expression impropre, dans ces mots : couchés autour ; c'est : couchés sur un *triclinium* qu'il fallait dire.

ces grecques et romaines, mais encore à celles de la plupart de beaucoup d'autres peuples de l'antiquité, auxquels l'amour de la guerre ou de la chasse faisait rêver un paradis approprié à la nature de leurs penchants; tel est encore l'esprit de cette sardoine antique, mentionnée par Gori, dans son *Museum Etruscum*, tome III, page 6. Elle représente une tête de mort et un trépied couvert de mets. Entre ces deux objets règne l'inscription suivante, en caractères grecs : « Bois, mange et » couronne-toi de fleurs ; c'est ainsi que nous » serons bientôt. » Quant à ce sujet, il serait difficile, quoique nous en ayons dit plus haut, de nier que la mort *elle-même* n'y soit représentée par un crâne, et c'est probablement dans la même intention qu'un objet semblable se voit placé au-dessus de la tête du fleuve infernal compris dans notre planche VI *bis*. Cette figure décorait un des petits côtés d'un sarcophage antique couvert d'admirables bas-reliefs, dont Montfaucon donne la description et les gravures, pages 148-149 de son *Antiquité expliquée*, tome V, 1re partie.

Si nous avons cité quelques exemples présentant certain rapport indirect avec nos danses des morts du moyen-âge, il serait peut-être encore plus difficile d'en trouver qui puissent être comparés aux Danses Macabres composées de personnages vivants, telles qu'en ont incontestablement exécuté nos pères. Il est vrai que, dans l'antiquité, soit dans certains mystères religieux, soit dans certains jeux scéniques, on agissait, on dansait même, déguisé sous des masques hideux de larves et de spectres ; mais je ne vois rien dans tout cela qui se rapproche autant des créations sépulcrales du moyen-âge que le fait suivant, par le récit duquel nous terminerons ce chapitre.

Ce fut Domitien qui, dans ses cruelles fantaisies, nous légua le souvenir d'une scène vivante qui rappelle non-seulement celui de nos Danses Macabres vivantes, mais qui se rattache encore, par de vives analogies, à l'introduction d'un cortége funèbre et de cercueils dans la *Lucrèce Borgia* de Victor Hugo [1].

Nous rapporterons cette antique et bizarre anecdote telle que l'a traduite l'abbé Legrand, dans l'*Avant-Coureur de l'Éternité*, où le jésuite Drexelius, auteur de cet ouvrage ascétique, l'a racontée.

---

[1] *V. Xiphilin. in Domitiano.*

« L'empereur Domitien fit autrefois préparer
» en cet ordre un festin magnifique pour traiter
» les principaux du sénat et de la noblesse ro-
» maine. Toute la salle estoit tendüe de noir;
» les planchers, les murailles, les carreaux, les
» siéges et les autres meubles estoient de même
» couleur, de sorte que tout estoit obscur, triste
» et lugubre. On fait entrer de nuict en cette
» chambre de deuil tous ceux qui auoient esté
» inuitez, sans leur donner des guides pour les
» conduire. S'estans assis à table, on mit au-
» près de chacun d'eux un cercueil où son nom
» estoit escrit, et un flambeau comme on a de
» coustume de faire aux funérailles. Ceux qui
» seruoient à table estoient pareillement tous
» vestus de noir, auec des visages sombres et
» des mines effroyables Ces officiers dansèrent
» cependant un balet funèbre tout à l'entour,
» durant lequel et tout le souper on fit un très-
» profond silence à la table. Domitien, de son
» costé, faisoit de beaux discours de la mort à
» ses hostes, ne les entretenant que des choses
» les plus tristes du monde. Et ces pauures con-
» uiez estoient cependant dans les dernières ap-
» préhensions, croyant que cette feste fut faite
» pour trouver des victimes à la brutalité et à la

» cruauté de ce prince. Mais qu'arriua-t-il après
» cela? Rien autre chose, sinon que l'empereur,
» pouuant en tirer vne leçon fort salutaire pour
» luy et ses sénateurs, il n'en remporta que de
» la vanité. »

Il ne dut en effet rien rester de cette étrange comédie à un païen de la trempe de Domitien, que le plaisir barbare d'avoir, pendant quelques heures, glacé de terreur de malheureux courtisans qui ne connaissaient que trop sa folie sanguinaire.

CHAPITRE V.

ETYMOLOGIE DU MOT MACABRE.

Près ce qu'ont dit, à cet égard, M. Peignot et M. Douce, dans leurs importants et curieux ouvrages sur la Danse de la Mort, je ferai d'autant moins parade, aux yeux de mes lecteurs, d'une érudition dont la propriété pourrait quelquefois m'être contestée, que, dans la savante lettre qu'a bien voulu m'adresser M. C.

Leber, cet infatigable et judicieux explorateur du moyen-âge a répandu un vif et nouvel intérêt sur le sujet qu'avaient traité les auteurs précités. Or, pour mon propre compte, jaloux de rendre à César ce qui appartient à César, lorsqu'il m'arrivera d'emprunter quelque chose à mes recommandables prédécesseurs dans la carrière où je me suis engagé, je ne le ferai point sans me déclarer hautement leur débiteur. Ce chapitre surtout m'en fournira plusieurs fois l'occasion.

Nous ferons observer d'abord que ce mot MACABRE, mot d'origine si obscure et si contestée, a été multiplié sous d'autres formes, dans ceux de *marâtre, marcade, machabée,* et même *macrobe*. Ceux qui, de MACABER ou MACABRE, ont fait le nom propre d'un allemand, qu'ils ont considéré comme l'auteur des premières poésies morales appliquées à d'anciennes peintures ou estampes des danses de la Mort, n'ont basé cette opinion que sur le titre d'un ouvrage de ce genre, donné et corrigé par P. Desrey, en 1490 ; ce titre est ainsi conçu : *Chorea ab eximio Macabro versibus Alemanicis edita et à P. Desrey nuper emendata*, etc. Sans répéter tout ce qui a été dit pour et contre les inductions qu'on a tirées de ce titre, en faveur de la réalité de l'existence du prétendu

Macabre, je me range à l'avis de M. Peignot qui regarde comme possible que celui qui a donné l'édition latine, trompé par quelque traducteur allemand (car tout est en faveur de l'origine française de la Danse Macabre), ait pris l'épithète ou le surnom de cette danse pour le nom de son auteur. Outre que, en Allemagne même, on ne connaît aucun poète de ce nom, quand ce serait le contraire, le titre latin dont il est question laisserait encore à décider si ce Macabre était l'auteur des figures ou des vers, car, comme le fait observer M. Douce, en mettant une virgule après le mot *Macabro*, la phrase qui le comprend peut également s'appliquer à l'artiste comme au poète [1].

Dans les huitains anglais de la Danse des Morts de l'ancien cimetière de Saint-Paul de Londres, Macabre moralisait sous le nom et le titre de *Machabray the doctour*. Le moine John Lydgate, auquel n'appartenaient point le canevas et les sujets de ces vers qu'il avait, comme il l'avoue lui-même, calqués sur ceux du cimetière des

---

[1] On trouve, dans l'ouvrage de M. Douce (page 28), *edito* au lieu d'*edita*, erreur typographique'inaperçue par l'auteur, et qui, cependant, outre le contresens qu'elle présente, laisse la remarque de l'écrivain anglais sans objet.

Innocents de Paris, avait-il trouvé dans ces derniers, ce que M. Douce n'admet pas, le Macabre qu'il introduit dans sa traduction? En ce cas, ce personnage était-il ce Marcade, poète parisien, auteur de la *Danse des Morts des Innocents*, selon Noël Du Fail, comme nous le verrons tout-à-l'heure? La meilleure réponse à cette dernière question, c'est de renvoyer à ce que dit M. C. Leber de ce même Marcade, dans sa lettre annexée à notre propre travail.

Parmi les noms d'hommes qui présentent le plus d'analogie avec celui de Macabre, M. Douce cite celui d'un poète provençal du xive siècle, appelé *Macabres, Marcabrus* ou *Maccabrées;* mais en s'empressant d'ajouter que c'est à tort (*injudiciously*) qu'on a voulu rattacher au sujet qui nous occupe ce rimeur dont les ouvrages n'ont pas le moindre rapport avec lui. Le fait suivant, bien que loin d'être à l'abri de toute contestation, présente néanmoins quelque chose de plus substantiel. Chorier fait mention de moulins et de prés dépendant d'un domaine appelé Macabrey, qui fut donné au chapitre de Saint-Maurice de Vienne, en Dauphiné, par un certain Marc Apvril, citoyen de la même ville, et dont ce domaine a retenu le nom. « Je n'ignore pas néan-

» moins, ajoute Chorier, que ce mot a été ap-
» pliqué à d'autres sens, et entre autres au *Branle*
» *de Macabrey*, dont nos pères ont fait des li-
» vres. » N'est-il pas probable, dit M. Douce,
d'après ce qui précède, qu'il existait à Vienne
une danse de ce genre, et que le nom de Marc
Apvril, corrompu en passant par la bouche du
peuple, aura pu lui être appliqué [1].

Au reste, pour compléter la remarque du savant antiquaire anglais, nous ferons observer que le mot *Macabrey* se retrouve dans une édition de la Danse Macabre bien antérieure à Chorier, et dont le titre est ainsi conçu :

Les LXVIII huictains cy devant appelés la Danse Machabrey par lesquels les chrestiens de tous estats sont stimulés et invités de penser à la mort. Paris, Jacques Varangue, 1589, in-8°. Édition sans figures. Il en existe un exemplaire à la bibliothèque de l'Arsenal.

Parmi les étymologies de divers autres genres données au mot *Macabre*, il en est une à laquelle j'accorderais d'autant plus volontiers la préférence qu'elle émane du respectable et savant

---

[1] *Recherches sur les antiquités de Vienne.* — 1659, in-12, p. 15.

M. Van-Praet, ancien conservateur de la Bibliothèque royale; il l'a fait dériver de l'arabe *magbarah, macbourah* ou *magabir,* qui tous signifient cimetière : or, *Danse Macabre* voudrait dire *Danse de cimetière.* Un écrivain, auquel on ne peut d'ailleurs contester beaucoup de talent, M. Paul Lacroix, caché sous le pseudonyme du bibliophile Jacob, s'exprime de la manière suivante, à l'égard de l'opinion précédente, dans la préface de son roman de la Danse Macabre, adressée au voyageur Taylor, son ami et le mien, après être convenu qu'on ignorait pourquoi cette danse s'appelait ainsi. « Quelques écrivains, dit-il, ont
» voulu donner à ce mot une origine arabe,
» quand il était bien convenu chez nous que tout
» venait de l'Orient, jusqu'à l'ogive des arabes
» qui n'ont jamais eu d'ogive dans leur monu-
» ments. » Sans nous arrêter à la partie architectonique de cette citation, nous nous bornerons à rappeler que notre langue s'est approprié, soit par un des résultats des croisades, soit par nos rapports avec les maures d'Espagne, une foule de mots arabes que M. Paul Lacroix connaît tout aussi bien ou mieux que qui que ce soit. Mais M. Peignot s'est, dans ses savantes *Recherches,* attaché d'une manière beaucoup plus

sérieuse à atténuer ce que l'étymologie de M. Van-Praet offre de plausible.

C'est en objectant que la Danse des Morts a pour source un principe moral et religieux, qui tient essentiellement au christianisme et qui ne serait nullement dans les principes de l'islamisme ; que le musulman envisageant la mort d'un autre œil que le chrétien, on n'a pas besoin de lui recommander d'y songer ; que le despotisme, qui est pour lui de droit divin, l'a habitué non seulement à la contempler sans effroi, mais à la regarder comme un bien quand elle lui arrive, soit par l'ordre du sultan, soit à la guerre, etc. Les musulmans n'ont donc pas besoin d'images sensibles et de peintures pour se familiariser avec l'idée de la mort, et surtout de la mort exerçant son empire sur l'espèce humaine, dans tous les âges et dans toutes les conditions. D'après cela, conclut M. Peignot, dont j'ai suivi textuellement les paroles, il est à-peu-près certain que la Danse des Morts ne provient pas de l'Orient.

M. Douce n'a point laissé passer inaperçue cette remarque critique du savant Dijonnais, et, comme lui, je regarde comme impossible que M. Van-Praet n'ait pas songé à ce qu'ont en effet d'étranger aux dogmes et aux rites mahométans nos danses des morts, peintes ou sculptées, et surtout l'intention morale que nous y attachons; or, s'il m'était permis de parler ici pour M. Van Praet, je ne craindrais pas d'affirmer que, dans l'étymologie qu'il nous a donnée, ce docte bibliothécaire n'a vu que l'emprunt d'un mot et non celui d'un usage; distinction qui laisse subsister son opinion dans toute sa valeur.

C'est surtout dans le ténébreux et vaste dédale des étymologies qu'il est pardonnable de s'égarer; mais aussi n'est-il pas ridicule de s'y engager sans y porter avec soi la moindre parcelle de lumière? c'est pourtant ce que paraît avoir fait Villaret, dans son *Histoire de France*, tome XIV, page 300, en rapportant qu'après la bataille de Verneuil, en 1422, une Danse Macabre eut lieu au cimetière des Innocents de Paris. Dans la supposition que ce spectacle fut exécuté par les Anglais victorieux, c'est de leur langue même qu'il fait dériver l'expression *macabrée* dont il se sert et qu'il croit trouver dans les deux verbes *to make* (faire) et *to break* (rompre, briser).

Si l'on y regardait aussi peu de près que cet historien, qui nous empêcherait de donner, comme de la bonne monnaie, une étymologie moins compliquée, quoique présentant un sens à-peu-près pareil, que nous enterions sur le mot italien *maccare*, qu'Oudin traduit par *ravager, briser, fracasser?* Au surplus, M. Douce, qui devait être plus apte que nous à juger des étymologies puisées dans son propre idiôme, ne balance pas, quoiqu'elle ait été adoptée par d'autres écrivains, à traiter celle de Villaret de ridicule et de folle. Pour notre propre compte, nous souscrivons à cette sentence, sauf la manière un peu dure dont elle est formulée.

A propos de l'étymologie de Villaret, M. W. Cathermoul, jeune anglais, étudiant la peinture dans mon atelier, me citait une locution employée dans sa langue maternelle et qui, sans être entièrement inattaquable, quant à ses rapports étymologiques avec la Danse Macabre, se présente au moins à l'esprit sous une apparence plus admissible que la conjecture de Villaret.

En beaucoup de lieux de l'Angleterre, dit M. Cathermoul, le verbe *mourir* se paraphrase, en prenant un sens figuré, de la manière suivante : *I am going to dance my caper ;* littéralement, *je vais danser mon saut ;* manière de parler que nous retrouvons dans plusieurs de nos locutions populaires, telles que *faire le saut, sau-*

ter le pas, etc., en parlant également de mourir.

J'abandonne aux réflexions des lecteurs cette particularité qui n'est pas plus ridicule, après tout, que l'opinion du marquis de Paulmy qui, notant une danse macabre de sa riche bibliothèque, actuellement fondue dans celle de l'Arsenal, prétendait sérieusement que *macaber* dérivait de deux mots grecs, signifiant une *danse infernale;* assertion dont il serait impossible de vouloir vérifier l'exactitude sans trouver, dans le grec, un sens tout différent de celui qu'on est en droit d'exiger dans le cas dont il s'agit.

Parmi les diverses étymologies sur le mot *macabre*, recueillies par M. Douce dans son important volume, il en est une que nous allons rapporter en traduisant littéralement les paroles du savant anglais (page 237).

« M. Compan, dans son Dictionnaire de Danse,
» 1787, in-12, sous l'article *Macabrée*, affirme
» fort gravement, dit M. Douce, que l'auteur de
» l'ouvrage de ce nom l'a tiré des Machabées,
» *qui, comme tout le monde sait, dansèrent, et en ont*
» *fait époque pour les morts;* puis, il rapporte en-
» suite quelques lignes d'une édition moderne
» de la Danse Macabre, où le mot Machabées est
» par ignorance substitué à celui de Machabre. »

Ce dernier mot, antérieur à l'invention de la typographie, a toujours, en effet, été le seul constamment employé dans les vieilles éditions des Danses, à commencer par celle de 1485 [1], que l'on regarde à présent encore comme la plus anciennement imprimée. Cette dernière, de laquelle le savant M. Champollion-Figeac a donné une excellente notice [2], débute par l'espèce de préface suivante, à laquelle nous allons après comparer la version où le mot Machabées se trouve introduit.

Texte de l'édition de 1485.

O creature roysonnable
Qui désires vie eternelle,
Tu as cy doctrine notable :
Pour bien finer vie mortelle
La *Danse Macabre* sapelle :
Que chascun a danser apprant

---

[1] *La Danse Macabre*. A la fin du volume on lit, au recto du dernier feuillet : *Cy finit la Danse Macabre imprimee par ung nomme Guy Marchant demorant au grand hostel du college de Nauarre en champ Gaillard a Paris le vingt huitiesme jour de septembre mil quatre cent quatre vingz et cinq.*

Vol. petit in-fol. gothique, composé de deux cahiers de 10 feuillets et 20 pages, sans chiffres, signatures ni réclames, avec 17 gravures en bois.

[2] V. *Magazin Encyclopédique*, décembre 1811, p. 355-369.

A lhomme et femme est naturelle
Mort nespargne petit ne grant.
En ce miroir chascun peut lire
Qui le conuient ainsy danser,
Saige est celuy qui bien si mire
Le mort le vif fait auancer.
Tu vois les plus grans commencer,
Car il nest nul que mort ne fiere :
Cest piteuse chose y panser.
Tout est forgie dune matiere.

Nous rapportons d'autant plus volontiers les vers suivants que, en les comparant à ceux qui précèdent, et sur lesquels ils sont calqués, on peut apprécier à sa juste valeur la prétention des éditeurs qui se vantent, dans leur titre, d'avoir tourné, dans le langage le *plus poli* de leur temps, l'ancienne Danse Macabre française [1].

Texte des éditions de 1728 *et* 1729.

O créature raisonnable
Qui désire le firmament,

---

[1] Nous ne parlons ici que de deux Danses publiées à Troyes, l'une et l'autre sous le titre de *La Grande Danse Macabée des hommes et des femmes*, etc.; la première chez Pierre Garnier, rue du Temple, sans date, mais avec privilége donné en 1728 ; et l'autre chez la veuve de Jac. Oudot et Jean Oudot fils, rue du Temple, 1729. Ces deux Danses, in-fol., avec fig., se composent également de 38 feuillets.

Voici ton portrait véritable [1],
Afin de mourir saintement :
C'est la Danse des Machabées,
Où chacun à danser apprend ;
Car la Parque, cette obstinée,
N'épargne ni petit ni grand.
Dans ce miroir chacun peut lire
Qu'il lui convient ici danser ;
Sage est celui qui s'y mire
Quand la Mort le viendra presser ;
Le plus grand s'en va commencer ;
Car il n'est nul que la Mort fière
Ne porte dans le cimetière :
O qu'il est fâcheux d'y penser !

Examinons, maintenant, si M. Douce, dans sa citation tant soit peu ironiquement présentée de l'article de Compan, était fondé à insinuer que ce lexicographe n'avait pu trouver le mot *Machabée* que dans les danses les plus modernes. Non, sans doute, puisque, dans un ouvrage antérieur de plus de trois quarts de siècle aux éditions troyennes de 1728 et de 1729, dans les *Recherches italiennes et françaises*, etc., par Antoine

---

[1] Dans les deux éditions de Troyes ci-dessus mentionnées, ces vers se trouvent au-dessous d'une grossière gravure en bois représentant un cadavre sortant d'une bière dans laquelle se trouve encore engagé son pied gauche ; de la main droite il montre le ciel, et de l'autre il porte un cercueil. La scène est dans un cimetière. Au-dessus de la planche, on lit en gros caractères : L'AUTEUR.

Oudin, dont le privilége porte la date de 1651, *Danza delli Morti* est traduit par *la Danse Machabée*[1].

Il y a plus, sans examiner avec M. Douce ce que peut présenter de ridicule l'opinion de Compan, affiliant la Danse Macabre aux personnages bibliques des Machabées, est-ce bien avec raison que le savant anglais regarde comme un trait d'ignorance d'avoir écrit, dans les éditions modernes, *Danse Machabée* et *Danse des Machabées*, pour Danse Macabre? En effet, M. Douce lui-même pouvait-il traduire autrement *Machabæorum Chorea*? et pourtant il savait fort bien que cette expression latine, fort antérieure aux premières Danses imprimées, se trouvait, sous la date du 10 juillet 1453, dans un manuscrit de l'église de Besançon, dont nous ferons tout à l'heure une mention très-particulière. La critique de M. Douce a donc une portée plus rétroac-

---

[1] Une variante encore bien plus ancienne du mot *Macabre* se présente à nous dans l'Inventaire de la Bibliothèque royale de Blois, dressé en 1544, dont un article est ainsi conçu : *Ung autre grand liure en parchemin imprimé, intitulé La Danse Macabrée, couvert en tripe de velours*. Ce volume, grand in-fol., appartenant à une édition publiée par Antoine Vérard, vers 1500, porte cependant le titre de *Danse Macabre*.

tive qu'il ne paraît s'en être aperçu lui-même, et pourtant qui peut, aujourd'hui que les siècles ont enveloppé cette question d'un voile probablement impénétrable, prononcer pour ou contre ceux dont les uns, dans le cours du xve siècle, écrivaient, à Besançon, *Danse des Machabées*, et les autres, à Paris, *Danse Macabre*. Rien, sans doute, ne contribue plus puissamment que la notable différence de ces deux locutions à embrouiller la question, et à rendre extrêmement problématique l'existence du prétendu Macabre, que l'on a fait l'auteur de ces Danses, et cela quelque soit le pays dans lequel on fait naître ce personnage probablement imaginaire. Tout en rendant hommage à la supériorité des lumières de MM. Peignot et Douce, je crains que, dans le cours de leurs savantes investigations, ils n'aient pas apporté, à l'objet de la remarque précédente, toute l'attention qu'il me paraît naturellement appeler.

Quant à Compan faisant danser ses héros hébreux, rien ne l'empêchait de rappeler plus gravement ces antiques personnages, en supposant que, dans le cours du moyen-âge, on institua un spectacle funèbre, mêlé de prières pour les morts, en accomplissement de cette conclusion du chap. XII du deuxième livre (v. 46) des Machabées :

Sancta ergo et salubris est cogitatio pro defunctis exorare, ut a peccatis solvantur.

N'eût-ce pas été, cependant, se laisser aussi légèrement entraîner dans l'immense et tortueuse carrière des conjectures, que de s'arrêter à croire que la translation des squelettes des Machabées, envoyés d'Italie à Cologne, en 1464 [1], aurait pu donner lieu à quelque mystère sépulcral dont les Danses Macabres ne seraient qu'une transmission? Au surplus, nous verrons bientôt M. Leber s'arrêter, dans sa savante Lettre imprimée à la fin de ce volume, à des présomptions bien autrement entraînantes sur ce même mot de *Machabées*.

J'ai déjà dépassé de beaucoup les bornes que je me proposais de donner à ce chapitre; mais, puisque les voici franchies, faisons quelques pas de plus, en continuant d'observer ce qui peut encore se rencontrer sur notre chemin. Sans nous arrêter ici à l'antériorité de l'une ou de l'autre, les Danses Macabres se divisent en deux

---

[1] *Vet. script. et monum. ampl. coll.*, auct. D. Martene, t. IV, col. 564.

classes fort distinctes : les Danses exécutées par des personnages vivants, et de simples peintures représentant cette action. C'est sur les murs des églises et des cimetières que ces sujets furent exécutés avant leur multiplication bibliothecnique. Dans la basse latinité, nous trouvons *macheria* pour *paries*, mur [1]. Or, la Danse Macabre, à Minden, à Basle, à Paris, ou dans tant d'autres lieux, était une véritable *macheriæ chorea* (prononcez *makeriæ*), *danse du mur* ou de la muraille, si tant est que la plus rigoureuse logique ne puisse me contredire sur ce point dans ce qu'il y a de purement grammatical. Je ferai, du reste, observer au lecteur que je ne prétends garantir, sous aucun autre rapport, la justesse de cette étymologie, ni de celle qui, fondée sur l'intervention obligée des cadavres et des squelettes dans les Danses Macabres, nous donnerait les mots *machabæorum chorea* pour l'expression corrompue de *macrorum chorea*, la *Danse des Maigres* ou *des Amaigris*.

Je ne terminerai pas ce chapitre sans mentionner une autre opinion sur l'étymologie du

---

[1] V. Ducange, *Gloss.* V° *Macheria.*

mot *macabre* ; mais, religieux observateur de la maxime : *Suum cuique*, je m'empresse de déclarer d'avance que cette hypothèse et l'exposé des faits dont elle paraît fortifiée, appartiennent à M. Douce, dont je ne suis ici que le simple traducteur.

Dans le cours du xiii͏ᵉ siècle, il parut un ouvrage français, en vers, sous le titre de : *Li trois Mors et li trois Vis* [1] (les trois Morts et les trois Vifs). Il en existait trois exemplaires apparemment contemporains dans la noble bibliothèque du duc de la Vallière, mais qui présentaient quelques différences et fournissaient le nom de deux auteurs : Baudoin de Condé et Nicolas de Marginal [2]. Ces antiques poëmes racontent que trois nobles jeunes hommes, chassant dans une forêt, furent arrêtés par un pareil nombre de spectres hideux, image de la mort, desquels ils reçurent une leçon terrible sur la vanité des grandeurs humaines. Une très-ancienne allusion, la première peut-être, à cette vision pa-

---

[1] Francis Douce ; *The Danse of Death*, London, 1833, in-8°, p. 31 et suiv.

[2] Catalogue de La Vallière, n° 2736 — 22, 23 et 25. Il paraît que chacune de ces pièces sortait d'une plume différente. M. Peignot fait observer que le nom d'un des trois auteurs est resté inconnu.

raît se présenter dans une peinture d'André Orgagna [1], dans le *Campo-Santo* de Pise, et représente évidemment le même sujet, quoique avec quelques légères différences.

Le peintre a figuré trois jeunes gens à cheval, avec des couronnes sur leurs toques; environnés de plusieurs varlets, ils se divertissent à chasser avec leurs faucons. Saint Macaire, anachorète égyptien, près de la cellule duquel ils se trouvent, leur présente d'une main un phylactère chargé d'une inscription où se lisent, autant qu'il est possible de les déchiffrer, les mots suivants : « Le nostra mente fia ben morta » tenendo risa qui la vista affitta la vana gloria » ci sarã sconfitta la superbia è sarã da morte. »

---

[1] Andréa Orgagna, peintre, sculpteur et architecte, naquit à Florence, en 1329, et travailla presque toujours de concert avec son frère aîné Bernard Orgagna, notamment aux célèbres fresques du Paradis et de l'Enfer, au Campo-Santo (champ saint, terre bénite pour cimetière) de Pise, et à Sainte-Marie-Novelle. Il mourut à Florence, en 1389.

Les biographes ne sont point d'accord sur l'orthographe du nom de cet illustre artiste, que Vasari, suivi par M. Douce, appelle Andrea di Cione Orgagna ; mais, dans l'édition de Florence, de 1770, une note, extraite d'une édition de Rome, fait observer que Baldinucci soutient, d'après l'autorité d'un titre contemporain de l'artiste, qu'il faut écrire Orcagna. Ce qui n'empêche pas l'éditeur romain de prétendre qu'Orgagna est la véritable orthographe, et que, d'ailleurs, les titres anciens ne nomment ce peintre qu'Andrea di Cione. Les auteurs de *la Biographie universelle* ont adopté l'opinion de Baldinucci.

Ce qui signifie à-peu-près : « Si notre esprit se » mortifie à cette vue, notre orgueil et notre » vaine gloire s'anéantiront dans la pensée de la » mort. » De son autre main, le saint ermite dirige l'attention des nobles cavaliers sur trois cercueils ouverts, sur lesquels sont un squelette et deux cadavres, dont l'un est celui d'un roi.

Une semblable vision, qui n'a pas une connexion si intime avec le sujet en question, et à laquelle, jusqu'à présent, on n'a pas fait attention, se trouve à la fin des vers latins attribués à Macabre, dans l'édition de Goldasti du *Speculum omnium statuum*, à *Roderico Zamorensi* [1]. Trois personnages apparaissent à un ermite endormi, dont le nom n'est pas mentionné. Le premier est décrit comme un homme revêtu d'habits royaux ; le second comme un notable bourgeois, et le dernier comme une belle femme, ornée d'or et de joyaux. Tandis que tous trois préconisent, pleins de vanité, leurs conditions respectives, surviennent trois horribles spectres, sous la forme de cadavres humains, dévorés par les vers, qui les réprimandent sévèrement de leur

---

[1] *Hanov.* 1613, in-4°.

arrogance. Ceci est évidemment, pour le texte, une autre version des trois Morts et des trois Vifs. Mais, quant à l'antériorité de l'une ou de l'autre de ces deux versions, c'est ce qu'il est impossible de décider. Celle dont nous venons de parler est composée de rimes alternées, dans la manière et probablement par l'auteur de la vision de Philibert ou Fulbert, touchant *le Débat du Corps et de l'Ame* [1], ouvrage attribué à saint Bernard, et quelquefois à Gautier de Mapes. Il en existe des traductions en français et en anglais.

C'est à Vasari [2] que nous sommes redevable de savoir que l'ermite de la peinture d'Orgagna, au *Campo-Santo*, est saint Macaire, et lorsque, dans la vie de cet artiste, il consigne ce fait, on ne peut douter qu'il ne possédât, à cet égard, des documents traditionnels. Il nous apprend même qu'on a voulu représenter Andrea Uguzzione della Fagivola, dans le personnage à cheval qui se bouche le nez. Au-dessus est une figure noire et hideuse de la Mort, abattant sous sa faulx les hommes de tous les rangs et de toutes les

---

[1] Cette pièce, traduite en vers français, se trouve fréquemment à la fin des Danses Macabres, publiées dans la même langue.

[2] Vasari; *Vite de Pittori*, t. 1, p. 183, édit. de 1568, in-4°.

conditions. Vasari ajoute qu'Orgagna avait rempli son tableau [1] d'un grand nombre d'inscriptions, pour la plupart effacées par le temps. Il en rapporte cependant une dans son ouvrage ; elle s'adresse à quelques vieillards estropiés. Il paraît que là, comme dans la Danse Macabre, les différents états de la vie étaient apostrophés par la Mort. Baldinucci, dans sa notice sur Orgagna [2], fait, en parlant de cette peinture, mention de l'Histoire des trois Rois et de saint Macaire ; et Morona [3], dans sa *Pisa illustrata*, adopte, en décrivant également ce sujet, le nom du même saint. Les figures de cette composition sont tous des portraits dont on trouve les noms, tant dans Vasari que dans Morona, avec quelques variantes, néanmoins, dans les descriptions.

L'Histoire des trois Vifs et des trois Morts faisait partie des peintures de la Danse Macabre du cimetière des Saints-Innocents de Paris ; et, sur le portail de l'église du même nom, elle avait

---

[1] Il est peu de personnes qui ne sachent que ces peintures d'Orgagna furent exécutées à fresque.
[2] Baldinucci ; *Disegno*, II, 65.
[3] Morona ; *Pisa illustrata*, I, 359.

été sculptée par ordre de Jean, duc de Berry, en 1408 [1]. On la trouve dans un grand nombre d'Heures manuscrites, et dans d'autres livres liturgiques, à l'office des morts. Toutes les éditions de la Danse Macabre la contiennent, avec quelques variétés il est vrai, la figure de saint Macaire n'y étant pas toujours introduite [2]. Dans la quantité de livres d'office imprimés, où cette même histoire est insérée, il en est plusieurs des nôtres (c'est toujours M. Douce qui parle) à l'usage de Salisbury. C'est dans le livre xylographique intitulé : *Quindecim signa extremi Judicii diem praecedentia* (Germanicè, circà, 1430, f°) que se trouve la première gravure en bois de ce sujet, dans laquelle on voit deux des jeunes gens se sauvant pour éviter les trois squelettes, dont l'un se lève d'une fosse. Cette estampe est reproduite dans le *Bibliotheca Spenceriana*, vol. I, p. xxx.

D'après ce que nous venons de dire, on peut inférer que le nom de Macaber, employé si fré-

---

[1] Du Breul; *Théâtre des Antiquités de Paris*, 1612, in-4°, p. 834; on y trouve les vers qui accompagnent cette sculpture.

[2] Je ne crois point que M. Douce fût fondé à dire que l'histoire des trois Vifs et des trois Morts se trouve dans *toutes* les Danses Macabres.

quemment et sans autorité, comme celui d'un poëte allemand inconnu, appartient vraiment au saint dont le nom a subi une légère corruption, qu'il est facile d'apercevoir. En effet, le mot *Macabre* ne se trouvant que dans les auteurs français seulement, le nom du saint, qui, dans l'orthographe moderne de la même langue, est *Macaire*, peut, dans beaucoup de manuscrits anciens, avoir été converti en *Macabre* au lieu de *Macaure*, par la substitution du *b* à l'*u*, résultat du caprice, de l'ignorance ou de l'inattention des copistes.

Puisqu'on ne peut, avec certitude, considérer comme originale aucune édition allemande des vers décrivant les peintures, attachons-nous au texte latin, qui peut avoir lui-même ses droits à l'originalité. L'auteur, dans son début, s'adresse aux spectateurs, et leur dit que la peinture qu'ils vont examiner s'appelle la Danse de Macabre. C'en est fait alors du nom de Macaber, qui, ne pouvant plus s'appliquer à l'auteur des vers, mais bien aux tableaux eux-mêmes, comporte assez évidemment la confirmation de la conjecture précédente [1].

---

[1] M. Douce ayant invoqué, à l'appui de son étymologie tirée du

La version française, dont Lydgate fit la traduction, s'accorde presque avec le latin, et,

---

nom de saint Macaire, le texte latin de la Danse des Morts, à défaut des plus anciennes éditions publiées en 1485 et 1486, que nous n'avons pas sous les yeux, nous rapportons le début qui se trouve dans celle de 1490, due, comme les deux précitées, à Guy ou Guyot Marchand, imprimeur-libraire à Paris.

La première planche de cette dernière représente l'auteur, assis devant son pupitre et entouré de plusieurs meubles gothiques, chargés de livres. Dans un des angles supérieurs du cadre, un ange déroule un phylactère portant ces mots :

    Hec pictura decus : pompam, luxum qz relegat.
    Inqz choris nostris linquere festa monet.

Au-dessus de l'estampe, on lit :

    Speculum salutare choree Macabri.

Puis, ces quatre vers :

    Discite vos choream cuncti qui cernitis istam.
    Quantum prosit honor gloria. divicie
    Tales estis enim matura morte futuri :
    Quales in effigie mortua turba vocat.

Au-dessous de l'estampe, après quatre vers qui n'offrent rien en faveur de l'interprétation de M. Douce, l'auteur est censé débuter par les deux huitains suivants, dont, comme dans ce qui précède, nous suivons la ponctuation :

AUCTOR

Creatura rationabilis	In hoc potest speculo legere
Que eternam vitam desideras	Omnis homo tendens ad tumulum
Hec doctrina tibi notabilis	Sapiens est qui scit se videre
Est : si ipsam bene consideras	Mortuus dat viventi speculum
Hic quilibet adiscit choreas.	Tu maiores vides ad oculum
Hanc choream Macabri nominans	Hanc choream conducere : quia
Hec est via super omnes vias	Viuentium corpora singulum
Nulli parcens omnia criminans.	Fabricantur una materia.

Ces deux huitains ne sont, à très-peu de choses près, que les originaux ou la traduction peut-être des rimes françaises rapportées dans les pages précédentes. Quant à l'induction qu'en veut tirer M. Douce, toute judicieuse qu'elle paraisse, peut-elle

SUR LES DANSES DES MORTS. 115

pourtant, dans le préliminaire ci-dessus mentionné, le même Lydgate a cru devoir employer le mot *traducteur* (translator) au lieu de celui d'*auteur* (author); mais cela ne présente pas plus d'importance que ces paroles : *Machabrée, le docteur* (the doctor), qui, n'étant pas dans le texte français, sont probablement une interpolation. Il appelle aussi l'ouvrage *la Danse* (the Dance); mais on peut remarquer, une fois pour toutes, que deux versions à peine se trouveront parfaitement semblables, chaque éditeur ayant cru pouvoir se permettre de nouvelles licences, comme cela se faisait généralement autrefois.

---

cependant rigoureusement empêcher qu'on ne suppose aussi qu'un ancien poète, n'importe de quel pays, ait rimé des pensées morales sur la mort, dans lesquelles il aurait, comme le comporte si naturellement le sujet, fait intervenir toutes les conditions humaines, puis que les peintres, adoptant cette idée, l'auraient ensuite rendue doublement frappante, en figurant, aux prises avec la mort, les personnages mis en scène par le poète ? *Fiat lux!*

CHAPITRE VI.

DES DANSES MACABRES OU DE LA MORT EXÉCUTÉES PAR DES PERSONNAGES VIVANTS.

es expressions de Danse des Morts ou de Danse Macabre, dénominations bizarres, antipathiques, qui renferment, ainsi que les sujets qu'elles désignent, des problêmes peu faciles à résoudre, comme en convient, dans ses savantes recherches, M Peignot lui-même, ces expressions n'ont long-temps, même parmi les classes les plus instruites de la

société, évoqué qu'une seule et simple idée, celle des peintures, dessins ou gravures généralement connues sous les noms précédents. Holbein, si digne par son génie de sa haute renommée, ne doit, peut-être, la plus grande part de la célébrité populaire attachée à son nom, qu'à la fameuse Danse des Morts de Basle, qui lui fut si long-temps attribuée, bien que cette œuvre anonyme, qui date des environs de 1441, soit fort antérieure à la naissance de cet illustre artiste, qui ne vit le jour qu'en 1498. Avant l'invention de l'imprimerie et de la gravure, admirables moyens de multiplier à l'infini des types uniques jusqu'alors, les Danses Macabres, reléguées dans les cloîtres, les cimetières et les églises, n'étaient guères connues que dans les localités qui possédaient ces sortes de peintures. Mais, vers la fin du xv° siècle, le burin propageait immensément ces bizarres images, qui bientôt devinrent et sont restées jusqu'à nous une mine féconde de curiosités bibliotechniques et iconographiques. Ces compositions, plus ou moins remarquables par la verve et le génie de leurs auteurs, obtinrent donc une place importante dans la critique des arts. Mais alors, comme depuis, l'archéologie a-t-elle, autant au moins qu'il est possible de le faire, tâché de répandre quelque lumière sur l'origine, le point de départ et les différents modes des Danses des Morts ? A-t-elle suffisamment recherché et ravivé les traditions qui, par leur nature, semblent se rallier à ce sujet? Nous ne le croyons pas. Il nous semble en effet que, jusqu'à présent, les antiquaires, les artistes, les bibliographes et en général les curieux ne se sont guère occupés des Danses Macabres que sous le rapport des arts du dessin, sans les envisager comme d'antiques actions mimiques qui, considérées sous le point de vue théâtral, offrent le plus haut degré d'intérêt. Cela tient sans doute à ce que les documents qui déposent en faveur de la réalité de ces étranges spectacles sont en si petit nombre, et tellement concis, d'ailleurs, qu'ils restent comme inaperçus dans les transmissions presque ignorées et confuses des siècles passés. Hasardons cependant quelques remarques sur cette question, en attendant qu'un antiquaire, homme à grandes recherches et véritablement érudit, la dévoile dans toute sa curiosité Nous débuterons, à cet égard, par poser les deux questions suivantes :

1.° Les Danses Macabres ont-elles été quelquefois mises en action mimique par des personnages vivants?

2° Ce fait bien positivement avéré, les représentations pittoresques de ces sortes de danses ont-elles donné lieu aux actions réelles, ou ces dernières ont-elles fait naître l'idée des images?

Cette seconde et double question me paraît tellement insoluble, que je tremblerais de m'y engager; ainsi, je ne m'occuperai spécialement que de la première, à l'aide de quelques arguments irréfragables qui la résoudront, je l'espère, de la manière la plus affirmative; il me suffirait, pour cela, d'invoquer seulement le supplément au *Glossaire* de l'illustre Ducange, où se trouve, à son ordre alphabétique, l'article suivant :

« MACHABÆORUM CHOREA, vulgo *Dance Macabre*,
» ludicra quædam ceremonia ab ecclesiasticis
» pie instituta, qua omnium dignitatum, tam
» ecclesiæ quàm imperii personæ choream si-
» mul ducendo, alternis vicibus à chorea eva-
» nescebant, ut mortem ab omnibus suo ordine
» oppetendam esse significarent. Hujusce ritus
» mentio fit in veteri Codice Ms. eccl. Vesont.,
» laudato in Mercur. Franc. mens. sept. an.
» 1742, pag. 1955. *Sexcallus solvat D. Joanni*

» *Caleti, matriculario S. Joannis, quatuor sima-*
» *sias vini per dictum matricularium exhibitas illis,*
» *qui chorœam Machabœorum fecerunt 10 Julii*
» (1453) *nuper lapsa hora missœ in ecclesia S.*
» *Joannis Evangelistœ, propter capitulum provin-*
» *ciale Fratrum Minorum.* »

« Danse des Machabées, vulgairement *Danse*
» *Macabre*. Cérémonie en forme de divertisse-
» ment, instituée par les ecclésiastiques, dans
» un but religieux, et dans laquelle les gens
» de tous les rangs, tant de l'église que de l'em-
» pire, menant ensemble une danse, disparais-
» saient l'un après l'autre, signifiant par là que
» la mort vient saisir chacun à son tour. Il est
» fait mention de cet usage dans un vieux *codex*
» manuscrit de l'église de Besançon, cité dans
» le *Mercure de France* du mois de septembre
» 1742, page 1955 : Que le sénéchal ait à payer
» à Jean-de-Calais, matriculaire de Saint-Jean,
» quatre simaises de vin [1], fournies par ledit
» matriculaire à ceux qui, le 10 juillet dernier
» (1453), après l'heure de la messe, ont fait

---

[1] La simaise contenait six mesures ou huit septiers de Paris. Le *Dictionnaire encyclopédique* et celui de Trévoux nous apprennent que le septier, comme mesure de liquide, a fort varié suivant les temps et les lieux.

» la Danse des Machabées, dans l'église de
» Saint-Jean-l'Évangéliste, à l'occasion du cha-
» pitre provincial des Frères Mineurs. »

On vient de voir, dans l'article précédent, la Danse Macabre désignée, non sous ses rapports pittoresques, mais comme une pieuse *farce* ecclésiastique, dont les acteurs figuraient, comme dans les tableaux et les *gravures* que nous connaissons, et par une ACTION RÉELLE, des pontifes et des rois soumis, comme le commun des hommes, à l'inévitable atteinte de la mort. Telle fut, incontestablement, la danse dont il est question dans le manuscrit de Besançon, action qui paraît avoir été spontanée, de courte durée, de peu d'instants, peut-être. On conçoit, en effet, qu'un ballet puisse s'exécuter avec cette promptitude, mais non un vaste tableau. C'est par cette conséquence, prise en sens inverse, qu'il ne paraît pas moins judicieux de penser, avec M. Peignot, qu'une scène mimique ne pût pas exiger les six mois de durée qu'on donne à l'exécution de la Danse Macabre du cimetière des Innocents de Paris, en admettant que, dans la circonstance dont nous allons parler, il ait été réellement question d'une action vivante, comme l'ont pensé plusieurs auteurs. Voyons cependant si quelques faits ne seraient pas de nature, sinon à combattre victorieusement, au moins à balancer, peut-être, ce que l'opinion du savant et respectable écrivain que nous venons de nommer paraît offrir de convaincant.

Le passage de Ducange, rapporté plus haut, se termine par ces mots : « *Diarium regni Caroli VII ad ann.* 1424, *fol.* 509 : Cette année fut faite la Danse Macabre aux Innocens. » Les continuateurs du *Glossaire* ont-ils vu la mention d'une peinture dans cette courte citation, ou, comme je le crois, un appendice soumis à la même interprétation que leur paragraphe précédemment cité, dans lequel, comme nous venons de le voir, ils parlent de la Danse Macabre comme d'un spectacle par des acteurs vivants ? Voici, au reste, comment M. Peignot s'exprime sur cet endroit du *Diarium*, qu'il complète d'abord, et auquel il ajoute une seconde citation puisée dans la même source.

« *Item.* L'an 1424 fut faite [1] la Danse Maratre

---

[1] Suivant l'observation de M. Peignot, dans une note de ses *Recherches sur les Danses des Morts*, page 83, « on ne dit pas d'un spectacle, il fut fait et commencé, etc.; » le mot *fecerunt* est pourtant employé de cette manière dans le manuscrit de Besançon ; celui de *duxerunt* eût sans doute été plus élégant, mais

» (pour Macabre) aux Innocéns, et fut com-
» mencée enuiron le mois d'aoust et acheuée
» au karesme suiuant »; et plus loin il est dit :
« En l'an 1429, le cordelier Richart, preschant
» aux Innocens, estoit monté sur ung hault
» eschaffaut qui estoit près de toise et demie de
» hault, le dos tourné vers les charniers en-
» contre la charonnerie, à l'endroit de la Danse
» Macabre. »

« Il est bien certain, d'après ces deux citations textuelles, poursuit M. Peignot, que la
Danse des Morts, *faite aux Innocents, commencée
enuiron le mois d'aoust et acheuée au karesme suiuant*, n'était point une danse exécutée par des
personnages vivants, mais bien une peinture
dont l'excessive dimension a exigé six mois de
travail ; et ce qui le confirme, c'est que le cordelier Richart, cinq ans après, a prêché monté
sur un haut échafaud placé vis-à-vis de cette
peinture. »

Quant à la peinture en question, nous nous
garderons bien d'en contester l'existence ; mais
examinons si la tradition suivante ne peut ré-

---

il faut se reporter au temps des chroniqueurs, où le style était
plus ou moins appauvri.

pandre au moins quelque doute sur la véritable date de son exécution; et si l'on allègue contre son authenticité le ton badin et frivole en apparence qui règne dans les *Contes et Discours d'Eutrapel*, que nous allons citer, qu'on veuille se rappeler aussi que Noël du Fail, leur auteur, était non seulement un ingénieux et plaisant écrivain, mais encore un des plus habiles jurisconsultes et des hommes les plus savants du xvi⁰ siècle. Lupolde, un des interlocuteurs qu'il met en scène, rapporte, en parlant des alchimistes [1] : « avoir veu, de son temps, que le grand rendez-
» vous de tels Académiques estoit à Nostre-
» Dame de Paris, ou aux portaux d'Eglises que
» Nicolas Flamel, grand et souuerain arracheur
» de dents en ce mestier, auoit faict construire;
» et surtout (continue Lupolde) on les voit par
» bandes et régimens, comme estourneaux, se
» promenans aux Cloistres sainct Innocent à
» Paris, auec les trespassez et secretaires des
» chambrieres, visitans la dance Marcade (*sic*),
» Poete Parisien, que ce savant et belliqueux
» Roy Charles le quint y fit peindre, où sont

---

[1] *Contes et Discours d'Eutrapel*, etc. Rennes, 1597, chap. *Des bons Larrecins*, pag. 51 et 52.

» representées au vif les effigies des hommes
» de marque de ce temps-là, et qui dansent en
» la main de la Mort. Parmy lesquelles peintures
» y a, des deux costez du Cimetiere, deux pour-
» traits, d'un Lion rouge, et d'un Serpent verd [1],
» illec fait mettre par iceluy Flamel, avec bonne
» dotation pour l'entretenement d'iceux. »

Voici donc, suivant Noël du Fail, la célèbre Danse Macabre de Paris, peinte par ordre de Charles V, mort le 6 septembre 1380. Il en résulte que celle de Minden, regardée comme la plus ancienne de toutes celles dont la date est connue, n'ayant été exécutée que trois ans après la mort de ce monarque, en 1383, se trouverait par là dépouillée de son droit d'aînesse [2].

En 1389 et en 1397, Nicolas Flamel et Nicolas Boulard firent construire une partie du charnier des Innocents; d'après du Fail, ce premier fit peindre des animaux emblématiques sur les murs de cette enceinte funèbre, et M. Dulaure

---

[1] Dans les emblêmes de la chimie, le serpent vert représentait la dissolution de la matière, et le lion rouge, je crois, la couleur et l'activité dévorante du feu.

[2] Nous releverons, en passant, une erreur échappée à la plume élégante du savant rédacteur des *Voyages pittoresques et romantiques dans l'ancienne France*, qui, dans la description de la Danse des Morts de l'abbaye de la Chaise-Dieu, en Auvergne, dit que celle des Innocents, à Paris, était sculptée.

126   ESSAI HISTORIQUE

rapporte que, au-dessus de la voûte construite par ce même Flamel, du côté de la rue de la Lingerie, était une peinture représentant un homme *tout noir* [3].

[3] *Description des curiosités de Paris*, 1791, 2 vol. in-12, t. II, p. 131.

SUR LES DANSES DES MORTS. 127

Ce personnage est évidemment celui que nous retrouvons dans les gravures de quelques vieilles Danses Macabres, où nous le voyons figuré comme un nègre, coiffé d'un tortil, vêtu d'une

tunique courte, les jambes et les bras nus, brandissant un javelot d'une main, et de l'autre, élevant un cor qu'il tient embouché, et dont il appelle les hommes à leur danse finale.

Je serais tenté de croire que cette allégorie ne roulait que sur le jeu de mots puéril de *maure* pour *mori*, outre que la peau noire de ce maure était peut-être regardée comme une allusion fort ingénieuse au deuil que l'on voue aux trépassés.

Quoi qu'il en soit, cette figure ne devait être qu'épisodique, et dépendait très-probablement d'une Danse Macabre, antérieure de quelques années, que Nicolas Flamel avait enrichie des emblèmes dont nous parlions tout-à-l'heure. Or, celle qui fut, d'après le journal de Charles VII, exécutée en 1424, n'aurait été, pour ainsi dire, si toutefois il ne s'agit réellement que d'une danse peinte, qu'une seconde édition ou une restauration de la première.

Comment supposer cependant qu'une durée de cinquante à soixante ans au plus aurait détérioré l'ancienne peinture, probablement abritée, au point d'en exiger une nouvelle ou une réparation de six mois de durée, quand nous avons vu des fresques, exécutées par les procédés apparemment employés à ces époques, dont la solidité avait résisté aux intempéries de quatre ou cinq siècles?

Il n'est pas plus facile, après tout, de se prononcer affirmativement sur ce qui précède, que de distinguer le Marcade, poète parisien de Noël du Fail, du Macaber ou Machabrée, prétendu rimeur allemand, cru le premier auteur de la Danse des Morts, personnage tellement obscur, que son existence a été comme tacitement méconnue par ceux qui, dès le xv° siècle même, écrivaient *Machabæorum chorea* pour *Macabri*, etc., observation qui retombe, au reste, sur notre Marcade français, dont je ne puis ni ne prétends plaider la cause.

Quelle que soit la véritable date de la Danse des Morts du charnier des Innocents de Paris, John Lydgate, bénédictin anglais, de Saint-Edmondsbury, mort vers 1440, à l'âge de soixante ans, traduisit dans sa langue, non mot pour mot, comme il le dit lui-même (*not word by word, but following in substance*), mais en substance, les vers français de la Danse Macabre de Paris. Si véritablement ces peintures furent exécutées en 1424, conséquemment pendant l'occupation de notre capitale par les Anglais, il n'est pas surprenant de trouver dans les vers de Lydgate un dialogue composé de deux huitains entre la Mort et un certain John Rikil, sorcier, devin, ou astrologue (*tregetour* [1]) de Henry V, où ce prince, mort le 31 août 1422, se trouve qualifié de roi d'Angleterre et d'illustre conquérant de la France. Il ne serait cependant pas impossible que ce qui concerne cet ancien charlatan ne fût qu'une simple addition aux inscriptions du chapitre de Saint-Paul de Londres, qui du reste ne se composaient que de la traduction de Lydgate. Quoique d'un idiôme étranger et d'un style barbare, cette version peu connue, et qui n'a, je pense, jamais été publiée en France, nous paraît cependant mériter de l'être.

Au reste, quant au personnage anglais, John Rikil, qu'on y voit figurer, ce n'est probablement, je le répète, qu'une interpolation comme celles que M. Douce soupçonne le moine Lydgate d'avoir glissées dans son ouvrage, et je ne crois pas qu'on en puisse conclure que l'exécution des peintures du cimetière des Innocents

---

[1] En vieux français, *tresgeterres*, magicien, enchanteur ; selon d'autres, *tragitaires*, joueurs de gobelets ; de l'italien *tragettatori*. (Voyez, pour cette dernière interprétation, le *Baron de Fœneste*, édition d'Amsterdam, 1733, 2 vol. in-12, t. 1, p. 88, note 1.)

ait eu lieu précisément à l'époque où les Anglais étaient maîtres de Paris, époque dans laquelle, il est vrai, se trouve comprise l'année 1424.

Villaret (*Hist. de France*, t. XIV, p. 300), soit d'après des documents qu'il n'a pas cités, soit en brodant une anecdote mensongère sur le passage du *Diarium*, relatif à la Danse Macabre des Innocents, rapporte que, en cette année 1424, le cimetière de ce nom fut le théâtre d'un spectacle où des personnages des deux sexes, de tout âge et de toutes conditions, passèrent en revue et exécutèrent diverses danses, ayant la mort pour coryphée; triste et dégoûtante allégorie, dit-il, qui s'appelait la *Danse Macabrée*, expression de laquelle cet historien donne *l'audacieuse* étymologie que nous avons rapportée dans un des chapitres précédents.

Villaret, au moins, ne donne pas au spectacle en question la durée de six mois que le *Diarium* (le journal de Charles VI) accorde à l'exécution de la Danse Macabre des Innocents, sans en déterminer la nature; mais M. De Barante, dans son *Histoire des Ducs de Bourgogne*, t. V, p. 182 (édit. de 1825), s'exprime à cet égard de la manière la plus formelle, en parlant des fêtes qui eurent lieu à Paris quand Philippe-le-Bon,

duc de Bourgogne, y vint en 1424. « Il n'y avait
» point des divertissements, dit-il, pour les sei-
» gneurs seulement : le peuple avait aussi les
» siens. Durant six mois, depuis le mois d'août
» jusqu'au carême (ceci a bien l'air, il faut en
» convenir, d'un souvenir du trop bref passage
» du *Diarium*), on représenta, au cimetière des
» Innocents, la *Danse des Morts*, qu'on nom-
» mait aussi *Danse Macabrée*. Les Anglais sur-
» tout s'y plaisaient, dit-on ; c'était des scènes
» entre gens de tout état et de toutes profes-
» sions, où, par grande moralité, la Mort faisait
» toujours le personnage principal. »

Mais ne nous arrêtons pas en si beau chemin, et, sans soumettre à notre interrogatoire, sur l'entière exactitude de ce qu'ils rapportent, les écrivains que nous citons, empruntons à M. De Villeneuve-Bargemont, dans son intéressante *Histoire de Réné d'Anjou*, t. I, p. 54-55, le passage suivant, qui se rattache également à l'époque dont nous venons de parler (1424), mais qui ne paraît accorder, au spectacle de six mois de durée, dont parle M. De Barante, qu'une action très-instantanée :

« Le duc de Belford, surpris sans doute du
» succès inespéré de ses armes, célébra la vic-

» toire de Verneuil par une fête qui parut plus
» étrange même que les revers des Français,
» et il en plaça le théâtre au centre de la capi-
» tale, dont les habitans commençaient à peine
» à oublier l'horrible famine qui venait d'en
» moissonner la plus grande partie. Nous vou-
» lons parler de cette fameuse procession qu'on
» vit défiler dans les rues de Paris sous le nom
» de *Danse Macabrée* ou *Infernale*, épouvan-
» table divertissement auquel présidait un sque-
» lette ceint du diadème royal, tenant un sceptre
» dans ses mains décharnées, et assis sur un
» trône resplendissant d'or et de pierreries. Ce
» spectacle repoussant, mélange odieux de
» deuil et de joie, inconnu jusqu'alors, et qui
» ne s'est jamais renouvelé, n'eut guère pour té-
» moins que des soldats étrangers, ou quelques
» malheureux échappés à tous les fléaux réunis,
» et qui avaient vu descendre tous leurs parens,
» tous leurs amis dans ces sépulcres qu'on dé-
» pouillait alors de leurs ossemens. Tandis que
» cette hideuse fête témoignait d'une manière si
» indécente le barbare orgueil des vainqueurs,
» les évènemens successifs de la guerre avaient
» forcé Charles VII à errer de ville en ville pour
» en réclamer des renforts, etc. »

Le passage précédent nous paraît beaucoup plus remarquable par l'élégance du style qu'allusif à une véritable Danse de la Mort, mais il est loin de pouvoir être comparé, pour l'abondance et l'étrangeté des détails, à ce que nous rapporterons bientôt de l'épouvantable procession funèbre de Florence, exécutée sous la direction du peintre Cosimo, et dans laquelle la Mort figurait également sur un char, allégorie dont nous citerons encore plusieurs autres exemples. Au reste, d'accord avec M. Peignot, pour ne pas révoquer en doute la relation de M. De Villeneuve, puisqu'il en est censé le garant, nous regrettons aussi, comme le savant dijonnais, que l'historien de Réné d'Anjou ne nous ait pas révélé le nom du premier auteur de ce récit, qui paraît, il faut en convenir encore avec M. Peignot, découler de la même source que ceux de Villaret et de M. De Barante. Mais supposons, après tout, que cela soit; ne voyons, s'il le faut, dans le passage de M. De Barante, qu'une paraphrase bénévole de cette toute petite, mais fameuse note du *Diarium*, que nous répéterons ici : « *Item*, l'an 1424, fut faite la
» Danse Maratre aux Innocens, et fut commen-
» cée enuiron le mois d'aoust et acheuée au ka-

» resme suiuant. » Eh bien ! cette paraphrase, fût-elle entièrement dénuée de documents authentiques, restera toujours d'accord avec les probabilités en faveur d'une action mimique, tant que l'opinion qui consiste à ne voir, dans la danse en question, qu'une simple peinture, n'opposera pas à la présomption contraire des autorités précises incontestables.

On objecte, il est vrai, comme nous l'avons déjà dit, et cette objection ne peut manquer d'en imposer au premier abord, qu'il ne paraît pas vraisemblable qu'un spectacle, composé de personnages vivants, ait pu se prolonger pendant un temps aussi considérable, et qu'une longue suite de peintures ne soit pas ce dont il est ici question. On ne peut néanmoins se défendre de quelqu'indécision, en songeant à la facture, à l'immense complication des anciens drames connus sous le nom de *Mystères*, et à l'impossibilité fréquente d'en renfermer la représentation dans un temps bref et déterminé.

Nous trouvons dans l'*Histoire de Valenciennes*, par D'Outreman, témoin oculaire, qu'en 1547, un seul Mystère excita, pendant vingt-cinq jours de scènes variées, l'admiration des habitants de cette ville. Dans l'*Histoire du Théâtre Français*, des frères Parfait, on lit qu'une représentation dura onze jours, et une autre quarante : et la durée de cette dernière même ne paraîtra point surprenante, si l'on pense que presque toujours il ne s'agissait de rien moins que d'édifier le peuple par la mise en action des principaux événements du vieux Testament et de la vie de Jésus-Christ, depuis son incarnation dans le sein de la Vierge jusqu'à son ascension. Si l'on réfléchit que, pendant la durée de ces énormes amphigouris, le soin des affaires et le besoin de repos, surtout du côté des acteurs, devaient nécessiter d'assez fréquentes interruptions, on ne sera pas surpris du temps considérable qui devait s'écouler quelquefois entre le commencement et la fin d'une pièce telle que celles qui montaient à quatre-vingt mille vers répartis dans un nombre infini de rôles; surtout si l'on admet l'idée probable que, en certains cas, la représentation de chaque fragment pouvait fort bien n'avoir lieu que les dimanches et les fêtes. D'un autre côté, quand une pièce, susceptible même d'être entièrement jouée en quelques heures, avait été montée à grands frais, qu'elle avait exigé toutes les ressources du mécanisme le plus compliqué, serait-il croyable qu'on se bornât à une seule représentation, quand, de nos jours même, une œuvre dramatique en obtient quelquefois quatre-vingts ou cent dans le cours d'une seule année? Après avoir joué certains Mystères, on détruisait quelquefois le théâtre dont on vendait les matériaux devenus inutiles; les curieux avaient donc bien fait alors de se repaître d'un spectacle dont le renouvellement devenait ou douteux ou remis à vingt ans peut-être. Telles sont les considérations qui me font regarder comme possible que la Danse Macabre des Innocents, faite en 1424, et considérée comme spectacle vivant, ait occupé les pieux loisirs des Parisiens pendant six mois.

On objectera peut-être que l'enchaînement des événements de l'ancien Testament ou de la vie de Jésus-Christ comportaient une foule d'épisodes, conséquemment une prodigieuse variété d'actions dont les spectacles mortuaires paraîtraient avoir été dénués; mais ces derniers étaient-ils réellement aussi monotones, aussi pauvres de moyens accessoires qu'on le pense d'abord?

Je ne le crois pas, et ne regarde pas comme probable qu'ils se bornassent toujours à de simples mouvements de danse entre la Mort et des personnages successivement saisis par elle, à des *menuets* enfin, pour employer cette expression de Charles Nodier à propos de pareilles matières. Je pense, au contraire, qu'ils devaient se composer de scènes variées qui surgissaient naturellement du fond du sujet, telles que la Résurrection des Morts, le Jugement dernier, le Purgatoire, le Paradis et l'Enfer, spectacles souvent représentés avec tout l'appareil barbare, mais réellement extraordinaire, des théâtres gothiques, dont les dimensions étaient quelquefois gigantesques et le mécanisme merveilleux pour le temps. Les Danses Macabres se composaient, d'ailleurs, probablement de moralités, conséquemment de scènes *parlées*, et très-certainement de simples pantomimes. Qui sait si, dans ce dernier cas, les acteurs ne figuraient pas, avec la terrible héroïne de la pièce, des luttes, des duels, dans lesquels le vivant finissait toujours naturellement par avoir le dessous. Cette conjecture me paraît fortifiée par quelques anciens recueils de sujets macabres, où des hommes d'armes simulent avec la Mort diverses manières de combattre, sujets dont on peut, il est vrai, faire honneur à l'imagination des artistes du xve et du xvie siècles, mais qui pourraient fort bien aussi nous offrir des réminiscences de plusieurs des anciennes scènes dont se composait l'étrange conception des Danses Macabres.

Ce qui paraît certain, au moins, c'est que ce spectacle était parfois entremêlé d'intermèdes bouffons dans lesquels le fou ou le sot (*fatuus*), le farceur *obligé* du moyen-âge, égayait les spectateurs par des lazzis convenables à son rôle. Ce personnage, qui se voit représenté dans plusieurs vieilles publications des Danses de la Mort, est figuré dans un ancien recueil que possédait mon honorable confrère sir Francis Douce, de la société royale des Antiquaires de Londres.

On l'y voit soutenant un rude combat avec son adversaire, la Mort, et le souffletant avec une vessie pleine de pois ou de petites pierres, instrument encore en usage parmi les *paillasses*. Cette gravure, qui paraît évidemment l'ouvrage d'une main étrangère, fait penser à M. Douce que ces sortes de farces étaient en usage sur le continent. Le fou de la Mort n'en était pas moins connu de Shakespeare, puisque celui-ci en fait mention dans plusieurs de ses ouvrages, notamment dans *Périclès, prince de Tyr*, acte III, scène 2, et dans *Mesure pour Mesure*, acte III, scène 1re.

Au reste, mon savant confrère et ami M. John

Gage, directeur de la société royale des Antiquaires de Londres, m'a déclaré que, appuyé sur de longues et fréquentes recherches, faites par de nombreux amis et par lui-même, il se croyait suffisamment autorisé à penser que, parmi les premières représentations dramatiques, en France, en Angleterre et en Italie, il n'exista jamais aucune *Moralité* où l'on vit introduits, comme agents, la Mort et le Fou. Ce dernier n'aurait, selon lui, figuré que dans des jeux scéniques non parlés, dont la moderne pantomime d'*Arlequin Squelette* serait une incomplète reproduction.

Quant à la Danse Macabre proprement dite, les antiquaires les plus savants d'Angleterre ne doutent pas qu'elle n'ait été représentée, notamment dans les églises, d'une manière sérieuse et parfaitement morale, et tout doit nous porter à croire que le cimetière des Innocents en à quelquefois été le théâtre. Je regarde comme probable que la fête des ames des trépassés était un jour spécialement consacré à ce spectacle, coutume qui, dans la suite, fit naître celle d'aller, *précisément* le jour des Morts, ce qui se faisait encore dans le xviii° siècle même, visiter, au charnier des Innocents, le squelette d'albâtre du célèbre Germain Pilon[1]. C'est ainsi que les mystères de la Foi, représentés en cire, dédommageaient les Parisiens du regret de ne plus voir ces pièces pieuses jouées par de véritables personnages. Ces simulacres étaient exposés en plein air, et, parmi les principaux, la naissance du Christ attirait, dit-on, le plus de spectateurs[2].

Quelque jugement que l'on porte sur le véritable sens de la citation douteuse qui nous a si

---

[1] « Le deux novembre, les curieux vont voir, aux charniers de Saint-Innocent, le squelette de Pilon, fameux sculpteur. » *Véritable calendrier chronol. pour l'année* 1728, p. 96. Paris, H. S. P. Gissey.

Le squelette dont il s'agit ici fut recueilli, dans la Révolution, par mon honorable ami le chevalier Alexandre Le Noir, conservateur du Musée des monuments français, et placé dans ce précieux établissement, si regretté par les véritables amis des arts. Le squelette en question fut aussi, selon M. Alex. Le Noir, attribué à François Gentil, de Troyes.

[2] « Le vingt-cinq décembre on voit, à un des bouts du pont de l'Hôtel-Dieu, le Mystère de la Nativité, en cire colorée. » Calendrier précité, p. 101.

Paris n'était pas la seule ville de France où, le 25 décembre ou le 1ᵉʳ janvier, on rappelait annuellement le retour de ce dernier usage. Cette agrégation de figures se nommait, dans beaucoup de lieux, la *crèche*, et dans d'autres, notamment en Flandre, le *bethléem*, en patois *bétliem*.

<blockquote>
Ses bras sont comme chen de chire
Qu'un met à ches p'tits enfants,
Au béthem qu'un va vire
Le premier jour de l'an.
</blockquote>

Chansons de F. de Cottignies dit Brûle-Maison.

longtemps arrêté, il est incontestable que les Danses Macabres furent mises en action vivante, et que l'exemple que nous en a transmis le manuscrit de Besançon doit être loin, et très loin, d'être unique. Un spectacle pareil était trop en rapport avec la couleur des idées et les goûts grossiers de ces temps reculés, pour que le peuple n'y cherchât pas avidement l'édification et les passe-temps qu'il trouvait dans les monstrueux avortons de la dramaturgie gothique. C'est par suite de cet engouement si profond, si tenace, que, en dépit des influences d'une de nos plus belles époques d'art et de poésie, la cour élégante de Charles IX se régalait encore, pour le mariage d'Henry IV et de Marguerite de Valois, d'une fête assaisonnée du savoureux spectacle d'un enfer vomissant des diables [1]. Au reste, ce n'étaient pas sans doute de légères sensations que celles qu'éprouvaient nos pères, en écoutant les hurlements des damnés, et à la vue des démons hideux acharnés sur leurs victimes.

Telle dut être la cause du prodigieux succès

---

[1] *Histoire françoise de nostre temps.* In-fol., p. 766.

des horribles farces qu'on désigna spécialement sous le nom de *diableries*[1], et dans lesquelles intervenaient communément quatre affreux démons, ce qui nous a valu le proverbe *faire le diable à quatre*. Au surplus, à des époques encore plus anciennes, et dans l'intérieur des familles même, on admettait en particulier les acteurs de ces épouvantables divertissements[2].

Peut-être n'est-ce pas sans raison qu'on a pensé[3] que c'est à de semblables scènes exécutées la nuit, en plein air, et dans des lieux écartés, par les gens du peuple qui s'en amusaient tour-à-tour, qu'est due l'origine des sabbats,

___

[1] Un ouvrage publié, au commencement du xvie siècle, avec et sans date, in-f^o et in-4°, sous ces titres divers : *Le Livre de la Diablerie*, *La Grande Diablerie*, etc., et dont l'auteur est un certain Éloy Damerval, maître des enfants de chœur de Béthune, rappelle jusqu'à un certain point ces farces dramatiques. C'est un traité de théologie morale en vers, écrit en forme de dialogue, entre Satan et Lucifer.

[2] Il est évident, en effet, que ces farces se jouaient par des jongleurs qu'on appelait dans l'intérieur des maisons, où ils remplaçaient les *Thymelici*, *Temellini* ou *Temelici*, qui, dans le viiie siècle encore, se louaient pour exercer leur honteuse industrie à la suite des festins ou des noces des particuliers. Il était expressément enjoint aux clercs d'éviter la présence de ces jongleurs (*joculatores*). Voici une de ces prohibitions : « *Ne cleri ludicris* » *spectaculis intersint in cœnis, vel nuptiis, sed ante discedant* » *quàm Thymelici veniant.* » Synod. Laodiciæ, sæc. viii, an. 781. Vid. Thes. monumentorum, etc. Henrici Canisii, t. II, p. 270.

[3] *Nuits parisiennes*, t. II, p. 237.

rassemblements où se glissèrent sans peine le libertinage et les déceptions en tout genre, et qui nous valurent tant d'actes judiciaires de la sottise et de la barbarie humaines.

Nous voyons encore, dans le cours du IXe siècle, que, à l'anniversaire du décès d'un mort, et à certaines autres époques déterminées qui suivaient ce même décès, après avoir, comme dans l'antiquité païenne, bu à l'esprit du défunt, on s'enivrait en l'honneur des saints ; cette orgie était ordinairement terminée par l'introduction de danseuses (*tornatrices* [1]) et de personnages figurant des diables, à l'aide de masques effroyables (*larvas dæmonum quas vulgo Talamascas dicunt*), turpitudes que signale un ancien concile de Reims, en défendant rigoureusement aux ecclésiastiques d'y prendre part [2].

Quoique, dans le cours de cet écrit, j'eusse dû peut-être me montrer moins prodigue de conjectures, ne serait-il pas permis de penser que

---

[1] Les exercices de ces femmes étaient probablement analogues à ceux des anciennes baladines que le vieux poète anglais Geoffroy Chaucer, mort en 1400, désigne sous le nom de *tomblesterre*.

[2] Vid. *Hincmari Remensis capitula et coronationes*, cap. XIV, tit. *Quomodo in conviviis defunctorum aliorumve presbyteri gerere se debeant*.

l'affinité qui règne entre les déguisements infernaux dont je viens de parler et les Danses Macabres exécutées par des gens revêtus des tristes livrées de la mort, a pu donner lieu à ce dernier genre de spectacle?

Les cimetières durent être naturellement choisis pour ces sortes de représentations; du moins, c'était en ces lieux que, selon Matthieu Pâris [1], se jouaient en Angleterre les pièces connues sous le nom de *Miracles*, créations absurdes, roulant ordinairement sur la vie apocryphe de quelque saint, et dont les acteurs employaient les ornements de l'église pour leurs costumes et la décoration de leur lugubre théâtre [2].

Quant aux Danses Macabres, rien de plus certain que ce spectacle n'est pas constamment demeuré restreint aux gesticulations d'une

---

[1] *In vitâ Abbat. Sancti Albani.*

[2] Les danses dans les églises et les cimetières furent défendues à certaines époques, mais celles des morts n'étaient probablement pas comprises dans cette prohibition renouvelée dans un concile convoqué, en 1231, par Maurice, archevêque de Rouen. On y menaçait d'excommunication les prêtres qui toléreraient cet abus. (Vid. *Concilia Rotomag. provinciæ*, édit. de Bessin, p. 135, art. XIV.) En 1245, Pierre de Colmieu, successeur immédiat de Maurice, remit en vigueur cette mesure répressive dans ses instituts synodaux. (Vid. *Sanct. Rotom. eccl. Concil.*, édit. de D. Pommeraye, p. 230.)

simple pantomime, et que les rimeurs du temps, en faisant dialoguer les danseurs, leur ont fait parfois jouer de véritables *Moralités*, dans l'acception gothique de ce mot.

Au reste, la pensée de la mort, celle de toutes les pensées à laquelle les moralistes chrétiens attachent la plus haute importance, se présentait alors aux méditations des fidèles sous les formes les plus variées, et, dans un grand nombre de lieux, les tristes et véritables débris des morts suppléaient aux Danses Macabres avec une bien autre énergie que ces dernières ; je parle ici des hangards appelés, en Bretagne, du nom de *reliquaires*, et sous lesquels on entassait, avant la révolution, les ossements découverts dans les cimetières, en creusant de nouvelles sépultures. Ces constructions, adossées aux églises, étaient ordinairement grillées en bois et totalement revêtues de couleur noire. Sur les principales pièces de la charpente se voyaient peints des têtes de mort et des os en sautoir, et les barreaux de la claire-voie étaient semés de larmes [1].

---

[1] Pour donner une idée de ces ossuaires, ou *reliquaires*, nous insérons ici la reproduction d'une composition tirée de la célèbre

SUR LES DANSES DES MORTS. 147

Tout autour de l'église étaient fixées des espèce de châsses portant aussi le nom de reli-

---

Danse des Morts de Basle, telle qu'elle est figurée dans les gravures de Mérian. (Basle, J. Rod. Im-hof, 1789, in-4°, pl. 2.) Ce sujet, d'une originalité piquante, prouve que l'usage de ces ossuaires n'était pas seulement particulier à la Bretagne, mais qu'il était également adopté en Suisse.

quaires, et dont chacune renfermait une véritable tête de mort, reconnue pour avoir appartenu à tel ou tel défunt dont le nom occupait la partie supérieure de ces boîtes ; la formule ordi-

naire : *Priez Dieu pour son ame*, se lisait sur le bas. Les châsses des gens mariés étaient peintes en noir, celles des célibataires en blanc; les inscriptions étaient tracées en noir sur le blanc, et en blanc sur le noir.

Mon confrère et ami M. Jouannin se rappelait avoir vu, à Saint-Brieux, sa patrie, un grand reliquaire tel que celui qui vient d'être décrit. Au surplus, cet usage, qui, en France, avait principalement lieu en Bretagne, se retrouvait aussi en plusieurs endroits de la Suisse et de l'Allemagne, où des têtes de mort se voyaient quelquefois avec le nom du défunt tracé sur une bande de parchemin collée sur le front, ou écrit sur les os du front même. Mais on ne se bornait pas, en France, à ces silencieux *Memento mori.* Presque partout le royaume, particulièrement à Toulouse, les clocheteurs des trépassés, revêtus de leur longue robe noire, chargée de deux têtes de mort, placées l'une sur la poitrine et l'autre entre les épaules, parcouraient les rues dans les ténèbres, agitant lentement leur clochette, et répétant de place en place, d'une voix sépulcrale :

> Bonnes gens qui veillez,
> (*ou* Réveillez-vous gens qui dormez,)
> Priez Dieu pour les trépassés [1].

Dans certains lieux, ils ajoutaient : « Priez pour l'ame de tel ou tel qui vient de mourir à telle heure. » Quelle consolation pour les amis et les parents du défunt, et surtout pour les pauvres malades aux oreilles desquels parvenaient ces

---

[1] Les libertins et les coureurs de nuit, parodiant souvent ce lamentable appel d'une manière fort cynique, répondaient en contre-partie :
> Réveillez-vous gens qui dormez,
> Prenez vos femmes et......

M. Dulaure, en exprimant cette gaîté d'une manière beaucoup plus modeste, rapporte que les clocheteurs eux-mêmes se la permettaient quelquefois.

effroyables cris ! Mon père, fort jeune homme alors, étant logé dans une auberge de Bernay, département de l'Eure, avec une dame de ses parentes dont le mari était mort depuis huit jours à peine, régala d'une copieuse aspersion, après l'avoir vainement invité à se retirer, le clocheteur des trépassés qui, planté sur le seuil de la porte, perçait obstinément depuis une heure, de ses hurlements sinistres, l'ame de la malheureuse veuve. Ces lugubres *watchmen* existent encore dans quelques lieux de la France [1].

Les clocheteurs des trépassés furent supprimés à Paris, vers la fin du xviie siècle, et leur

---

[1] Le poète Saint-Amant, dans une pièce intitulée *La Nuit*, se plaignait, dans les vers suivants, d'un de ces sinistres hurleurs, dont les cris épouvantaient les enfants et troublaient un rendez-vous nocturne :

  Le clocheteur des trépassez,
   Sonnant de ruë en ruë,
  De frayeur rend leurs cœurs glacez,
   Bien que leur corps en suë ;
  Et mille chiens, oyant sa triste vois,
   Lui répondent à longs abois.

  Ces tons ensemble confondus
   Font des accords funèbres,
  Dont les accens sont épandus
   En l'horreur des ténèbres,
  Que le silence abandonne à ce bruit,
   Qui l'épouvante et le destruit.

  Lugubre courrier du Destin,
   Effroy des ames lasches,

costume différait de celui dont nous parlions, d'abord par la forme, puis par l'interversion du blanc et du noir, leur dalmatique étant de cette

première couleur et ses funèbres ornements de la seconde; variété qui se remarquait également

---

Qui si souuent, soir et matin,
M'éueilles et me fasches,
Va faire ailleurs, engeance de Démon,
Ton vain et tragique sermon.

(*Les OEuvres du sieur de Saint-Amant*; Paris, G. De Luyne, in-12, p. 90.)

dans beaucoup d'autres endroits de la France et des Pays-Bas [1].

Dans les villes où se trouvaient des pénitents, un frère était ordinairement chargé de cet emploi.

A propos de ces derniers, il est difficile d'imaginer combien le tableau vivant que présentent nos grandes villes dans leur population, répandue parmi les rues et les places publiques, a perdu de sa singularité depuis la suppression de certaines associations dévotes, et surtout des ordres religieux. On disait proverbialement à Paris qu'il ne s'écoulait pas une minute sans que l'on vît passer, sur le Pont-Neuf, des soldats, des catins ou des moines. Ces derniers, qui ne se laissaient pas le moins rapidement emporter par le tourbillon social, circulaient, en effet, dans tous les quartiers, et leurs costumes, si variés, quelquefois si bizarres, mais toujours antiques et sévères, formaient, avec ceux du peuple et des gens du monde, des contrastes originaux et piquants qu'on ne retrouve plus aujourd'hui. Rentrons dans notre sujet, en disant

---

[1] C'est d'après un dessin fait en 1755 qu'est exécutée la figure de ce clocheteur de trépassés.

qu'on remarquait surtout les ermites religieux de l'ordre de Saint-Paul, promenant sur leur poitrine l'image de la mort au milieu des cités occupées des soins et des projets de la vie.

Le vêtement de ces funèbres cénobites se composait d'une robe de gros drap gris-blanc, qui descendait jusqu'aux talons; d'un manteau de même couleur, qui n'allait qu'à la moitié des cuisses; d'un capuce aigu de drap noir; enfin, d'un scapulaire du même drap, sur lequel était représentée, comme on le voit dans notre vignette, une tête de mort posée sur deux os en sautoir. Ces moines, outre beaucoup de formalités également *divertissantes*, se donnaient entre eux ce qu'ils appelaient *le baiser de la mort;* ils suivaient la règle de saint Augustin. Leur ordre, qui n'était pas ancien, fut supprimé par le pape Urbain VIII, vers 1633. Ils avaient, à Rouen, un couvent qui fut occupé par les Augustins-Déchaussés, et c'est de là que, jusqu'à la révolution, on appela, dans cette ville, ces derniers religieux *les Pères de la Mort,* car les ermites de Saint-Paul avaient été vulgairement nommés ainsi [1].

Mais revenons à notre principal sujet, c'est-à-dire aux Danses de la Mort exécutées par des vivants, et aux conceptions dramatiques analogues à cet étrange spectacle.

En Espagne, ces sortes de pièces se jouaient encore du temps de Cervantes, ou, du moins, le souvenir en était resté dans la mémoire de cet immortel romancier. Dans le chapitre XI du livre IV de son admirable *Don Quichotte,* le chevalier de la Triste-Figure rencontre le char des officiers de la Mort; un colloque s'étant établi

---

[1] *Histoire des ordres religieux et militaires* du P. Héliot, t. III, p. 342.

entre ces derniers et lui : « Monsieur, répondit
» doucement le Diable, en arrêtant son char-
» riot, nous sommes les acteurs de la compa-
» gnie du Mauvais-Ange. Nous avons ce matin,
» qui est l'octave de la Fête-Dieu, représenté
» la tragédie des *États de la Mort*...... Ce jeune
» homme représente la Mort, et cet autre un
» Ange; cette femme, qui est la femme de l'au-
» teur de la comédie, est la *Reine;* en voilà un
» qui fait le personnage d'un *Empereur,* et cet
» autre celui d'un *Soldat;* et moi, je suis le
» *Diable,* à votre service, et un des principaux
» acteurs. »

Il y a, dans ce passage, le programme tout
entier d'une Danse Macabre, et l'association du
Diable aux autres personnages ne fait qu'ajouter
à l'exactitude du tableau ; car, dans le moyen-
âge, on ne se figurait guère la Mort qu'avec Satan, se cachant embusqué dans les replis de son
suaire.

De là naissait la croyance que tout agonisant
était accointé, comme le cierge de sainte Geneviève [1], d'un ange et d'un diable prêts à se dis-

---

[1] En Belgique, on dirait : *Comme le cierge de sainte Gudule*,
car la même tradition naïve s'applique aux deux saintes. Pendant

puter son ame, dans son passage à l'éternité ; tradition catholique, mais dont les sources remontent à la plus haute antiquité, et qui se trouve fréquemment exprimée dans les gravures en bois des livres liturgiques des xv° et xvi° siècles.

Qui pourrait enfin, pour revenir aux Moralités funèbres, en méconnaître les traces encore naguère existantes, notamment dans ces entretiens entre deux têtes de mort, que rappelle Cambry dans son *Voyage du Finistère* [1] ? Puis, n'est-ce pas encore un souvenir obscur des véri-

---

que sainte Gudule était en prière, un diablotin, armé d'un soufflet, s'amusait à lui souffler son cierge qu'un ange rallumait aussitôt.

[1] Cambry, *Voyage dans le Finistère;* Paris, an vii, in-8°, t. 1, p. 172. Il paraît que, à défaut des personnages et de l'appareil compliqué qu'exigeait le spectacle d'une Danse Macabre, certains anciens prédicateurs employaient des moyens analogues, mais beaucoup plus simples, pour frapper et mortifier l'imagination de leurs auditeurs. « J'ai ouy asseurer, dit Henri Estienne (*Apologie
» pour Hérodote*, chap. xxxv, t. ii, p. 167, de l'édit. de La Haye,
» 1735, in-8°), qu'à Blois il y eut un moine, il y a enuiron vingt
» ans, qui, le iour de la Toussains, preschant sur le tard et dans
» vn lieu assez obscur, auoit vn nouice derriere, qui de fois à au-
» tres leuoit vne teste de mort attachée au bout d'vn baston,
» laquelle auoit vne chandelle éclairante dedans. Ce qu'il faisoit
» afin qu'on eust plus grand peur des morts : comme de faict cela
» donna telle frayeur à quelques femmes, qu'on dit qu'elles en
» auortèrent. »

Il est assez remarquable que le fait dont il vient d'être question se passât à Blois, justement à l'époque où le bon Louis XII faisait égayer une des galeries du château royal de cette ville, par les peintures d'une Danse des Morts.

tables Danses de la Mort, que le char de cette éternelle ennemie du genre humain, se promenant dans l'ombre des nuits, conduit par des squelettes ; épouvantable voiture que croient voir les simples habitants de l'Armorique, et que nos paysans normands se contentent d'entendre rouler ?

Quant à ces derniers, simples témoins auriculaires, on concevra sans peine que l'horrible prodige se manifeste à eux principalement dans les longues nuits d'hiver, et lorsque la voix des vents (pour moi je suis assez *bon homme* pour croire à la réalité des acousmates [1]) se module en sons étranges autour de la chaumière encore effrayée des légendes de la *série* [2].

Au reste, cette idée superstitieuse pourrait

---

[1] Quelques physiciens ont donné le nom d'*acousmate* à un phénomène physique qui n'a pas encore été expliqué d'une manière satisfaisante. Il consiste dans des bruits extraordinaires, sans cause appréciable, entendus dans les airs, et qui simulent des cris discordants, des sifflements aigus, des murmures prolongés ou des explosions de voix, etc. Beaucoup d'observations authentiques de ces faits singuliers ont été consignées dans divers recueils, et l'on peut lire le récit de l'un des plus extraordinaires d'entre eux dans une dissertation intitulée : *Explication physique des bruits qu'on entend quelquefois dans l'air à la campagne*, laquelle est insérée dans les *Variétés historiques, ou recherches d'un savant*. Paris, 1752, t. II, p. 416.

[2] *Série*, pour veillée, locution normande ; de *seriùs*, au soir.

fort bien découler de source plus élevée ; car si le divin inspiré de Pathmos réduisit la Mort à ne monter qu'un cheval sec et pâle, les poètes, les peintres et les sculpteurs la gratifièrent souvent d'un équipage et d'un cortége qu'ils crurent plus convenables à sa formidable majesté. C'est ainsi que le célèbre Pétrarque, faisant triompher dans ses vers les Muses, le Temps, la Mort et la Divinité, dépeint la dévoratrice de toute chair, écrasant sous les roues de son char attelé de bœufs, les héros, les femmes les plus célèbres de l'antiquité, et des papes même, idée reproduite par le vieux poète anglais Pierre Plowman, dans sa *Vision*[1], où la mort, escortée de tous les fléaux et précédée de sa bannière portée par la vieillesse à la *chevelure argentée*, arrive, refoulant devant elle et brisant tout en pièces, rois, empereurs, chevaliers, papes (*kinges and kaysers, knightes and popes*), ne laissant rien debout, lettré et illettré, etc.[2] ; telles sont les allégories repro-

---

[1] *Visio Will'. de Petro Ploukman*, etc. Le nom de Pierre Plowman passe généralement pour un pseudonyme. On attribue ce poëme satyrique à Robert Langland qui l'aurait écrit au milieu du xive siècle. Il existe plusieurs éditions anciennes de cet ouvrage, la première est de 1550.

[2] La figure que nous insérons ci-dessous et qui reproduit d'une

SUR LES DANSES DES MORTS.   159

duites fréquemment par la palette et le ciseau, notamment par Sarrazin, dans d'admirables bas-reliefs, et par les artistes auxquels sont dues les

---

manière si énergique la vision de Plowman, est extraite d'un magnifique livre d'Heures, aux marges entourées d'élégantes arabesques, publié par Geoffroy Tory et Simon Du Bois; Paris, 1527, gr. in-8°. Voyez Dibdin: *Bibliographical Decameron, Second Day;* p. 95.

sculptures du bel hôtel du Bourgtheroulde de Rouen.

L'antiquité donnait généralement à la Mort les attributions d'une Divinité paisible qui s'emparait de l'homme en le plongeant dans un profond sommeil. Le moyen-âge la figurait, au contraire, comme un génie de massacre et de sang : la faulx, la javeline, l'arc, la massue, le rasoir, il n'y a guère d'instrument de destruction que les artistes et les poètes des bas temps ne lui aient mis dans les mains.

Thibaud de Marly la fait assommer ses victimes [1].

> Mors, qui m'as mis muer en mue
> En tel estuve où li cors sue,
> Che qu'il fist au siècle d'outraige,
> Tu nous fiers tous de ta machue, etc.

Ailleurs, le même poète l'arme d'un rasoir meurtrier [2].

> Mors, qui saisis les terres franches,
> Qui fais ta keus de gorges blances
> A ton raséoir afiler, etc.

Il existe une statue remarquable de la Mort,

---

[1] Vers sur la mort ; Paris, Crapelet, gr. in-8°. Stance I.
[2] Ibid. Stance IX.

à l'entrée de la salle capitulaire de Saint-Georges-de-Boscherville, près Rouen, qui offre de l'analogie avec ces derniers vers ; elle représente une femme, les cheveux hérissés, se coupant elle-même la gorge avec un rasoir. Deux grands couteaux sont sculptés sur sa robe, l'un a la pointe en l'air et l'autre la pointe en bas. On pourrait se méprendre sur l'intention du sculpteur, s'il ne l'avait exprimée dans l'inscription suivante, gravée sur un phylactère tenu par cette figure dont la face et les bras sont mutilés :

EGO MORS HOMINEM JUGULO CORRIPIO.

11

Ainsi, non seulement nos pères, nourris de lugubres traditions, personnifiaient la Mort, la Mort affreuse, mobile, agissante, dans leurs spectacles bien dignes du goût du temps ; mais encore ils se la retraçaient dans une foule de peintures, où le génie nerveux, mais brut et circonscrit, des artistes de ces époques reculées, s'épuisait à rappeler, en traits hideux, le néant de la vie et la vanité des grandeurs. Alors, autour du voyageur traversant un cimetière ou visitant une église, la voix des trépassés semblait lui crier de toutes parts : *Hodiè mihi, cras tibi,* ou *Quod es fui, quod sum eris,* etc.

> Itel com tu es, itel fui,
> Et tel seras come ge sui.
>
> (*Le Castoiement d'un père à son fils ;* conte xxviii, vers 57, de l'édition de Méon.)

Apostrophes mortifiantes, mille et mille fois répétées sur les murs et sur les dalles de l'enceinte sacrée, et dont la Danse Macabre, qui semblait tournoyer sous l'œil du spectateur, proclamait encore la dure vérité par la bouche sans lèvres de ses dégoûtants squelettes.

Telles furent les vieilles scènes lugubres dont les peintres se seront emparés à leur manière, pour en fixer les images dans les lieux où la mort devient naturellement un sujet de méditation, c'est-à-dire dans les églises, dans les cloîtres et dans les cimetières.

Cette opinion est également celle de Fiorillo, dans son *Histoire des Arts du Dessin en Allemagne et dans les Pays-Bas* (Hanovre, 1817-1820, 4 vol. in-8°), publication allemande où se trouve (vol. iv°, p. 117) un mémoire sous le titre de *Machabæorum chorea*. Tout en y reconnaissant que l'origine de la Danse des Morts est très-obscure et embrouillée, l'auteur ne balance pas à croire que les auteurs ont confondu des représentations théâtrales et sacrées avec de simples peintures, et que ces dernières ne sont, en quelque sorte, que des copies des véritables actions mimiques.

CHAPITRE VII.

DES DANSES CONSIDÉRÉES COMME CÉRÉMONIES ECCLÉSIASTIQUES.

Parmi ceux qui ont cherché à se rendre compte des circonstances qui, outre le sens philosophique de ces tableaux funèbres, en ont suggéré la première pensée et multiplié l'emploi, plusieurs ont pensé que certaines pestes convulsives, dont les mortels symptômes ont jadis été décrits, ont pu faire naître, par les mouvements

désordonnés et les étranges postures de leurs victimes, l'idée de faire danser la Mort avec la Vie [1].
M. Peignot lui-même ne répudie pas cette hypothèse, qui n'est relative qu'au titre et à l'action mimique de ces créations effroyablement burlesques. Rien de plus curieux ensuite que les investigations du docteur dijonnais pour dévoiler leur sens allégorique le plus plausible. Ce sens paraît d'autant plus difficile à comprendre, que l'esprit s'embrouille d'abord dans l'étrange anomalie qu'offre le titre de Danse imposé à des objets purement relatifs à la Mort, et avec ce que ces objets ont de repoussant. Or, il est bon de se rappeler ici que la danse, qui, dans l'antiquité païenne, remplissait un rôle important

---

[1] Dans un âge encore bien tendre, il m'arriva de passer une fois, en croupe derrière mon vénérable père, près d'un gibet peuplé d'hôtes nombreux, anciens et nouveaux. La nuit s'approchait ; les vents mugissaient autour de nous, et les fourches patibulaires s'enlevaient en noir sur la partie de l'horizon encore légèrement teintée des lueurs du couchant ; vainement alors mon père passait, à dessein, au grand trot de son cheval ; car, bien que fugitivement aperçu, l'horrible spectacle de ces cadavres violemment agités dans tous les sens, et que semblait ranimer le souffle de la tempête, fit sur ma jeune imagination une impression profonde dont les traces subsistèrent encore bien longtemps après. Ce tableau de la mort, joint à la mobilité de la vie, eût seul suffi pour inspirer l'idée de la Danse Macabre. J'en ai produit, plus tard, quelques souvenirs un peu *brodés*, dans des dessins qui ne feraient pas fortune dans le boudoir d'une petite maîtresse.

dans les rites sacrés, en raison de ses emplois symboliques, ne fut pas toujours considérée, dans le moyen-âge même, comme un simple amusement. Ainsi, partageant l'opinion de Dom Carpentier et des autres savants bénédictins continuateurs de Ducange, dont nous avons invoqué le témoignage, nous regardons principalement la Danse Macabre comme une véritable cérémonie ecclésiastique. Mais, comme la danse en général figure fréquemment dans les actes disciplinaires du clergé, nous parlerons d'abord de quelques circonstances remarquables dans lesquelles les clercs eux-mêmes se livraient aux exercices balladoires.

Peut-être serait-ce s'écarter du but essentiel que de considérer les Danses Macabres comme des caricatures morales qu'on aurait crues propres à déverser le dégoût et l'ironie sur un acte physique que Cicéron lui-même regardait comme digne des ivrognes et des fous seulement, et contre lequel, d'ailleurs, les orateurs chrétiens déclamèrent sans relâche, mais en vain, depuis le triomphe de l'Évangile. Il est incontestable, cependant, que, dès les premiers temps de l'Église, les chrétiens célébrant les grandes solennités religieuses par des festins et par la danse,

SUR LES DANSES DES MORTS. 167

la licence qui naquit de cet exercice, presque
toujours passionné, contribua, plus encore que
les excès de la bouche, à la suppression des
agapes (repas de charité mutuelle), dont la distribution du pain bénit nous retrace une légère
image.

C'était surtout à la fête de Pâques qu'avaient
lieu ces sortes de réjouissances en l'honneur de
la résurrection du Sauveur du monde ; et le peuple, le clergé et les papes eux-mêmes [1], malgré
la suppression des véritables agapes, n'abandonnèrent pas pour cela le simple usage des festins
pieux, à cette époque solennelle ainsi qu'à certaines autres de l'année ; mais, dans la suite des
temps, on revint à des divertissements d'un autre
genre, et les danses des premiers chrétiens, rappelées de nouveau [2], pénétrèrent encore jusque
dans l'intérieur des lieux saints ; profanation
qui, dès le v° siècle, avait été condamnée par un

---

[1] Le *Cérémonial*, dédié par Benoît, chanoine de Saint-Pierre-de-Rome, à Célestin II, élu pape en 1143, rapporte la manière dont les souverains pontifes procédaient à ces repas.

[2] *Erat gentilium ritus inter christianos retentus, ut diebus festis ballationes, id est cantilenas et saltationes exercerent..... Quia ista ballandi consuetudo de paganorum observatione remansit.* Sermon 265, attribué à saint Augustin. (*S. August. opera, edent. Bened.* t. v. Append., col 437.)

concile que fit assembler Clovis II, à Châlons-sur-Saône, en 650, et qui défendait aux femmes de danser, les jours de fêtes, dans l'enceinte des églises, et d'y chanter des chansons déshonnêtes [1].

Un temps vint enfin où l'on vit jusqu'aux chanoines et aux chapelains des églises canoniales danser ensemble, en rond, dans les cloîtres et dans les églises même, lorsque le mauvais temps ne permettait pas de danser sur le préau ou gazon du cloître, « ce qui ne pouvait manquer,
» dit l'auteur auquel j'emprunte ce fait, de don-
» ner aux assistants un spectacle des plus plai-
» sants et des plus risibles [2]. »

---

[1] J. Sirmond; *Concilia Antiq. Galliæ*, t. I, p. 489, canon XIX. Les danses dans les temples et les cimetières furent défendues encore par le pape Zacharie, en 744, et, dans le XIIe siècle, à Paris, par Odon, évêque de cette ville. Les prohibitions de ce genre sont fort nombreuses. Quant aux danses cérémoniellement ecclésiastiques, le concile de Basle, en leur portant une rude atteinte, ne put empêcher cependant qu'il n'en restât des traces même jusque dans la première moitié du XVIIIe siècle.

[2] Cet auteur, suivant mon honorable ami M. le marquis Le Ver, serait l'abbé Bullet, chanoine de Besançon, auquel on doit un Dictionnaire de la langue celtique et plusieurs dissertations savantes; celle dont il est ici question est insérée dans le *Mercure de France* de septembre 1742. On y trouve, entre autres preuves du sujet dont il s'agit, le passage suivant :

« Ces danses sont clairement marquées dans nos anciens rituels,
» particulièrement dans ceux de l'église collégiale de Sainte-Marie-

Suivant Martène [1], une danse semblable avait lieu à Châlons-sur-Saône, le jour de la Pentecôte, après complies; le doyen devait y chanter le premier, puis chacun des danseurs pouvait y faire entendre, à tour de rôle, sa chanson ou sa ronde, pourvu toutefois qu'elle fût en latin ; *cœteri suas dicant qui voluerint, latinè tamen;* puis suivait le régal. Au reste, de graves cardinaux donnaient eux-mêmes l'exemple, et je ne sais où j'ai lu qu'on en vit quatre dansant le majestueux menuet dans un bal par lequel fut ouvert le concile de Trente.

Ami de tous mes lecteurs, je m'arrête ici à la pensée subite que quelqu'un d'entre eux va s'écrier peut-être que je rapporte avec malignité des récits qui présentent le clergé sous un point de vue licencieux ou ridicule; pour me laver d'avance d'un tel reproche, je répète textuelle-

---

» Magdeleine; dans celui de 1581, au chapitre du jour de Pâques,
» on lit ce qui suit :
 » *Finito prandio, post sermonem, finitâ Nonâ, fiunt choreæ in*
» *claustro, vel in medio navis ecclesiæ, si tempus fuerit pluvio-*
» *sum, cantando aliqua carmina ut in Processionariis continetur.*
» *Finitâ choreâ...., fit collatio in capitulo cum vino rubeo et claro,*
» *et pomis vulgo nominatis* des Carpendus. » (Ibid. p. 193.)
La dissertation de Bullet tend principalement à prouver que la danse en question portait le nom de Bergerette, *Bergeretta.*

[1] *De antiq. eccles. discip.*, p. 543.

ment avec le solitaire de Béthléem, saint Jérôme, un de mes saints de prédilection : « Si
» quelqu'un me demande comment l'Église peut
» être nommée *pécheresse*, puisqu'elle est sans
» taches et sans rides, je lui répondrai que je dis
» bien qu'elle a été dans le déréglement, mais
» que je ne dis pas qu'elle soit demeurée dans le
» désordre [1]. »

Maintenant, bien excusé, j'espère, reprenons le fil de notre notice.

L'histoire dit que, au mariage d'Élisabeth de France avec le Tibère espagnol, Philippe II, on dansa dans les églises; mais on y dansait alors presque partout, et l'on voyait, dans cet amusement, une telle innocence, que les bons Limousins proposaient à saint Martial, leur apôtre, en dansant, le jour de sa fête, dans le chœur de l'église de ce bienheureux, de troquer leurs gambades contre ses prières. En effet, dans cette circonstance, à la fin de chaque psaume, au lieu de *Gloria Patri*, le peuple chantait, dans son patois : *Saint Marceau, pregas per nous, et nous epingaren per vous;* c'est-à-dire : Saint Martial

---

[1] *Saint Jérôme à Ruffin*, lettre IX, p. 21. Paris, Fréd. Léonard, 1672, in-8°.

priez pour nous, et nous danserons pour vous. Bonnet, qui rapporte cette naïveté, dans son *Histoire de la Danse* (p. 45), ajoute qu'en Provence, aux processions solennelles, on dansait également.

Au reste, Limoges n'offrait pas seule l'exemple de cette étrange piété, car, dans mille autres lieux de la France, principalement dans les campagnes, les fêtes patronales des paroisses, autrement fêtes *balladoires*, se célébraient de la même manière dans l'intérieur des temples. C'est ainsi, par exemple, que, suivant Cambry[1], le peuple se réjouissait, dans certains endroits de la Basse-Bretagne, une partie de la nuit, la veille de Saint-Jean-Baptiste, usage dont le même auteur fut lui-même encore témoin en 1766[2].

Les prédicateurs des âges gothiques avaient beau s'écrier, dans leur pieuse indignation, que, par ces amusements, qu'ils appelaient *la procession du diable*, les danseurs insultaient Jésus-Christ dans tous ses membres; que les couronnes

---

[1] *Voyage dans le Finistère*, t. III, p. 35.
[2] *Id.*, t. III, p. 176.

de fleurs (*serta*) dont ils paraient leurs têtes étaient une horrible dérision de sa couronne d'épines ; que l'extension de leurs bras insultait à la position des siens sur la croix, le fard (*belletum*) dont ils se teignaient le visage, au *voilement* de sa face ; que certain mouvement de leurs têtes, accompagné d'un haut cri, était une coupable parodie de l'expiration de ce divin rédempteur, etc.[1] ; enfin que les danseurs péchaient contre les sept sacrements, et qu'ils sautaient et *tripudiaient* comme des brutes, en formant un cercle dont Satan était l'invisible centre. On n'en dansait pas moins partout.

Au reste, il faut convenir que souvent les prédicateurs ne manquaient pas de bonnes raisons pour anathématiser la danse. En effet, durant plusieurs siècles, à certaines époques annuelles, ce divertissement dégénérait en de véritables profanations, surtout aux diverses fêtes des Fous, à celle des Innocents, de l'Ane, etc., dont les cimetières et l'intérieur des temples devenaient les principaux théâtres ; infames saturnales auxquelles la partie la moins scrupuleuse

---

[1] V. Olivier Maillard, Menot, Barelette, et surtout Jean Hérolt, dans ses *Sermones discipuli*, serm. XXXVI, De Chorea.

et sans doute la moins éclairée du clergé ne rougissait pas de prendre part elle-même.

Vainement, comme nous l'avons dit, des papes, des conciles et des synodes s'élevaient successivement, les foudres de l'Église en main, contre ces scandaleux plaisirs; on leur répondait : Vous avez raison, mais c'est un vieil usage, il n'y faut rien changer, et nous continuerons, malgré tout, nos folies et nos danses.

Dans un pareil état de choses, qui sait si, pour revenir à nos Danses Macabres, les artistes (en leur accordant, s'entend, l'antériorité de l'invention) ne crurent pas enfin devoir opposer des arguments, puisés dans leur noble profession, à la perpétuation des honteuses momeries dont nous avons parlé? Ce qui paraît au moins peu contestable, c'est que l'éloquence muette et matérielle d'une peinture représentant la Mort affectant, dans son plus hideux appareil, les mouvements de la danse, devait plus puissamment agir sur l'intelligence inculte des hommes du moyen-âge, que n'eût pu le faire alors le plus brillant sermon de Bossuet ou de Bourdaloue. C'est des impressions de ce genre que parle saint Grégoire, pape, en ces mots : *Efficaces sunt imagines in commovendis inspectorum cordibus.*

Dans une ballade, en forme de prière, comprise dans son grand testament, le poète Villon met, dans la bouche de sa mère, les vers suivants :

> Femme ie suis pourette et ancienne,
> Qui riens ne scay, oncques lettre ne leuz.
> Au monstier voy [*je vois*] (dont suis paroissienne)
> Paradis painct, ou sont harpes et luz [*luths*],
> Et un enfer, ou damnez sont boulluz [*bouillis*] :
> Lung me faict paour, lautre ioye et liesse.
> La ioye auoir faictz moy (haulte deesse [*la Vierge*])
> A qui pecheurs doiuent tous recourir,
> Comblez de foy, sans faincte ne paresse.
> En ceste foy ie veuil viure et mourir [1].

Voyez-vous la foi naïve de la bonne femme du xve siècle se réchauffer à la seule vue des images du Paradis et de l'Enfer.

Ainsi, les Danses Macabres devaient parler à l'imagination de nos pères avec une terrible énergie, et je ne puis, sans approprier à ces peintures le même langage, lire le passage suivant de Molinet, dans le *Roman de la Rose*, mis en prose et moralisé par lui (chap. CIII) : « Quelz » oeillades, quelz gambades, quelz danses, quelz » ieuz, quelz balades recorderez vous deuant la

---

[1] *Les OEuures de François Villon;* La Haye, Moetjens, 1742, in-8°, p. 94.

» face de Dieu au jour du iugement? Se vous
» regardez en hault vous verrez iuge rigoureux,
» enfer en bas ouuert et fort crueulx, par de-
» dans vous conscience mordant, et par dehors
» ciel, mer et terre ardant. A dextre aurez pe-
» chez qui vous condamnent, a senestre deables
» qui vous attendent. Espouentement aurez trop
» terrible, horreur incredible et pene infinie.
» Mieulx vous sera lors duysant le urler que le
» jubiler, et le mauldire que le rire et le muser
» que le dencer. Chascun de vous par courroux
» ayre dira : *Dies illa dies yre.* »

Quoiqu'il en soit, les peintres et les prédicateurs devaient perdre longtemps encore leurs
couleurs et leur éloquence, car, pour ne parler
que des prêtres, exemple frappant des bigarrures
de l'esprit humain ! pendant qu'une partie du
clergé s'élevait contre la danse, une autre s'ob-
stinait à danser, ainsi que les laïques de tous les
rangs, et dansait encore au commencement du
xviie siècle même. En effet, « Clément V, » dit
le *Dictionnaire des Cas de conscience*, de Pontas,
au mot *Danse*, « fit, au concile général de
» Vienne, une constitution exprès pour répri-
» mer ce désordre dans les clercs, qui se mê-
» loient avec les séculiers et dansoient avec eux,

» au scandale des véritables fidèles, désordre qui
» étoit allé si loin, que les prêtres même avoient
» coutume de danser le jour qu'ils avoient cé-
» lébré leur première messe, et il fallut que
« l'autorité de la justice séculière intervînt pour
» mettre fin à un si énorme abus; ce fut par un
» arrêt du parlement de Paris, de l'an 1547,
» rapporté par Filleau. Le même abus continua
» dans l'Albigeois jusqu'en 1604, qu'Alphonse
» d'Elbène, évêque d'Albi, l'abolit dans un sy-
» node qu'il convoqua. »

Dès longtemps des prédicateurs, et notamment Menot, avaient blâmé cette indécente coutume, que ce dernier reprenait en ces mots :

.... « *Clama contra eorum malam consuetudi-*
» *nem, qui, die quo celebrant primam missam, cum*
» *mulieribus publice tripudiant.* »

(Feria III Quartæ dominicæ XL.)

CHAPITRE VIII.

DES DANSES DES MORTS CONSIDÉRÉES SOUS LE POINT DE VUE DE LEUR EFFET MORAL, ET DE QUELQUES FAITS OU TRADITIONS QUI SE RATTACHENT A CES REPRÉSENTATIONS.

M. Peignot, dont j'aime à rappeler le nom et les nombreux travaux, cite, dans ses Recherches, quelques monuments antiques où des squelettes sont représentés dans des attitudes mimiques, notamment ceux qui furent trouvés à Cumes et qu'a décrits le chanoine De Jorio. Mais il est douteux, surtout d'après les raisons antérieurement alléguées, que ces sujets, dont plusieurs sont d'ailleurs récemment découverts, aient fourni à nos pères l'idée de leurs peintures macabres. Quant à ces dernières, il serait véritablement difficile de fixer l'époque qui vit paraître leurs premiers types, et nous répétons qu'il ne le serait pas moins de déterminer les véritables raisons qui suggérèrent ces sujets bizarres. Pour mon propre compte, je ne sais si j'oserais contredire quiconque ferait remonter leur antiquité à la période même où l'Europe chrétienne vécut long-temps consternée par la préoccupation de la croyance à la fin prochaine de l'univers, partant à la destruction de toute chair [1]. Au reste, si cette idée paraît dénuée de preuves, peut-être a-t-elle cela de commun avec celle qui fixe l'apparition des Danses Macabres à la suite des épidémies qui jadis ravagèrent successivement l'Europe. La plus terrible de ces calamités, connue sous le nom de *Peste noire*, parcourut le globe,

---

[1] Le père Montfaucon, dans son *Antiquité expliquée*, tome III, 2ᵉ part., p. 311, parle d'une danse grecque appelée *l'Incendie du monde*; je laisse aux véritables savants la tâche de s'assurer, dans les documents dont je suis privé, si cette danse, dont le titre renferme une image de destruction, a quelque rapport avec nos Danses Macabres.

en suivant à peu près la même route que le choléra-morbus ; comme ce dernier fléau, après avoir frappé l'Asie entière et les parties connues de l'Afrique, elle se rua sur l'Europe, où, dit-on, elle acheva de dévorer la cinquième partie de l'espèce humaine; elle sévissait en France sous le règne de Philippe de Valois, en 1348 et 1349. Quoi qu'il en soit, si quelque grande mortalité publique a fait naître l'idée des Danses Macabres, comme il s'écoula trente-cinq ans de la peste noire à la première peinture connue des Danses en question, qui fut exécutée à Minden, en 1383, il est probable que ce furent des épidémies postérieures qui firent éclore ces sujets bizarres, si toutefois il n'en existait pas d'antérieurs à celui de Minden.

S'il est permis, au surplus, de soupçonner que les symptômes violents et convulsifs d'une peste ou d'une épidémie quelconque ont pu servir de type à la création des Danses Macabres, la particularité suivante, rapportée par Mézerai (*Abrégé chron. de l'Hist. de France*, t. III, 2ᵉ part., p. 92), nous paraîtrait, si nous ne préférions nous en tenir à d'autres idées, fort propre à confirmer celles dont il s'agit.

« Deux grands fléaux, dit l'historien précité,

» la famine et le mal des ardents, qui, le plus
» souvent, prenoit en l'aisne, tourmentèrent la
» France, l'Italie et l'Angleterre, cette année
» 1373. Il courut aussi, principalement dans
» les Pays-Bas, une passion maniaque ou phré-
» nésie, inconnue à tous les siècles précédents.
» Ceux qui en estoient atteints, la plus part de
» la lie du peuple, se despouilloient tout nuds,
» se mettoient une couronne de fleurs sur la
» teste, et se tenant par les mains alloient dans
» les rües et dans les églises, dançant, chantant
» et tournoyant avec tant de roideur, qu'ils tom-
» boient par terre hors d'haleine. Ils s'enfloient
» si fort par cette agitation, qu'ils eussent crevé
» sur l'heure, si on n'eust pris le soin de leur
» serrer le ventre avec de bonnes bandes. Ceux
» qui les regardoient trop attentivement estoient
» bien souvent pris du mesme mal. On crut qu'il
» y avoit de l'opération du diable, et que les
» exorcismes le soulageoient. Le vulgaire le
» nomma LA DANSE DE SAINT-JEAN. »

Si nous ne sommes pas redevables aux Allemands des premières Danses Macabres, soit réelles, soit figurées par le pinceau, ces conceptions singulières durent se mettre rapidement en rapport avec leur imagination si fertile en

idées sombres et métaphysiques. N'est-ce pas
chez eux, d'ailleurs, qu'eut lieu cet épouvantable prodige, attesté par la plupart de leurs vieux
et crédules chroniqueurs, et répété par Jacques
de Vitry? Une troupe de jeunes gens des deux
sexes dansait bruyamment en chantant dans le
cimetière de l'église de Saint-Magnus, en Saxe,
et troublait un prêtre dans ses prières; le saint
homme, indigné, les ayant maudits dans sa
colère, ils continuèrent à danser nuit et jour
sans un moment de relâche, sans manger ni
boire pendant une année entière. Ils restèrent
ensuite enterrés dans ce cimetière, d'abord jusqu'aux genoux, puis jusqu'à la ceinture, sans
que personne pût les tirer de cet état horrible,
ce que fit cependant saint Gilbert, évêque de
Cologne [1], après quoi ils moururent presque tous,
absous par le bienheureux prélat.

On trouve, dans de vieux écrivains ascéti-
ques, plusieurs exemples d'insurrections géné-
rales des froids habitants des cimetières. Pierre
de Cluny rapporte qu'un évêque, ayant suspendu

---

[1] Barelette, dans ses Sermons, appelle Hubert cet évêque, auquel le nom de Gilbert est donné par Jean Hérolt dans ses *Sermones discipuli.*

de ses fonctions un prêtre qui célébrait journellement la messe pour les trépassés, fut tumultueusement assailli par ces derniers, en se rendant aux matines : « Voici, crioient-ils, cet évêque qui ne dit nulles messes pour nous, et qui, cependant, nous enlève notre intercesseur ; il mourra, s'il ne s'amende. » Une semblable menace, faite par de telles gens, ne pouvait manquer d'opérer sur l'esprit du prélat, qui réhabilita le prêtre dans ses offices et pria lui-même pour les morts.

Un autre personnage avait l'habitude de réciter les sept psaumes pour l'ame des défunts, en passant dans le lieu de leur repos. Un jour, violemment attaqué par ses ennemis, il se réfugia dans le cimetière, où l'atteignirent ceux qui le poursuivaient. Les morts alors, chacun d'eux tenant en main l'instrument de sa profession (*et unusquisque instrumentum sui officii in manu habebat*), se levèrent à son secours, et mirent en fuite ses assaillants remplis d'une inexprimable épouvante [1].

Ce dernier récit est surtout remarquable en ce qu'il fait apparaître les morts comme dans les

---

[1] LEGENDA AUREA : *De commemor. omn. fidel. defunct.*

Danses Macabres, où nous voyons les vivants, qui vont cesser de l'être, représentés non seulement avec le costume, mais encore avec les insignes ou les attributs qui caractérisèrent leur rang dans le monde, ou l'état qu'ils exercèrent.

Qui sait si l'antique légende du cimetière de Saint-Magnus, ou quelque autre semblable, n'a pas fourni le canevas des premières Danses mortuaires, soit réelles, soit peintes, dans lesquelles leurs inventeurs, quels qu'ils aient été, auront, avec raison, trouvé fort naturel d'introduire tous les âges de la vie et toutes les conditions humaines ? Ce que l'on peut aussi regarder comme probable, c'est qu'il dut exister des rapports plus ou moins intimes entre ces sujets funèbres et les récits des épouvantables danses du sabbat ; sans compter la ferme croyance aux communications surnaturelles des vivants avec les trépassés, et les hallucinations fréquentes dont cette même croyance fut si long-temps le principe [1].

---

[1] Le fait suivant, qui ne date que de fort peu d'années, se rattache essentiellement, par sa nature, non seulement à cette dernière catégorie des écarts de l'imagination, mais encore au sujet que nous traitons spécialement :

Un jeune pêcheur du Pollet, près de Dieppe, nommé Château,

Vincent de Beauvais [1], et, d'après lui, Guillaume Paradin, dans ses *Annales de Bourgogne*, rapporte un événement tragique dans lequel la Danse et la Mort figurent pour ainsi dire en se tenant par la main, et, quoique le fait dont il s'agit ait un rapport beaucoup moins direct que les précédents avec les Danses Macabres, on nous pardonnera peut-être de le retracer ici.

A la suite d'une cour solennelle, tenue à Paris, aux fêtes de la Pentecôte, en 1313, par Philippe-le-Bel, qui, dans cette circonstance, arma chevaliers ses trois fils, Louis-le-Hutin, Philippe-le-Long et Charles-le-Bel, Guy, comte

---

mort naufragé, il n'y a que peu d'années, dansait gaiment à sa propre noce, lorsque tout-à-coup il s'arrête épouvanté, l'œil hagard et les cheveux hérissés : son père, décédé depuis trois ou quatre ans, était, s'écria-t-il, entré brusquement dans le quadrille, et, placé devant lui, parodiait tous ses pas. Ce ne fut qu'à force de messes, de pélerinages et de neuvaines, que le pauvre jeune homme sentit diminuer la terreur dont l'avait frappé cette effrayante illusion.

En général, les marins du Pollet sont encore excessivement superstitieux; on en trouve qui vous affirment, le plus sérieusement du monde, que s'ils se mettaient en mer pour la pêche la nuit de la fête des Morts, ils se trouveraient *doubles* à bord, c'est-à-dire que chaque homme montant la barque verrait auprès de lui son propre fantôme, et que leurs filets ne ramèneraient que des ossements humains. Il existe encore chez eux beaucoup d'autres croyances de cette nature qui peuvent entrer en comparaison avec celles des habitants de l'Armorique.

[1] *Speculum historiale*, lib. III.

de Forest, retourna dans son pays, où voici ce qui lui advint :

« Il assembla, dit Paradin, toute la noblesse
» de son obéissance en un chasteau nommé
» *Surric Sterric*, et festoya toute la compagnie
» hautement, en laquelle estoit aussy venu le
» comte de Nevers, et ne fut question que de
» iouer, dancer, baller, mommer et toutes telles
» réjoyssances excessiues, là où Dieu n'est pas
» souuent réclamé. Mais tristesse, qui suit de
» bien près grande joye, tourna leurs chants
» en voix de pleurs et leurs instruments en
» deuil; car le planché du bal, où ils gamba-
» doyent et baloyent, tomba soudainement sous
» eux, et tous furent enueloppés de ceste ruine,
» et en fust là accablé un grand nombre dont
» plusieurs moururent sur le champ; les autres
» languirent long-temps. De ceste dance infor-
» tunée vint un adage mis en usage par le po-
» pulaire, lequel, voulant parler d'vne joye
» excessiue accompagnée de malheureuse fin,
» la nommoit la Dance de Forest. »

Si nous nous reportions à l'époque de cette funeste catastrophe, époque où l'imagination des peuples était plus fortement préoccupée que jamais des prodiges et des effrayants mystères d'un monde extérieur, pourquoi ne supposerions-nous pas la crédulité publique évoquant dans les ténèbres les mânes mutilés et sanglants des barons, des chevaliers, des dames, des varlets et des ménestrels, étouffés pêle-mêle, et les faisant danser encore dans leur appareil mortuaire? Les Grecs eux-mêmes ne croyaient-ils pas, suivant Pausanias dans ses Nuits attiques, entendre les ombres de leurs pères combattre de nouveau dans les champs de Marathon, pendant la nuit qui suivait chaque anniversaire de l'immortelle victoire de Miltiades sur les Perses?

Et, sans remonter si haut dans l'antiquité, en France même, à une époque de raison et de philosophie, époque qui touche presque à la nôtre, n'a-t-on pas assuré que les morts de la plaine de Rocroi renouvelaient, au milieu des ténèbres, la sanglante bataille à laquelle le grand Condé dut un de ses plus brillants trophées?

Les combats fantastiques d'Ossian sont-ils donc de tous les temps et de tous les lieux?

Un spectacle qui devait autrefois vivement agir sur l'esprit du peuple, dont l'imagination est bien plus inflammable et bien plus poétique qu'on ne le croit communément, c'était l'aspect nocturne des fourches patibulaires, quand nos campagnes et les environs de nos cités étaient encore déshonorés par cet effroyable et révoltant appareil. En effet, lorsque des législations barbares croyaient réprimer l'invasion du crime par l'appareil des supplices et la vue perpétuelle des cadavres que le glaive de la justice avait privés de vie, ce dernier moyen, trompant, ainsi que l'autre, la prévision qui l'avait suggéré, fit probablement naître plus de récits fantastiques qu'il ne prévint de véritables forfaits. On rapporte que, dans le cours du xviiie siècle, une bande de voleurs, qui répandait la terreur et la désolation dans les environs de Rouen, échappa pendant un temps considérable aux troupes d'archers constamment occupés à leur recherche. Eh bien ! le gibet lui-même leur servait de repaire, et c'est au milieu de cadavres putrides, de ceux de leurs anciens complices peut-être, qu'ils méditaient pendant le jour les crimes de la nuit. Ces brigands-là sans doute ne voyaient guères se dresser devant eux ni revenants, ni fantômes ; mais, quand, l'ombre et le silence régnant dans la campagne, les chemins étaient devenus déserts, le villageois superstitieux et craintif, ennuité dans sa course, passait rarement, les cheveux hérissés de terreur, devant l'horrible enceinte, sans rapporter à son foyer le souvenir et les impressions de quelque effrayant prestige. Les faits nombreux de ce genre m'en rappellent un qui trouve naturellement ici sa place.

Il existe, au nord de la ville du Pont-de-l'Arche, un village nommé Alizay, dont les habitants étaient jadis, je ne sais pourquoi, qualifiés du sobriquet de sorciers; derrière cette commune s'élève une colline dont une portion de terrain, de forme carrée et jadis environnée de fossés, a retenu le nom de *Camp-Blanc*. Une vieille tradition rapporte que, sur ce sol même, il exista long-temps un gibet dont les paysans des environs racontaient de terribles merveilles; on y voyait, disaient-ils, à l'heure de minuit, les ombres des anciens suppliciés former une épouvantable ronde ; tous dansaient au bruit de leurs chaînes; les uns portaient encore le lacet fatal au cou, tandis que les autres gambadaient, leurs têtes à la main. Cette fable populaire, dont mon enfance fut bercée, rappelle un des sujets que l'habile dessinateur bavarois Retsch a composés d'après le Faust de Goëthe : c'est celui où Faust et Méphistophélès, à cheval, passent au grand galop devant un lieu patibulaire animé par une scène fantastique à laquelle prennent part plusieurs spectres décapités.

Un des chapiteaux de l'antique et curieuse église du prieuré de Graville, près le Havre, offre encore une extravagance de ce genre dans deux hommes décollés qui se présentent mutuellement leurs têtes, comme pour les faire se baiser entre elles.

L'énorme étrangeté des sculptures des autres chapiteaux de l'édifice en question ne permet pas de voir, dans le sujet ci-dessus, deux de ces saints si communs dans les martyrologes, tels que saint Denis, saint Nicaise, et tant d'autres ordinairement représentés leurs têtes dans les mains. En effet, rien de chrétien ne transpire dans les sculptures de Graville, qui ne présentent que des grotesques sortis d'un ciseau barbare, et dignes d'une imagination troublée par un horrible cauchemar ; telles étaient, au reste, les conceptions favorites des artistes des xe et xie siècles, si souvent heureux néanmoins dans le goût de leurs ornements, quand ils ne les enrichissaient que d'entrelacs et de rinceaux.

La plupart des Danses Macabres iconographiques offraient une énergie et en même temps une naïveté de talent fort remarquables pour le temps de leur exécution. On y remarque surtout l'effroyable rire sardonique que ces vieux artistes savaient donner à leurs squelettes, qu'ils figuraient souvent, il est vrai, les sculpteurs surtout, comme des momies extrêmement desséchées ; mais la nature elle-même leur offrait les types de ces horribles physionomies. On en trouve la preuve dans cette anecdote relative à Maupertuis visitant le charnier des Cordeliers de Toulouse. Un de ses amis lui demandant de quoi riaient les morts qu'ils avaient sous les yeux : « Ils rient apparemment, répondit le philosophe, de nous autres vivants [1]. »

C'est en s'emparant à leur manière du principe de ces idées lugubres, que les vieux peintres fixèrent les images qui en découlent dans les lieux où la mort devient naturellement un sujet de méditation, c'est-à-dire dans les églises, dans les cloîtres et dans les cimetières.

---

[1] On trouve, dans certains sujets macabres, des figures de squelettes autour des reins desquels un serpent est entortillé, ce qui paraît faire une double allusion, d'abord à la Mort, suite de la tentation d'Ève, puis à l'opinion ridicule de Pythagore, adoptée par le moyen-âge, qui consistait à croire que la moelle vertébrale du cadavre humain se convertissait en serpent. Antoine Du Verdier, dans ses *Diverses Leçons*, rapporte, à ce sujet, les vers suivants :

Sunt qui cùm clauso putrefacta est spina sepulchro,
Mutari credant humanas angue medullas.

Les Romains, d'après le témoignage suivant de Pline, partageaient la même croyance : « *Anguem ex medullâ hominis spinæ* » *gigni, accepimus à multis. Pleraque enim occultâ et cæcâ ori-* » *gine proveniunt, etiam in quadrupedum genere.* » (*Hist. nat.*, lib. x, cap. LXVI.)

Le trente-unième sujet de la Danse Macabre, gravée par Mérian, représente la Mort qu'un serpent entoure comme une ceinture.

CHAPITRE IX.

DES DANSES DE LA MORT PEINTES, SCULPTÉES OU GRAVÉES.

Les sujets de ce genre, développant dans de grandes proportions leur triste appareil dans des monuments publics, furent jadis indubitablement fort nombreux; mais ceux même dont on a conservé la mémoire sont, pour la plupart, aujourd'hui détruits, et

il en est fort peu dont on puisse donner la description complète; nous traiterons d'abord des Danses des Morts proprement dites, puis des représentations de la légende des Trois Morts et des Trois Vifs, et, enfin, dans des recherches supplémentaires, de quelques peintures ou sculptures en rapport avec notre sujet. Voici les noms, suivis de quelques détails, des endroits où l'on a signalé des Danses des Morts :

Klingenthal,	Whitehall,
Minden,	Angers (?),
Vienne en Dauphiné,	Leipsik,
Paris,	Stratford-sur-Avon,
Saint-Paul de Londres,	Fribourg,
Tour de Londres,	Dôle,
Notre-Dame de Dijon,	Hormann,
Sainte-Chapelle de Dijon,	Amiens,
Bâle,	Croydon,
Strasbourg,	Chéreng,
Salisbury,	Fécamp (?),
Lubeck,	Constance,
Chaise-Dieu,	Landshut,
Cherbourg,	Brunswick,
Blois,	Berlin (?),
Berne,	Füssen,
Wortley-Hall,	Couvent des Jésuites et
Hexham,	Pont, à Lucerne,
Gandersheim,	Kuckucksbad,
Anneberg,	Vienne en Autriche,
Rouen,	Erfurt,
Dresde,	Straubingen.

Klingenthal. — C'est en face de Bâle, de l'autre côté du Rhin, dans le faubourg appelé Petit-Bâle, que l'on trouve la plus ancienne Danse des Morts. Elle était peinte à fresque sur l'une des galeries du couvent de nonnes de Klingenthal, bâti, en 1274, par Walther de Klingen, fidèle serviteur de Rodolphe de Habsbourg. Elle fut retouchée en 1480, lorsque les nonnes furent chassées du couvent à cause de leurs déréglements ; et, quoique ses figures fussent plus raides et plus élancées, elle offrit alors, dans le dessin et dans les vers qui l'accompagnaient, beaucoup de ressemblance avec la Danse si renommée de Bâle. Depuis, elle fut livrée à l'abandon et à l'oubli, et ce n'est qu'au siècle dernier, en 1766, lorsqu'on changea le couvent en un magasin de sel, qu'elle fut découverte par un vieux boulanger de Bâle, nommé Emmanuel Büchel; celui-ci la dessina, ainsi que la Danse de cette ville, et donna sa copie (en 43 feuilles in-4°, avec une courte explication) à la Bibliothèque publique de Bâle, qui la conserve encore aujourd'hui. On y voit facilement que plusieurs mains travaillèrent à l'exécution de cette fresque, dont le premier tableau représente un ossuaire ¹, comme dans l'autre peinture, et qui porte la date de l'année 1312, écrite en toutes lettres *(Dussent jor trihundert mit Xii)* au-dessus de la figure du Comte enlevé par la Mort.

MINDEN. — Fabricius, dans sa *Biblioth. lat. mediæ et inf. ætatis*, Hamb., 1736, t. V, p. 2, cite, sans détails, une Danse des Morts à Minden, en Westphalie, faite en 1383, et que l'on avait jusqu'à présent regardée comme la première de toutes ². (Voyez plus bas, p. 125, 179, et la Lettre de M. Leber, p. 5.)

---

¹ On lit près de cet ossuaire le quatrain suivant en vieil allemand :

Hie richt Got nach dem rechten,
Die heren ligen bi den knechten
Nun merchet hie bi
Welger her oder knecht gewesen si,

dont voici la traduction : Ici, Dieu juge d'après la justice. — Les seigneurs sont placés à côté des valets. — Dites-nous à présent — lequel était le maître ou le serviteur.

A ce sujet, voyez (p. 45) l'ouvrage de M. Kist : *De Kerkelijke Architectuur en de Doodendansen* (de l'Architecture religieuse et des Danses des Morts. Leyde, Luchtmans, 1844, fig.), et encore le catalogue raisonné, dont nous parlons plus loin, du professeur Massmann : *Literatur der Todtentanze* (Littérature des Danses des Morts. Leipzig, Wegel, 1840, p. 83.) Ce savant a même fait graver sur cuivre la Danse de Klingenthal, qu'il a récemment publiée dans un volume intitulé (sauf erreur) : *Die Baseler Todtentänze in getreuen Abbildungen* (les Danses des Morts de Bâle en copies fidèles. Stuttgard et Leipzig, 1847).

² M. Ellissen rapporte (*H. Holbein's Initial Buchstaben*, p. 121, note 58 ; voyez notre IIe partie, p. 42) que Fiorillo croit, à l'égard

VIENNE EN DAUPHINÉ. — On ne suppose, à Vienne, l'existence d'une Danse Macabre, du reste totalement inconnue, que d'après ce que dit Chorier en parlant des moulins de Macabrey. (Voyez ce que nous rapportons à cet égard p. 93.)

PARIS. — C'est à propos de cette Danse que, parmi les historiens, règne une incertitude fort grande, qui ne paraît pas devoir cesser encore. En effet, à chaque témoignage en faveur de ce monument, il est facile d'opposer un document contraire. Ainsi, MM. Fiorillo, Peignot et Jubinal [1], soutiennent que c'était une peinture, tandis que Villaret, Dulaure, Félibien [2], de

---

de la Danse de Minden, que c'était une peinture représentant seulement, d'une part, une Femme, et, de l'autre, la Mort, figures allégoriques de la Vie et du Trépas rapprochées l'une de l'autre. Fiorillo cite (p. 123) de pareils symboles qui se voyaient en Allemagne, à Chemnitz, à Schlottau, etc. C'étaient des bannières servant dans les églises et qui portaient, sur un de leurs côtés, l'image de la Vie, et, sur le revers, celle de la Mort; de sorte, ajoute-t-il, qu'à chaque coup de vent agitant la bannière, l'une de ces figures était subitement remplacée par l'autre aux yeux des spectateurs.

[1] *Explication de la Danse des Morts de la Chaise-Dieu.* Paris, in-4º.

[2] *Histoire de la ville de Paris*, II*e* vol., p. 807.

Un artiste fort érudit, M. Gérente, devait peindre à fresque une Danse des Morts dans le goût du XIV*e* siècle, dans le cloître

Barante et Michelet [1], prétendent que ce fut une Danse jouée par des acteurs vivants; M. Villeneuve de Bargemont en fait même une procession. Ce qui paraît à nos yeux le plus probable, c'est que ce fut une peinture qui ne dura que peu de temps, car les anciens historiens de Paris, Gilles Corrozet (1532), Dubreul (1612), Germain Brice (1685), Lemaire (1685), Sauval (1724), Piganiol (1736), ne la mentionnent point ; ce qu'ils n'eussent pas manqué de faire si elle eût existé à leur époque. (Voyez sur cette Danse ce qui précède, p. 124-137 [2].)

---

de Notre-Dame, à Paris. Mais cet homme distingué a malheureusement succombé à une violente attaque de choléra, en 1849, à Paris, avant d'avoir pu mettre son œuvre à exécution.

[1] *Histoire de France*, 1840, t. IV, p. 409-414.

[2] *L'Histoire critique de Nicolas Flamel* (Paris, 1761, p. 113) mentionne, à côté de *l'homme tout noir* que Flamel fit peindre au cimetière des Innocents, une procession également peinte à cet endroit, par l'ordre de ce personnage ; mais il semble qu'il s'agit ici d'une procession ordinaire et non d'un cortége de gens exclusivement enlevés par la Mort.

Nous croyons fermement que les éditions primitives de la Danse Macabre et les éditions consécutives de Troyes ne font que reproduire la peinture et les vers du charnier des Innocents de Paris. Nos raisons pour arriver à cette induction sont que, dans ces volumes, on retrouve le sujet des trois Morts et des trois Vifs, et celui de l'Homme Noir, qui faisaient partie de cette peinture (voyez p. 111 et 128) ; et qu'en outre les vers qui accompagnent ces différentes éditions présentent des analogies évidentes de tous points avec ceux du moine Lydgate, qui a traduit en anglais les vers fran-

LONDRES. — Du côté nord de l'église du vieux Saint-Paul, à Londres, il y avait un grand cloître environnant un préau qu'on appelait, de temps immémorial, le cimetière du Pardon. Autour de ce cloître était peinte, avec beaucoup d'habileté et de richesse, la *Danse de Machabray*, ou la Danse de la Mort, vulgairement appelée la *Danse de Paul*. Elle avait été exécutée aux frais d'un nommé Jenken Carpentier, sous le règne de Henri VI, et les vers qui l'accompagnaient avaient été traduits du français par Lydgate, moine d'Edmunsdbury [1]. Stowe dit, dans sa

---

çais de la Danse des Innocents de Paris, comme il l'apprend lui-même dans l'introduction de son poème, publié dans le *Monasticon Anglicanum* de Dugdale. London, 1682 (vol. III, p. 367-374).

[1] A en juger par les huitains de Lydgate insérés dans le *Monasticon Anglicanum*, cette Danse se composait de trente-cinq personnages accompagnés chacun d'un Squelette, trente-deux hommes et trois femmes, rangés dans l'ordre suivant : le Pape, l'Empereur, le Cardinal, le Roi, le Patriarche, le Connétable, l'Archevêque, le Baron, la Princesse, l'Évêque, l'Écuyer, l'Abbé, l'Abbesse, le Bailli, l'Astronome, le Bourgeois, le Chanoine séculier, le Marchand, le Chartreux, le Sergent, le Moine, l'Usurier, le Médecin, l'Écuyer amoureux, la Femme du gentleman, l'Homme de Loi, John Rikil le sorcier, le Curé, le Jureur ou Juré, le Ménétrier, le Laboureur, le Frère Mineur, l'Enfant, le Jeune Clerc, l'Ermite, et le tout se terminait par la représentation du Roi mort et du docteur Machabrée.

De même que la Danse de Paris, celle de Londres renfermait donc le Roi mort, puis l'Usurier suivi d'un Pauvre Homme et l'Ermite accompagné de deux Squelettes; les huitains en étaient

description de Londres (*Survey of London*, 1618, p. 645), que, le 10 avril 1549, on commença à abattre le cloître de Saint-Paul, avec la Danse de la Mort. Cette destruction fut consommée par l'ordre du protecteur Sommerset, qui gouvernait la Grande-Bretagne sous le nom du jeune Edouard VI, dans le but de se procurer des matériaux pour la construction du palais que ce prince faisait bâtir dans le Strand.

Il n'était pas sans exemple que le sujet moral de la Danse des Morts se déployât sur des tapisseries destinées à servir de tenture pour la décoration des palais et des somptueuses demeures. Ainsi, Warton, dans son *Histoire de la Poésie anglaise*, rapporte que l'on conservait autrefois, dans la Tour de Londres, une tapisserie qui représentait la Danse Macabre (Douce, p. 54), et

---

faits d'après le même rhythme, et l'on y trouvait le portrait de Rikil, qui, peut-être, y avait été introduit pour mieux imiter la peinture des Innocents, où l'on voyait, selon Noël du Fail, *les effigies des hommes de marque de ce temps-là*.

A l'exception des trois femmes, l'ordre des personnages était à peu près le même dans les deux Danses ; mais ils étaient moins nombreux dans celle de Saint-Paul. On peut comparer cette série de figures avec celle de Guyot Marchant, que nous donnons à l'explication des planches VII-XIV et XV.

La Danse de Saint-Paul, exécutée sous le règne de Henri VI (1422-1471), dut être faite avant l'année 1440, époque de la mort de Lydgate.

qui rappelle le curieux monument de ce genre que renfermait l'église Notre-Dame de Dijon.

Dijon. — M. Peignot mentionne (p. xxxvij de son ouvrage) une Danse des Morts qui se voyait autrefois sur les murs du cloître de la Sainte-Chapelle, à Dijon, l'un des plus anciens et des plus curieux monuments de cette ville, mais qui, malheureusement, a été complètement démoli pendant la Révolution. Cette Danse des Morts avait été exécutée, en 1436, par un artiste nommé Masoncelle. C'est là tout ce qu'on sait de cette peinture, qui avait disparu longtemps avant l'édifice auquel elle était attachée, et dont le souvenir même s'était entièrement perdu, lorsqu'un amateur de recherches sur l'histoire, les mœurs et les usages du moyen-âge, M. Boudot, découvrit, il y a quelques années, dans les archives départementales de la Côte-d'Or, un renseignement qui permettait de constater son existence, et qui révélait le nom de son auteur. M. Peignot a également signalé l'existence d'un monument non moins curieux que tous ceux dont nous nous sommes jusqu'à présent occupés, et qui se voyait également à Dijon, dans l'église Notre-Dame, avant la Révolution. C'était une Danse des Morts complète, découpée ou brodée en blanc, et appliquée sur une pièce d'étoffe noire, de deux pieds de hauteur environ, sur une très grande longueur. Les personnages avaient à peu près dix-huit à vingt pouces de hauteur. Dans les grandes cérémonies funèbres, on la plaçait, en forme de *litre*, au pourtour du chœur et au-dessus des stalles toutes drapées de noir. La Révolution, en dispersant tout le mobilier de l'église, a fait disparaître ce curieux vestige d'un usage singulier dont les exemples sont rares.

Bale. — Voyez, dans notre IIe partie, pour la Danse de Bâle (1439), l'explication de la planche XLIV, qui est tirée de cet important monument.

Strasbourg. — Pour celle de Strasbourg, qui date du milieu du xve siècle, et que nous reproduisons, voyez l'explication de la planche XIX.

Salisbury. — Dans la cathédrale de cette ville, les murs de la chapelle d'Hungerford, aujourd'hui démolis, offraient encore, au commencement de ce siècle, une représentation connue sous le titre de la Mort et du Jeune Homme, faisant sans aucun doute partie, selon le docteur Dibdin, d'une Danse probablement complète, d'autant plus qu'il existait tout près de là un autre compartiment qui avait fait partie du même sujet. Cette peinture représente la Mort vêtue d'un suaire, adressant la parole à un jeune homme qui porte le costume du xve siècle et qui paraît effrayé à sa vue. Au-dessus des deux figures, de grandeur naturelle, se trouvent, sur une espèce de tableau, deux strophes composées chacune de huit vers anglais. Dans l'une, la Mort s'adresse au galant, et dans l'autre le galant lui répond. Un des tableaux voisins représente un saint Christophe. En 1748, on publia une gravure de ces figures accompagnée d'une inscription en vers qui diffèrent de ceux de Lydgate. Cette peinture avait été exécutée vers 1460, et, d'après le fragment qui subsistait, sa perte est extrêmement regrettable, car elle paraissait offrir une représentation très fidèle des costumes du temps. On en trouve aussi une copie dans l'ouvrage de Richard Gough, *Sepulchral Monuments in Great-Britain* (in-fol., t. II).

LUBECK. — L'église de Sainte-Marie, à Lubeck, renferme une Danse des Morts fort curieuse, dans une chapelle baptismale, située près du porche, et que l'on appelle la Chapelle-de-l'Orgue ou Chapelle-des-Morts. Cette peinture fut faite, en 1463, par un artiste inconnu, et réparée à diverses époques, notamment en 1588, en 1642 et en 1701. Dans plusieurs tableaux, elle offre quelque ressemblance avec celle de Bâle. Les personnages, moins bien dessinés que dans celle-ci, sont de grandeur naturelle, et escortés chacun d'un Squelette ; mais, au lieu de s'avancer deux à deux, tous se donnent la main et forment une véritable ronde, ce qui paraît plus conforme au type primitif qui a dû inspirer ce genre de composition.

Cette Danse consiste en vingt-quatre personnages rangés par ordre hiërarchique, mais sans distinction des ordres religieux et laïques. C'est presque exclusivement une Danse Macabre d'hommes; car, parmi les mortels, on ne compte que deux femmes [1]. Les vers naïfs en bas alle-

---

[1] Voici l'ordre des personnages, précédés de deux Squelettes dansant, dont l'un joue de la flûte pour donner le signal de la danse : le Pape, l'Empereur, l'Impératrice, le Cardinal, le Roi, l'Evêque, le Duc, l'Abbé, le Chevalier, le Moine, le Bourgmestre, le Chanoine, le Noble, le Médecin, l'Usurier, le Chapelain, le Bailli,

mand qui accompagnaient originairement les figures furent renouvelés et remplacés, à l'époque de la dernière retouche, par des quatrains allemands de Nathaniel Schlott, de Dantzick, qui fut précepteur dans le cloître de Sainte-Anne. Sous chaque personnage se trouve un quatrain : l'un est l'apostrophe de la Mort, et l'autre la réponse de sa victime ; le premier en tête de cette suite est consacré au Squelette, qui mène le branle avec la flûte ; puis vient la Mort au Pape, etc.¹. Cette peinture est très célèbre en Allemagne.

---

le Sacristain, le Marchand, l'Ermite, le Laboureur, le Jeune Homme, la Jeune Fille et l'Enfant au berceau. Celui-ci est seul en dehors de la ronde, menacé par un Squelette qui s'apprête à le faucher.

¹ L'Enfant, par exception, ne répond à la Mort que cette citation allemande :

Weinen war meine erste stimme !

(Mes premiers cris furent des pleurs !)

Voici un exemple de ces quatrains. La Mort dit au Marchand :

Denk' an den Bankerott, den Adam langst gemacht,
Der setzet dich in Schuld und hat mich hergebracht.
Zahl'aus, und lieff're mir den Antheil meiner Waare
So viel ich fassen kann auf einer Leichenbahre.

(Rappelle-toi la banqueroute qu'a faite jadis Adam ; — elle t'a fait contracter la dette qui m'appelle chez toi. — Paie-moi, donne-moi ce qui me revient, — que j'en emporte autant que je le pourrai sur mon brancard.) — Le Marchand répond :

Der letzte Mahner kommt recht trotzig angerennt,
Doch bin ich nicht fallit, hier ist mein Testament.

Chaise-Dieu. — Voyez, pour cette Danse de la fin du xvᵉ siècle, dont nous donnons la reproduction, l'explication de la planche XLII.

Cherbourg. — L'église gothique de Cherbourg renfermait une série de bas-reliefs, qui furent détruits en 1793, et parmi lesquels on remarquait une Danse des Morts sculptée en pierre calcaire, de la fin du xvᵉ siècle, qui n'a guère été mentionnée que dans l'Histoire de cette ville, par Verusmor (Cherbourg, 1835, p. 77). Elle était placée sur la balustrade qui décore le triforium ou galerie élevée au-dessus des nefs, à gauche en entrant par la porte principale, à peu près vis-à-vis du banc-d'œuvre, et était comprise dans une série de douze panneaux peu

---

Den Geist vermach' ich Gott, das Gut den rechten Erben,
Dem Satan meine Schuld, den Leb dem Tod im Sterben.

(Voilà un créancier exigeant. — Je ne suis pas un banqueroutier; voici mon testament : — Je lègue mon ame à Dieu, — mon bien à mes héritiers, — mes péchés à Satan et mon corps à la Mort.) Voyez M. Naumann *(Der Tod in allen seinen Beziehungen, ein Warner, Tröster und Lustigmacher.....* (La Mort sous tous ses points de vue, comme avertisseur, consolateur et personnage satirique.;— Dresde, 1844. In-12, p. 48.)

Il existe des renseignements assez nombreux sur cette Danse. Parmi ceux-ci nous nommerons celui de Ludovic Suhl, intitulé : *Der Todtentanz.... in der St. Marienkirche in Lubeck..... Von L. Suhl*, Lubeck, 1783. In-4°, avec planches coloriées.

larges, lesquels se continuaient, de travée en travée, jusque vers l'entrée de l'église. Les groupes ne se suivaient pas ; ils étaient pour la plupart interrompus par d'autres panneaux portant des ornements gothiques. Le premier, placé près du chœur, représentait un Squelette qui, avec un tambour, appelait à sa suite des gens de toutes conditions, depuis le Pape et le Roi jusqu'au Mendiant. Ce monument est aujourd'hui entièrement détruit, et il ne reste plus que le tambour du Squelette et au-dessus un phylactère sur lequel devait se trouver une inscription morale. Les personnages, s'avançant de gauche à droite, n'avaient pas plus de soixante-dix centimètres de hauteur. Il est permis de supposer qu'ils n'étaient pas tous accompagnés d'un Squelette, et, pour que la Danse fût complète, qu'ils étaient placés au nombre de deux dans les panneaux, vu le nombre assez exigu de ces derniers. Cette Danse pouvait avoir ainsi quelque analogie avec celle de Dresde, où l'on voit un Squelette jouant du tambour et dont les personnages, également sculptés, ne sont point escortés chacun par la Mort [1].

---

[1] Nous remercions MM. Nicétas Periaux, Lesens et Ménant, de

Blois. — En 1502, le roi Louis XII fit peindre, sous les élégantes arcades de la cour principale du château de Blois, une Danse Macabre, par d'habiles artistes de cette époque. La copie, mais toutefois sans la Mort, d'une partie des personnages de cette Danse se trouve à Rouen, dans la bibliothèque Leber, n° 1364[1].

Berne. — Berne possédait, il y a trois siècles, une magnifique Danse des Morts, qui fut par

---

Cherbourg, d'avoir bien voulu nous donner une partie de ces détails. M. Ménant a même eu le soin de copier ce qui reste de ce monument, le tambour du Squelette, dans sa brochure récemment publiée sur les *Sculptures solaires de l'église de Cherbourg* (In-4°, 1850, planche X).

[1] Ces dessins avaient été faits pour le célèbre tragédien Talma, qui s'en servait dans le choix de ses costumes : les habits du Pape, du Roi, etc., étant toujours les mêmes, les dessins de ces personnages ne furent pas exécutés, de sorte que l'on ne trouve que ceux du Chevalier, en long manteau ; de l'Ecuyer, dont le costume, sauf le long manteau, est pareil à celui du Chevalier ; du Bailli, couvert d'un long manteau jaune, et tenant un parchemin roulé ; du Bourgeois, du Sergent, tenant une masse et un énorme sabre ; du Marchand, avec son escarcelle et portant une robe traînant jusqu'à terre ; enfin, du Laboureur, avec sa houe, dans le costume ordinaire des paysans de l'époque. — On peut toujours conclure de là qu'à Blois, la Danse des Hommes au moins était complète. Voyez ce que dit M. Leber, dans sa lettre (p. 72), à l'égard de cette peinture, prise pour une édition de la Danse Macabre, par MM. Van Praet, Peignot et Fortoul. (*La Danse des Morts, dessinée par Hans Holbein,.... expliquée par H. Fortoul.* Paris, p. 103-105.)

malheur promptement détruite, et dont il ne reste que des copies. C'était l'œuvre d'un peintre bernois, Nicolas Manuel, surnommé quelquefois *Deutsch* (l'Allemand), qui se fit avantageusement connaître à la fois comme peintre, poète, guerrier et comme homme politique. Il naquit en 1484, et mourut dans l'âge mûr en 1530. La date seule de sa naissance réfute l'erreur dans laquelle est tombé l'historiographe Füszly, en avançant que la Danse de Bâle (1439) était moins ancienne que celle de Berne, qui, au contraire, fut exécutée dans les années 1515 à 1520. De plus, les vers qui accompagnaient cette dernière prouvent qu'elle fut faite sous l'inspiration de la Réforme, car ils offrent plus d'intentions satiriques dirigées contre le clergé du temps.

Outre qu'elles se faisaient remarquer par leurs groupes heureux et plaisants, par la vivacité des couleurs, les détails variés des costumes et par des fonds égayés de paysages que l'on apercevait derrière une longue suite d'arcades, les peintures de Nicolas Manuel avaient une double valeur : la plupart des figures étaient des portraits, et l'artiste, en n'oubliant pas de se représenter lui-même à la fin de la Danse, y avait peint plusieurs de ses amis renommés dans Berne à cette époque [1].

La Mort y est peinte comme à Bâle, non pas en squelette osseux, mais en cadavre décharné, à la tête de mort et aux chairs pendantes. Elle est toujours très animée et ses costumes sont bizarres. On la voit rarement en femme, et elle porte de longs cheveux, une longue barbe ou de fortes moustaches. Tantôt elle est en soldat, avec un casque et une cotte de maille ; tantôt elle est nue, et joue tour à tour, en gambadant, de la vielle, de la flûte, de la trompette, de la viole ou du tambour.

Les premiers tableaux de cette peinture repré-

---

[1] Ce peintre avait aussi figuré des personnages politiques célèbres à cette époque. « Dans les Danses Macabres, les peintres mettaient ordinairement des personnages vivants ; c'est là le sel et la moralité de l'allégorie. Nicolas Manuel a fait ainsi. Il peignait à l'époque des démêlés de François Ier et de Charles-Quint, des querelles de Clément VII avec les deux rois, à l'époque des intrigues de Matthieu Schinner et des exploits de Lautrec ; tous leurs portraits y sont. C'était de rigueur. Il y a mis aussi le fameux moine italien Bernardino Samson, qui allait par les villes suisses colportant des indulgences. Nicolas Manuel avait vu de près tous les personnages qu'il a peints, circonstance qui doit ajouter à l'intérêt de son œuvre. » *(Alpes Pittoresques ; description de la Suisse, publiée par M. Alcide de Forestier.* Paris, 1837, 2 vol. in-4°; introd., p. 44.) Cet ouvrage donne la copie de cette Danse, qui fut également publiée à Berne, en 1826 ou 1832, en vingt-quatre lithographies, avec un portrait de Manuel.

sentent Adam et Ève chassés du Paradis Terrestre, et Moïse portant les tables de la loi. Puis on voit la Mort dans un cimetière, près d'un ossuaire, après quoi la Danse commence. Tous les personnages sont accompagnés d'un Squelette, et chaque groupe occupe une arcade; le Templier ou le Chevalier d'un ordre religieux occupe seul une arcade double, à cause de la longueur immense de sa lance. Les groupes, qui renferment parfois plusieurs personnages, sont au nombre de quarante [1]. Viennent d'abord les ordres religieux, puis les laïques, et le tout

---

[1] Voici, du reste, leur nomenclature : le Pape, le Cardinal, le Prélat, l'Archevêque, l'Abbé, la Chanoinesse, le Théologien, l'Astrologue, le Templier, des Moines, l'Abbesse, le Capucin, que la Mort tire par sa barbe; la Nonne, l'Empereur, le Roi, l'Impératrice, la Femme Noble, l'Electeur, le Comte, le Hérault, l'Homme de Loi, à qui la Mort offre de l'argent; le Bailli, le Médecin, regardant dans une fiole que la Mort brise en riant aux éclats; le Marchand, le Chasseur, le Philosophe, le Bourgeois, le Jeune Homme, le Fou, l'Enfant et sa Mère, l'Artisan, le Vieillard, le Soldat et son Enfant, la Femme du Soldat, le Cuisinier le Gargottier, la Vieille Femme, la Courtisanne, que la Mort embrasse et caresse, et enfin le Peintre. Dans ce dernier tableau, le sujet est double, car le peintre s'est représenté surpris par la Mort, qui lui fait remuer le bras, pendant qu'il achève de peindre un groupe complet de personnages orientaux qu'un second Squelette enlève également. La présence d'un Turc dans ce tableau, de même que celle du Cadi dans la Danse d'Erfurt (n° 15), st un fait assez rare dans les sujets de ce genre pour mériter d'être mentionné.

Au-dessus des arcades, on voit peints des écussons; ils rense termine par le tableau du Prédicateur en chaire, qui montre une tête de mort à son auditoire.

Cette peinture, exécutée à fresque sur le mur du jardin du cloître des Dominicains à Berne, ne subsista qu'une quarantaine d'années. En 1553, elle fut retouchée par un peintre moins connu que Nicolas Manuel, Urbain Mysz, et fut détruite, dès 1560, lorsque l'on abattit le mur pour élargir une rue voisine. Il en reste seulement deux copies à l'aquarelle, qui sont conservées à Berne, dans la salle de l'Académie : l'une est due à Albert Kauer ou Kauw, et l'autre à Wilhelm Stettler, qui copia la première avec soin en vingt-quatre feuilles.

Cette Danse, qui rivalisait avec celle de Bâle, quoique moins complète, mais peut-être plus remarquable pour la disposition des groupes et la variété des couleurs, a été reproduite en partie sur bois avec celles de Bâle et d'Holbein, par Ulderich Frolich, en 1588 et en 1608.

---

ferment les blasons des principales familles de Berne à cette époque. Le peintre, sans doute, a voulu par là rapprocher le symbole de la vanité du néant où tout est réduit par la Mort.

Voir ce que M. Depping dit de ce monument dans sa Note suivante.

WORTLEY-HALL. — M. Douce indique (p. 53) que, dans la chapelle de Wortley-Hall (comté de Glocester), on voyait écrite, et probablement peinte, *une Histoire et une Danse des Morts de tous les états et degrés du peuple.* Les vers de cette Danse, quoique un peu amplifiés, étaient les mêmes que ceux de Lydgate.

HEXHAM. — Sur la partie supérieure du grand jubé qui ferme l'entrée du chœur de l'église d'Hexham, dans le Northumberland, on remarque les restes encore bien conservés d'une Danse des Morts peinte à l'huile. Ces fragments, consistant dans les figures d'un pape, d'un cardinal et d'un roi, ont été copiés par le savant antiquaire John Carter (Douce, p. 53).

GANDERSHEIM. — M. Naumann (p. 66) dit, d'après la *Chronique de Cassel,* par Letzner, que le cloître des Carmes Déchaussés de Gandersheim, avant d'être pris et pillé par les Hessois, renfermait, dans l'allée voûtée de son chapitre, une Danse des Morts peinte sur parchemin et formant un long tableau. Cette Danse, où la Mort enlevait les mortels de toutes conditions, religieux et laïques, était accompagnée des vers suivants :

Hie hebt sich an des Todes Tanz
Der hat gut Acht auf seine Schanz',

dont voici le sens : « Ici commence la Danse de la Mort, qui ne perd pas de vue sa proie. »

Anneberg. — La Danse des Morts d'Anneberg, peinte en 1525, est citée p. 1re du Ve vol. de la bibliothèque de la moyenne et basse latinité de Fabricius, qui n'entre dans aucun détail et se contente de renvoyer aux auteurs dont il cite les noms et les ouvrages. P.-C. Hilscher a décrit cette Danse, ainsi que celles de Dresde, de Leipsick et de Berne, dans un ouvrage publié à Dresde, en 1705, puis à Bautzen, en 1721, in-8.

Rouen. — Voyez plus bas, à l'égard de ce monument (1527), tout le chapitre iii, p. 31-60, avec ses diverses planches.

Dresde. — La ville de Dresde possède une Danse des Morts fort curieuse en bas-reliefs en grès, et que l'on voit encore aujourd'hui dans le cimetière de la nouvelle ville. Elle fut exécutée en 1534, sur l'ordre du duc Georges-le-Barbu, l'ennemi de Luther, qui venait de perdre successivement six enfants et sa femme Barbara, et qui, par mélancolie, fit placer ce sujet mortuaire dans un des étages de son château. En 1701, le jour du Vendredi-Saint, le feu détruisit la plus grande partie de ce palais ; la Danse des Morts fut aussi endommagée, et l'on négligea de la réparer, la reconstruction du château ayant coûté des sommes énormes. Enfin, en 1721, sur les instances de Paul-Christian Hilscher, l'Électeur Auguste-le-Fort la céda à la paroisse de Neustadt-Dresden, qui la fit placer sur le mur de son cimetière, en avant de la Porte-Noire, et restaurer dans la même année, par le sculpteur Bruckner. Celui-ci fit à neuf les quatre dernières figures.

Ce monument devait encore changer de place, car la construction de l'église des Trois-Rois (Dreikonigs-Kirche) fit, en 1733, abandonner le cimetière, que l'on transporta près de l'endroit appelé le Scheunenhofe (Cour-des-Granges). C'est là que, depuis cette époque, on voit la Danse, placée contre la muraille, à un mètre au-dessus du sol.

On ignore le nom de l'artiste à qui on en doit l'exécution. Cependant, Hasche dit, mais sans aucun détail, dans le *Magasin für die sachsische Geschichte*, 1re part., p. 69, qu'elle fut faite par

Schikketanz, le sculpteur de l'église de la Croix.

La Danse se compose de vingt-sept personnages hauts de quarante centimètres environ, et peut se diviser en quatre parties, dans lesquelles les mortels sont rangés par sexe et par ordre hiérarchique. La première partie comprend l'ordre ecclésiastique, en huit personnages; la deuxième et la troisième, chacune en six figures, renferment l'ordre laïque, et la quatrième, à sept personnages, est la Danse des Femmes [1].

---

[1] De même qu'à Erfurt et à Lubeck, un Squelette complètement décharné, ayant des cheveux hérissés et les os entourés de serpents, ouvre la marche en jouant de la flûte; puis viennent le Pape, le Cardinal, l'Archevêque, l'Evêque, le Prélat, avec une longue robe et un court manteau; le Chanoine et le Capucin, vieillard au dos courbé.

Là commence la deuxième série, en tête de laquelle est un Squelette jouant du tambour avec deux os : il précède l'Empereur, le Roi et l'Electeur, qui passent pour être Charles V, Ferdinand Ier et le duc Georges-le-Barbu lui-même; celui-ci porte ses ornements sur la poitrine et un chapelet à la main; puis vient le Comte ou le fils de Georges, Frédéric, qui mourut dès 1539; il est suivi du Cavalier, en costume allemand et en armure complète.

Ici se termine la deuxième partie. La troisième se compose du Noble, du Sénateur, de l'Artisan, portant un tablier de cuir, une équerre et une pioche; du Soldat, avec un gorgerin, une pertuisane et une épée; du Paysan, qui porte un fléau et, chose assez singulière, un large sabre à son côté; enfin, du Boiteux, qui s'appuie sur une béquille.

Dans la quatrième série se trouvent les femmes : l'Abbesse, en habit de cérémonie; la Femme Noble, qui peut passer pour Bar-

Le fond de cette Danse fut primitivement peint en bleu, puis plus tard en rouge. Elle est accompagnée de six quatrains, composés par Hilscher, et qui se trouvent, le premier en tête des figures, les quatre suivants sous chaque série, et le sixième à la fin. Les personnages se suivent en se donnant la main, et ne sont pas tous accompagnés d'un squelette comme dans les autres sujets de ce genre; leurs costumes sont curieux, et ce monument, quoique lourd dans son exécution, est néanmoins remarquable [1].

WHITEHALL. — Le riche palais de Whitehall, construit par le cardinal Wolsey et habité par Henri VIII, fut embelli, sur l'ordre de celui-ci,

---

bara, la femme du duc Georges, et la Paysanne, portant un fardeau sur le dos; puis vient un Marchand, chargé d'un sac d'argent, et dont l'habit est tenu par un Enfant qui conduit un Vieillard courbé et couvert de guenilles. Enfin, cette suite est terminée par un Squelette qui semble menacer les personnages avec sa faux.

[1] Cette Danse a été mentionnée par Fabricius (*Bib. lat.*, vol. 2, p. 1) et par Hilscher, et expliquée par Erbstein (*Mittheilungen für Erforschung der vaterlandischen Alterterthümer. Dresden*, 1842. — Communications pour la recherche des monuments de la patrie. Deuxième livraison). On en trouve, dans la *Chronique allemande de Dresde*, d'Antoine Wecken, p. 26 (Dresde, 1680, in-fol.), une gravure sur cuivre, qui a été copiée par Bodenehr; et, enfin, M. Naumann, à qui nous empruntons ces détails (p. 61-65), en donne aussi une reproduction.

d'une Danse des Morts que l'on a attribuée à Holbein, d'après une note manuscrite de Nieuhoff Picard. Mais l'incendie qui détruisit cette magnifique demeure, en 1697, a laissé cette assertion à l'état de conjecture.

Angers. — Dans sa description de la Danse des Morts de la Chaise-Dieu, M. Jubinal dit, p. 14, mais sans le certifier, que l'on a découvert, à Angers, depuis quelques années, un sujet de ce genre sous une couche de badigeon, et il ne confond pas en ce dernier point Angers avec Strasbourg. Mais c'est une erreur : aucune Danse Macabre n'existe dans cette ville [1].

Leipsick. — Fabricius mentionne une Danse à Leipsick. MM. Douce et Peignot la citent

---

[1] On y voit seulement, au Musée d'Antiquités, un magnifique bas-relief en noyer, du XVIe siècle, haut de quatre-vingt-trois centimètres et long d'un mètre soixante-six centimètres, qui se compose de trente personnages. Parmi ceux-ci, de tout âge et de toutes conditions, on remarque un Pape, un Cardinal, deux Evêques, des Moines, des Chevaliers, deux Femmes, dont l'une porte une couronne, et l'autre un chaperon, etc. Six des personnages sont en train de *danser,* et ne sont nullement en garde contre la Mort, tandis que les autres tiennent des arcs bandés contre celle-ci, qui est à leur centre et qui, tenant une pelle de la main gauche, décoche de la droite un javelot à ceux qui l'entourent. C'est à l'obligeance de M. Godard Faultrier, conservateur du Musée d'Angers, que nous devons ces renseignements.

également; mais aucun ne donne le moindre détail sur ce monument.

STRATTFORD-SUR-AVON. — D'après une note manuscrite de John Stowe, dans sa copie de *Leland's Itinerary*, il paraît qu'il y avait une Danse des Morts dans l'église de Strattford-sur-Avon (Douce, p. 53).

FRIBOURG. — Béroalde de Verville, dans son facétieux ouvrage intitulé : *Le Moyen de parvenir*, parle de deux Danses Macabres célèbres autrefois, celles de Fribourg et de Dôle. Dans un des dialogues burlesques de ce livre : « Voilà,
» dit Néron, rétorquant Aristote, de belles rai-
» sons. J'aimerois autant celles de Jannotin, qui
» me dit : Qu'il faudroit être sergent pour aller
» en paradis, d'autant plus que les sergens vont
» devant : da, da, il est bon, s'il n'y auoit que
» les gens de justice qui vont en paradis. Et c'est
» le contraire, et je l'ai vu en la Danse Macabre
» de Fubourg, où les présidens, conseillers,
» avocats, procureurs et clers sont par les ser-
» gens conduits en enfer, et je t'en guette [1]. »

---

[1] *Le Moyen de parvenir*. Londres, 1786, t. III, p. 32. Je ne connais aucune édition de cet ouvrage où le nom de Fribourg ne se

DÔLE. — La Danse Macabre de Dôle, en Franche-Comté, est mentionnée par le même auteur dans les termes suivants : « Je ne m'ébahis si » mon père mourut par faute de bon gouverne- » ment : *Crede mihi*. Quand je revins de voyage, » je ne trouvai point d'eau dans le seau, encore » moins dans la seille : il mourut comme à Dôle » à la danse Macabre ; il y a la Mort qui parle » à un beau jeune homme, et lui dit :

» Ah, galand, galand,
» Que tu es fringand !
» S'il te faut-il meurre.

» et lui répond :

» Et mort arrogan,
» Pren tout mon argean
» Et me laisse queurre [1]. »

HORMANN. — M. Kist (p. 53) cite, d'après Fiorillo (p. 117), Hormann comme renfermant

---

trouve pas métamorphosé en celui de Fubourg, qui n'appartient à aucun lieu connu ; il s'agit pourtant ici de Fribourg en Suisse, témoin Bruzen de la Martinière, qui nous apprend que la Danse dont parle de Verville s'y voyait peinte dans le couvent des Cordeliers, fondé en 1237. Elle était l'œuvre d'un artiste nommé Salomon Fries, mentionné comme son auteur dans les *Alpes Pittoresques* (1er vol., introd., p. 44).

[1] *Le Moyen de parvenir*, t. III, p. 221-222.

une Danse des Morts. Nous ne connaissons pas de détails à cet égard ; mais, comme Fiorillo semble mentionner cette ville après Chemnitz et Schlottau (voyez plus bas, p. 196), nous croyons qu'il ne s'agit point ici d'une Danse complète, mais probablement d'un sujet allégorique où la Mort joue le principal rôle.

AMIENS. — La Danse Macabre d'Amiens était peinte dans un cloître attenant à la cathédrale. M. Rivoire, dans sa description de cette basilique (Amiens, 1836), dit que ce lieu se nommait jadis Cloître-du-Macabré, parce qu'un auteur de ce nom a fait des vers latins appliqués à une peinture du genre de celle dont il s'agit ; il ajoute même que la bibliothèque des Prémontrés d'Amiens possédait autrefois un livre in-4° intitulé : *Chorea Johannis Macabri*. Ce prénom de Johannes donnerait raison à ceux qui ont cru à l'existence réelle d'un poète appelé Macabre. Mais M. Rivoire ne donne aucune description de ce livre, qui ne se retrouve nulle part. Imprimé, l'édition en serait certainement connue ; manuscrit, le prénom dont il s'agit pourrait être attribué à l'ignorance ou au caprice du copiste, et la question que nous avons examinée en parlant plus haut du prétendu poète Macabre, n'en reste pas moins à résoudre.

Le cloître où se voyait, à Amiens, une Danse des Morts a été détruit en 1817 ; on trouve les vers suivants écrits sur ses murs :

> Dieu le vif éternellement
> Sans fin et sans commencement
> Regnant en sainte Trinité...
> . . . .
> Savoir faisons en général
> Et par ce mandement moral
> Que nous volons que la Mort fasse
> Comparoir devant nos faces
> Tous ceux qui sont et qui seront
> D'Eve et d'Adam si rendront
> Compte de leurs faits justement
> En particulier jugement
> Si donnons pouuoir a la mort
> Pour y contraindre faible et fort
> Et que nulle opposition
> Ne vaille a l'execution
> Car ainsy volons quil soit fait
> Pour pugnir qui aura meffait
> Et aux bons donner a toudis
> Les joies de notre paradis
> *In sœculum fiat fiat.*

CROYDON. — Il n'y a pas encore beaucoup d'années, on pouvait remarquer, sur les murs de la grande salle du palais archiépiscopal de Croydon, près de Londres, les vestiges d'une Danse des Morts ; mais ces restes étaient tellement effacés, qu'il était impossible de préciser la désignation d'aucun des sujets (Douce, p. 54).

Chéreng. — Dans l'église de Chéreng (Nord), il existe une Danse des Morts qui doit dater du xvie siècle, et qui, chose assez étonnante, est moulée en relief sur une cloche. Elle consiste en huit groupes composés chacun de quatre personnages, et qui sont séparés du groupe voisin par une feuille d'acanthe. Le mouleur ne s'est donné la peine de faire qu'un seul quadrille, qu'il a répété huit fois, de manière à ceindre le pourtour de la cloche. Chaque quadrille représente deux Squelettes et deux personnages vivants, un Docteur et un Jeune Homme en costume populaire, tous se tenant par la main et en action de danser. Il n'est pas rare de rencontrer des sujets à personnages et même des espèces de processions figurés sur des cloches; mais, tout en reconnaissant que, par sa forme circulaire, une cloche est parfaitement disposée pour recevoir une ronde macabre, nous ne pensons pas que ce genre de décoration ait été fréquemment employé. Ce monument est décrit et figuré dans le *Bulletin de la Commission historique du département du Nord* (tome II, p. 37-42).

Fécamp. — Dans le I*er* volume de son *Bibliographical Decameron* (p. 38), le D*r* Dibdin assure qu'une danse sculptée sur pierre se voit dans une des églises de Fécamp, en Normandie, et les figures sont à peu près, dit-il, de la hauteur de dix-huit pouces anglais. Cette remarque paraît donner beaucoup de poids à la vérité de cette assertion, que M. Jubinal a répétée (p. 14). Cependant, nous avons, ma fille et moi, dessiné presque toutes les sculptures des deux églises de Fécamp, et nous n'avons pas découvert le sujet dont parle M. Dibdin. M. Stapleton et mon excellent ami M. John Gage en ont également, mais en vain, fait la recherche.

Constance. — Un article de M. Massmann, inséré dans le *Pierer's Universal Lexicons*, mais que nous n'avons pu malheureusement nous procurer, donne des détails sur les Danses qui se trouvaient à Constance, Füssen, Kuckucksbad, Straubingen, Erfurt et Saint-Ildefonse. Nous savons seulement, par M. Ellissen (p. 90), que celle de Constance fut exécutée par Jacques Hiebler, en 1588.

Landshut. — D'après les *Voyages de Lander*

en *Allemagne*, Fiorillo cite (p. 127) une Danse des Morts qui se trouve dans le cloître des Dominicains de cette ville.

Brunswick. — Fiorillo cite encore, mais sans aucun détail, et d'après l'autorité d'un certain Erasme Rothaler, une Danse des Morts dans l'église de Saint-André, à Brunswick.

Berlin. — M. Douce (p. 48) a mentionné, d'après Misson (*Nouveau Voyage d'Italie*), une Danse sculptée qui aurait existé dans l'église de Sainte-Marie de Berlin. Mais nous avons parcouru en vain tout l'ouvrage de Misson sans rencontrer cette mention.

Fussen. — Au commencement du xviie siècle, une Danse des Morts fut exécutée à Füssen, dans l'archevêché d'Augsbourg, par Jacob Wyll. Ce peintre doit être le même que celui qui peignit une des Danses de Lucerne, qui datent de la même époque.

Lucerne. — Lucerne possède deux Danses des Morts. La première et la plus ancienne a été jusqu'à nos jours complètement ignorée. Aucun écrivain du pays ne l'a même mentionnée. Cependant, M. Jubinal (p. 12) l'indique, mais sans détails, et ce n'est qu'en 1843 qu'elle fut décrite dans un ouvrage spécial [1].

Cette Danse, maintenant incomplète, était négligée dans une allée du Palais-de-Justice, où elle courait grand risque d'être détruite par la poussière, les ordures, et surtout par le feu d'une cheminée voisine. Mais, lorsqu'en 1832 on fonda la Bibliothèque cantonale, cette Danse y fut placée par les soins du bibliothécaire, et c'est là qu'on la voit maintenant, restaurée avec talent par Eglin, lithographe et marchand d'estampes à Lucerne.

Ce beau monument est l'œuvre d'un Lucernois, Jacob de Wyl, qui descendait d'une famille noble et ancienne. On ignore les détails de sa vie ; on sait seulement qu'il mourut en 1624, laissant une veuve qu'épousa plus tard

---

[1] Todtentanz oder Spiegel menschlicher Hinfälligkeit. In 8 abbeldungen, welche von V. Will gemalt im ehemaligen Jesuitenkloster auf bewahrt werden. Getreu nach originalien litographirt von Gebr. Eglin in Luzern. Mit deutschem und französischem. Texte von Burkart Leu, Chorherr und Professor in Luzern. Querfolio. 1 Thlr. Luzern, 1843. — Danse des Morts ou Miroir de la Faiblesse humaine, en huit tableaux peints par V. Wyl, et conservés dans l'ancien cloître des Jésuites. Fidèlement lithographié d'après l'original par Gebr. Eglin, à Lucerne, avec un texte allemand et français par Burkart Leu, chanoine et professeur à Lucerne. In-fol. oblong. Lucerne, 1843.

son élève Kaspar Meglinger, le même qui peignit la seconde Danse des Morts du pont aux Moulins.

Ces peintures, qui consistaient en sept grands tableaux et un petit pour terminer la Danse, se trouvaient dans l'ancien cloître des Jésuites, et furent par malheur en grande partie détruites dans l'incendie du monastère, en 1636. Elles comprenaient vingt-quatre groupes de figures, rangés d'après l'âge et les diverses conditions humaines [1].

Dans ce monument, dont une dizaine de sujets se ressentent de la Danse d'Holbein, la Mort prend toujours des attitudes grotesques : ses yeux étincellent ; elle n'est pas osseuse, nue, complètement décharnée ; elle est représentée sous la forme d'un cadavre amaigri, et souvent avec une tête de squelette [2].

---

[1] Après l'expulsion du premier homme du Paradis, en punition de sa faute, la Mort triomphe, et là commence la Danse ordinaire avec le Pape, l'Empereur, le Cardinal, le Roi, l'Impératrice, la Reine, le Prélat, l'Electeur, l'Abbé, l'Abbesse, le Prêtre (protestant), le Cavalier, le Bourgeois, la Fiancée, la Jeune Fille, l'Usurier, le Peintre, le Mercier, le Paysan, le Gueux, le Vieillard ou la Mère et l'Enfant, et à la fin se trouve un ossuaire.

[2] Trois des plus beaux groupes sont ceux du Jeune Homme, du Marchand et de l'Enfant, dont M. Naumann donne la reproduction (p. 42-46), avec des détails que nous répétons d'après lui.

La seconde Danse des Morts qui se trouve dans la ville de Lucerne est placée sur le pont des Moulins (Mühlenbrücke ou Spreuerbrücke). Cette ville possède trois ponts, et tous trois sont ornés de peintures. Le premier, appelé pont de la Chapelle, a mille pieds de long et renferme deux cents tableaux représentant les exploits des Suisses; le second, le plus grand pont couvert de la Suisse, et qui a treize cent quatre-vingts pieds de long, s'appelle le Hofbrücke ou pont de la Cour ; les sujets qui l'ornent sont tirés de l'histoire sacrée ; enfin, le troisième et le plus petit est le pont des Moulins, construit en 1404, sur la Reuss, et dont la longueur est de trois cent dix pieds. A cause de ses peintures, il porte aussi le nom de pont de la Mort (Todesbrücke). Comme les deux précédents, il est couvert, et c'est dans les triangles formés par les poutres qui supportent la toiture que se trouvent des tableaux peints des deux côtés et représentant la Danse des Morts. Ces tableaux à double face sont au nombre de trente-six, de sorte que, dans quelque sens que l'on traverse le pont, on a toujours devant les yeux une longue suite de ces dessins funèbres, au bas desquels se trouvent quelques vers allemands. Ces peintures furent exécutées, de 1634 à 1637, par Gaspard Meglinger ou Mylinger ; mais, dans la suite, elles furent gâtées par des retouches maladroites, et aujourd'hui, grâce à ces corrections ou grâce au temps, elles sont un peu effacées. Quoiqu'on soit peu d'accord sur le mérite de leur exécution, on y trouve encore beaucoup d'imagination sous une forme assez plaisante. Le tableau de la Mort guidant le Religieux qui porte au Malade l'Extrême-Onction est cependant fait d'après le même sujet d'Holbein.

Malgré quelques ressemblances dans plusieurs tableaux, cette Danse n'est point, comme on l'a dit, une copie de celle de Bâle ; elle a certainement été faite d'après elle, mais les sujets n'en sont pas les mêmes [1].

---

[1] Parmi ces tableaux, on en remarque surtout un qui représente une Soirée de Noces : La famille est en fête, et la Mort, tenant sa faux et son sablier, attend la jeune Mariée à la porte de sa chambre. Dans un autre, on voit, près d'un Vieillard à cheveux blancs, un jeune et bel Enfant endormi dans son berceau, derrière lequel apparaît le Squelette avec son rire effrayant : deux extrémités qui souvent se touchent ! Ailleurs, un Chevalier prend la fuite dans une bataille, de peur d'y mourir ; il croit être exempt de tout danger, tandis que la Mort est montée en croupe derrière lui.

Voici encore comment M. Saint-Marc Girardin décrit cette Danse (*Journal des Débats*, 13 février 1835) : « Au pont de Lucerne, la Mort plaisante avec nous. Faisons-nous une partie de campagne, elle s'habille en cocher et fait claquer son fouet. Les

Kuckucksbad (Bohême). — L'hôpital de cette ville renfermait une Danse des Morts peinte sur le mur d'une galerie basse et dans le genre de celle de Bâle. Elle datait de la fin du xviie siècle, et avait été exécutée aux frais du comte Fr.-Antoine de Spork, par les soins des Frères de la Miséricorde. Cette Danse, qui ne devait pas fort égayer les malades, commençait par le Pape et finissait par le Mendiant. Elle fut reproduite avec soin, avec quelques sujets d'Holbein, en cinquante-deux planches, par Michel Rentz, et ornée de vers allemands par Patricius, dans l'ouvrage intitulé : *Der Sogenannte..., Todentanz. Wien*, 1767.

Vienne en Autriche. — Bruckmann, dans ses *Epistolæ Itinerariæ*, vol. V, épist. xxxii, décrit plusieurs églises et autres monuments religieux

---

enfants rient et pétillent; la mère se plaint que la voiture va trop vite. Que voulez-vous ? C'est la Mort qui conduit : elle a hâte d'arriver. Allez-vous au bal, voici la Mort qui entre en coiffeur, le peigne à la main. Le pont de Lucerne nous montre la Mort à nos côtés et partout : à table, où elle a la serviette autour du cou, le verre à la main, et porte des santés....; dans la boutique, où, en garçon marchand, assise sur des ballots d'étoffe, elle a l'air engageant et appelle les pratiques ; au barreau, où, vêtue en avocat, elle prend des conclusions : « Le seul avocat, dit la légende, en mauvais vers allemands placés au bas de chaque tableau, qui aille vite et qui gagne toutes les causes. »

de cette ville, entre autres le couvent des Augustins, où se trouve, dit-il, une peinture représentant une maison dans laquelle la Mort entre par une des fenêtres au moyen d'une échelle.

Bruckmann décrit dans la même lettre une chapelle de la Mort, située dans le monastère précité, et qui fut décorée de peintures murales de la main d'un moine de cette maison, appelé frère Abraham de Sainte-Claire, parmi lesquelles se voyait : la Mort exterminant un étudiant; la Mort attaquant un chasseur qui vient de tuer un cerf ; la Mort brisant les fioles et les boîtes de médicaments dans une apothicairerie; la Mort jouant aux Dames avec un seigneur ; Harlequin faisant des grimaces à la Mort. La description de cette chapelle et de ses peintures a été publiée après le décès du religieux artiste, à Nuremberg, en 1740 [1].

---

[1] M. Douce, à qui nous devons ce renseignement (p. 48), fournit, dans un autre endroit de son ouvrage (p. 151), de nouveaux détails sur une traduction en hollandais du livre publié d'après les peintures du P. Abraham de Sainte-Claire ; il nous apprend que ce livre, intitulé : *Den Algemeynen Doodenspiegel ofte de capelle der Dooden*, etc. (Miroir universel de la Mort, pris de la Chapelle des Morts, etc. Bruxelles, 1730), contient soixante-sept gravures sur bois, avec bordures, d'une médiocre exécution, et que parmi ces divers sujets on remarque, comme les meilleurs, le Peintre, l'Ivro-

Erfurt. — Nicolas Karamsin, dans ses *Voyages* (I, 195), a donné une description très courte, mais fort plaisante, d'un sujet complet en ce genre, qui se trouve dans la Maison des Orphelins d'Erfurt. Cette maison possède, placée dans une aile latérale et dans sa galerie de tableaux, une Danse des Morts qui se compose de cinquante-six grandes peintures, détaillées par Arnold, dans sa *Description d'Erfurt*, 1802.

Cette Danse, qui date de 1735, est due à la libéralité de plusieurs particuliers. Il y a sous chaque figure des vers allemands qui forment un court dialogue entre les personnages et la Mort [1]. (Naumann, p. 58).

---

gne, le Couple dansant, la Mort jouant du flageolet, l'Oiseleur, le Jeune Époux embrassant sa Femme, le Courtisan, le Musicien, le Joueur de dés et le Mendiant aveugle.

Ce moine de Sainte-Claire, dont le véritable nom était Ulric Megerle, se fit aussi connaître comme prédicateur assez original ; il vécut de 1642 à 1709.

[1] Cette suite commence par le Squelette, qui foule aux pieds les attributs, les symboles des états et des honneurs, et appelle les mortels à sa Danse en jouant du hautbois ; — puis on voit la Mort et l'Homme ; — Jésus, triomphant de la Mort ; — l'Empereur ; — l'Impératrice ; — le Pape, près duquel la Mort se présente en gueux ; — le Roi ; — la Reine ; — le Cardinal ; — l'Électeur, le Cavalier ; — un Officier de hussards, avec la Mort habillée en dragon ; — le Chanoine ; — le Prédicateur luthérien, à qui la Mort se présente comme un candidat ; — le Cadi, juge turc ; — le Bourgmestre ; — le Bailli ; — le Médecin ; — l'Astronome ;

M. Peignot dit à tort que cette Danse est peinte sur les panneaux entre les fenêtres dans le couvent des Augustins, où l'on voit encore la cellule qu'a habitée Luther. Elle offre dans quelques peintures une certaine ressemblance avec celle d'Holbein.

STRAUBINGEN (Bavière). — Nous ne connaissons pas de détails sur cette Danse; nous savons

---

— un Directeur de la Maison des Orphelins; — l'Avocat; — l'Apothicaire; — le Marchand : la Mort arrive près de lui en bateau, sujet ressemblant à celui d'Holbein; — le Chasseur, auquel la Mort joue une fanfare; — l'Hôtelier; — le Peintre; — le Cuisinier; — le Mineur, qui cherche une veine métallique au moyen de la baguette divinatoire; mais la Mort conduit sa baguette vers une tombe ouverte; — le Soldat se battant avec la Mort; — le Fossoyeur; — le Garde Forestier; — le Potier, auquel la Mort apprête sur le tour un pot habilement façonné; — le Tonnelier; — l'Homme chargé des invitations de noces; — le Musicien; — la Femme s'apprêtant à sa toilette : derrière elle la Mort lui fait voir son linceul dans un miroir; — le Jeune Homme : — le Vieillard; — l'Imprimeur; — un riche Juif; — la Bohémienne prédisant l'avenir; — le Charlatan : ici, la Mort est sous le costume d'un bouffon (nouvelle imitation d'Holbein); — la Comédienne; — le Modeleur en cire; — la Chanteuse; — l'Etudiant : la Mort se place dans une chaire, et lit un thême sur le *disce mori;* — la Danseuse, pour qui la Mort joue de la musique; — le Couple d'Amoureux (pareil au même dessin d'Holbein); — l'Enfant que la Mère porte sur son sein (rappelant le n° 39 d'Holbein); — le Fondeur de caractères d'imprimerie; — et la Vieille Femme, qui ressemble au n° 25 de la Danse d'Holbein. Enfin, les deux dernières peintures sont de grands groupes représentant les Inspecteurs et les Administrateurs de la Maison des Orphelins, à Erfurt, à diverses époques, et dans l'une de ces peintures, la Mort elle-même a le costume d'un Orphelin.

seulement qu'elle fut exécutée par F. Holzl, et qu'elle date de 1763.

On voit par là que l'exécution de la Danse Macabre s'est fréquemment répétée, puisqu'on en trouve l'origine au XIVe siècle, et que l'on en rencontre encore de nouvelles créations même dans la seconde moitié du XVIIIe. La Légende des trois Morts et des trois Vifs, dont nous allons décrire quelques représentations, est, quant au poëme qui l'a inspirée, antérieure à la Danse Macabre proprement dite; mais, tandis que celle-ci se prolonge presque jusqu'à nos jours, l'autre sujet disparaît, au contraire, au XVIe siècle, et ne semble se rencontrer en Allemagne ni en Suisse, où les Danses ont été fréquentes. Ce monument étant moins important, nous le plaçons en seconde ligne, et parmi les exemples, qui en sont certainement fort nombreux, nous citerons ceux qui suivent :

Pise. — Nous renvoyons nos lecteurs aux pages 108-114 de ce volume, où la fresque de cette ville est décrite [1].

---

[1] Nous ajouterons seulement qu'elle a été reproduite dans les *Picture à fresco del Campo Santo designate da Giuseppo Rossi ed*

DITCHINGHAM. — En 1848, on découvrit, dans l'église de Ditchingham, dans le comté de Norfolk, des peintures murales représentant le Jugement Dernier et le Dit des trois Morts et des trois Vifs. Cette dernière peinture, datant du xiv° siècle, est malheureusement en partie endommagée [1]. On en trouve un fac-similé dans l'*Archæological Journal* (n° 17, march 1848, London, p. 70).

HASTINGS. — Le même journal ajoute (n° 17, p. 69) que, vers 1846, on découvrit, sur l'arc du chancel, une peinture, probablement du xiv° siècle, représentant le sujet des trois Morts

---

incile da G. P. Lasinio. Fiorenza, 1832. En tête du drame d'*Ahasverus*, par Edgard Quinet (Paris, 1834), on voit, tiré de cette peinture, l'Ange de la Mort, portant une robe noire, de grandes ailes, de longs cheveux et des griffes, et tenant une large faux, dont il semble menacer les humains sur lesquels il plane.

[1] Les trois Vifs sont à pied, et portent des couronnes et une grande barbe. La scène se passe dans une forêt. Un des trois Rois porte une longue hache, les deux autres ont des piques terminées par des pointes en forme de fleur-de-lys ; des oiseaux voltigent dans le bois, et les six personnages ont l'air d'être tous rangés sur la même ligne. Ils tiennent des phylactères sur lesquels étaient des sentences probablement morales, mais maintenant effacées. Les trois Squelettes, également couronnés et rongés des vers, ont été faits par un peintre qui n'avait aucune idée de l'anatomie humaine : ils semblent rire, et on pourrait croire que l'artiste, pour les figurer sous la forme de cadavres excessivement maigres, a voulu, au lieu de leur peindre des côtes, leur faire porter des habits couverts de galons.

et des trois Vifs, dans l'abbaye de la Bataille, fondée près d'Hastings, dans le comté de Sussex, à la fin du xie siècle.

Briey. — On trouve la légende des trois Morts et des trois Vifs sculptée sur la porte de l'église de Briey, près de Metz : cette sculpture doit remonter au xive siècle (Fortoul, p. 101).

Longpaon. — Il est peu de personnes, peut-être, qui aient remarqué une peinture, presque entièrement effacée aujourd'hui, qui se voyait à l'extérieur de l'abside de l'église de Longpaon, près de Rouen. Les traces de cette fresque sont cependant encore assez visibles pour qu'on puisse distinguer les poses et le nombre des morts, qui ne sont que trois seulement, sans aucun autre personnage, et qui sont au milieu d'une forêt. Ce tableau se prolongeait sur le pan de mur voisin, qui forme avec lui un angle fort ouvert; mais cette seconde partie est totalement détruite, sauf quelques restes insignifiants du fond. Je pense que l'ensemble de cette peinture représentait le sujet des trois Morts et des trois Vifs.

De toutes les inscriptions qu'elle présentait, il ne reste aujourd'hui de lisible que la légende suivante : MORS MORTIS MORDET MORTALIA MORSU.

ZALT-BOEMEL. — M. Kist décrit et publie, dans son ouvrage qui parut en 1844 (p. 56, pl. 3), un sujet incomplet des trois Morts et des trois Vifs, que l'on apercevait encore à peu près distinct, il y a quelques années, dans une chapelle baptismale de l'église de Saint-Martin de Zalt-Boemel, en Hollande. C'est un tableau de forme ogivale, de la fin du xve siècle, qui représente, de grandeur naturelle, trois Morts sortis de leurs fosses et couverts de leurs suaires. Ce ne sont point des squelettes osseux, mais des cadavres ayant le ventre ouvert et rongé. Celui du milieu porte une pelle, et les deux autres tiennent levée la pierre de leurs tombes. Deux sont couronnés, et tous semblent se tenir par le bras. Ils sont au premier plan, derrière eux on aperçoit des arbres et, au haut d'une colline, un château-fort près duquel est un voyageur peint en rouge, que l'on a pris pour le Juif-Errant. Au-dessus des têtes de ces personnages, se déroulent des phylactères présentant chacun deux vers moraux [1] à l'adresse des trois Vivants,

---

[1] Voici ces vers, dont une partie est effacée :

Die doot die heeft ous dos ostelt
Die.... menschen heeft ghewelt.

qui, comme le dit M. Kist, devaient avoir été peints sur le côté opposé de l'édifice.

Effectivement, ce second tableau fut retrouvé vers 1845, alors que le premier était presque entièrement effacé. Il porte, comme celui-ci, des inscriptions hollandaises et représente trois personnages à cheval, suivis de chiens et de valets qui se livrent à l'exercice de la chasse [1].

Conighe waren wi alstu bist
Nu dyn wy worden der vormen kist.

Ghi siet dat ghi nock........
Daer om u haost..............

(La Mort nous a mis dans cet état, — nous qui avons commandé les hommes. — Nous étions des rois comme vous l'êtes, — et maintenant nous sommes la nourriture des vers. — Regardez ce que vous êtes encore.... — Pour cela, dépêchez-vous....)

[1] Il est décrit par M. Conrad Leemans, dans son article intitulé : *Oude muurscheldering in de groot kerk te Zalt Boemel* (ancienne peinture murale de l'église principale de Zalt-Boemel), extrait du journal *Nederlandsche Staats Courant*, novembre 1845. Nous sommes redevables des détails que renferme cet article à l'obligeance de M. Alfred Maury, le savant sous-bibliothécaire de l'Institut.
Le premier personnage monte un cheval blanc, son costume est en quelque sorte oriental : il porte un turban jaune et rouge ; il a un faucon au poing. Le second monte un cheval brun ; il tient de la main gauche une longue épée. Le troisième cavalier est monté sur un cheval blanc comme le premier. Dans le fond du tableau sont représentés des arbres à travers lesquels on voit un cerf prendre sa course. Plus loin et plus au centre du tableau, on voit sept hommes armés d'arbalètes, qui sont placés sur une hauteur et tirent à l'oiseau. D'un autre côté, on aperçoit une ville figurée avec ses murs, ses portes, et auprès est une petite rivière sur

Paris. — Comme on l'a déjà vu (p. 111), cette ville possédait deux représentations de la légende des trois Morts et des trois Vifs : l'une était peinte en tête de la Danse Macabre au charnier des Innocents, et l'autre, d'après ce que dit Du Breul[1], avait été sculptée sur le portail de l'église du même nom, par l'ordre du duc de Berry, en 1408.

laquelle sont deux petits bateaux, l'un monté par deux personnes et l'autre par une seule. On y reconnaît la ville de Zalt-Boemel, et l'état de certains monuments indique qu'elle est représentée telle qu'elle était avant le siège qu'elle soutint, en 1599, contre l'amiral d'Aragon, D. Francisco de Mendoza.

[1] *Antiquités de Paris*) 1612, p. 834) : « Au portail de l'église qui est à main droicte, à côté d'icelle, l'on void les figures en bosse de trois chevaliers passans par dedans un bois, et trois morts à l'opposite aussi dans un bois. Lesquels fit faire et ériger monsieur Iean, Duc de Berry, en l'année 1408, pour l'ornement de ce lieu, auquel il voulut estre enterré après sa mort : ainsi que les vers suyvants le tesmoignent, grauez le long de la corniche qui soustient lesdites figures :

» En l'an mil quatre cents et huict
Iean Duc de Berry trespuissant....
Par humain cours lors cognoissant
Qu'il convient toute creature....
Mourir et tendre à pourriture
Fit tailler icy la sculpture
Des trois vifs aussi des trois mortz.
Et de ses deniers la facture
En paya par justes accords, etc.

» Plus sous une chacune desdites figures est attachée dans le mur une grande pierre remplie d'un nombre de vers françois, comme si lesdites figures parloient et respondoient l'une à l'autre ; lesquels j'obmets, pour n'ennuyer le lecteur. »

SAINT-RIQUIER. — Nous joignons l'explication de cette peinture à la reproduction que nous en donnons plus loin. (Voir en conséquence la planche XLVII.)

FONTENAY. — L'abbaye de Fontenay-sur-Orne, en Normandie, renfermait, comme Paris, deux représentations de cette légende, l'une peinte et l'autre sculptée. Nous donnons le dessin de la première à la planche XLVI, et nous renvoyons à ce numéro les explications qui la concernent.

Tels sont les principaux endroits où l'on voyait des sujets de ce genre. Quant aux monuments qui présentent un certain rapport avec les Danses des Morts, nous en donnons le détail plus loin dans des recherches supplémentaires.

Ces motifs ont été si diversement et si souvent exploités par une foule d'artistes plus ou moins habiles, qu'il serait presqu'impossible aujourd'hui de produire quelque chose d'absolument neuf dans ce genre. Cependant, on pourrait y parvenir, je crois, en mettant en scène, dans ces espèces de compositions, quelques personnages éminemment historiques. C'est ce que j'ai tenté de faire dans plusieurs dessins que j'espère graver à l'eau forte si je puis obtenir ce qui me manque souvent... un peu de temps et de santé. En attendant, mon habile confrère et bon ami M. Henri Brevière, de Rouen, a bien voulu me mettre à même de produire, au moyen de la gravure en bois ci-contre, un spécimen d'un de ces dessins réduit de moitié [1]. En l'en remerciant ici, je suis heureux de pouvoir terminer par un acte de reconnaissance cette notice que j'abandonne enfin, avec ses taches, nombreuses sans doute, à la sévère équité du lecteur.

---

[1] Cette gravure représente Louis XI se jetant aux genoux de saint François de Paule, qu'il avait fait venir de Calabre, espérant recouvrer la vie et la santé à l'aide des prières de ce saint personnage. Le texte qui accompagne la planche est tiré des *Mémoires de Philippe de Commines.* (Paris, 1649. In-fol. Livre VI, chap. VIII et XIII, p. 251 et 264.)

Le
roy se
mettant à genoulx
deuant luy affin qu'il luy
pleust faire alonger sa vie il respon-
dit ce que sage homme deuoit respondre.

❡ Moralité. Peu desperance doiuent auoir les pouures
et menues gens au faict de ce monde puisque si grant roy y tant souf-
fert et trauaillé et
puis laisse
tout.

APPENDICE

AU CHAPITRE VI, PAGE 126.

SUR LA PEINTURE D'UN HOMME NOIR, AU CHARNIER-DES-INNOCENTS.

E temps avait fait disparaître cette figure, mais les restes d'une inscription qui lui était relative et qui se voyaient encore en 1786, à l'époque de la destruction des charniers, étaient conçus en ces termes :

Helas ! mourir conuient
Sans remede homme et femme
. . . . nous en souuient
Hélas ! mourir conuient
Demain peut-être dampnes
A faute . . . .
Helas ! mourir conuient
Sans remede homme et femme.

M. Douce, parlant de cette figure, dit qu'elle se trouve dans la plus ancienne publication de la Danse Macabre, et rapporte les vers suivants dont elle y est accompagnée :

CRY DE MORT.

Tost, tost, tost, que chacun avance
Main a main venir a la Dance
De Mort, dancer la convient;
Tous et a plusieurs nen souvient.
Venez, hommes, femmes et enfans,
Jeunes et vieulx, petits et grans;
Ung tout seul nen eschapperoit,
Pour mille escuz si les donnoit, etc.

L'homme noir du Charnier-des-Innocents est, comme le remarque fort bien M. Douce, le type de celui, et, pour mieux dire, des deux qu'a reproduits la gravure en bois dans la plupart de nos vieilles Danses Macabres [1], où l'un ainsi que l'autre se voit figuré comme un nègre.

---

[1] *La grande Danse Macabée des hommes et des femmes historiée et renouvellée de vieux gaulois en langage le plus poly de nôtre temps.* — A Troyes, chez la veuve de Jacques Oudot et Jean Oudot, imprimeur-libraire, rue du Temple. 1729, in-4°.

Celui qui porte une javeline empennée, et qui pose entouré de fleurs est accompagné de ces vers :

> Tous et toutes mourir convient
> Foibles et forts, on le peut lire,
> David l'a dit dessus sa lyre,
> Et l'heure sans y penser vient.
> Tous et toutes mourir convient
> La juste raison y convient.
>
> C'est de Dieu le jour de son ire,
> De la Mort le dernier empire,
> Ce jour pour tout le monde vient
> Tous et toutes mourir convient.
>
> Personne ne s'en peut dédire,
> Les uns y trouvent à redire,
> L'autre sur ses gardes se tient,
> Car il sçait cet antique dire :
> Tous et toutes mourir convient.

L'autre maure, placé comme un muezzin sur le haut d'un minaret, s'élève au-dessus d'une tour gothique ; il est, ainsi que le premier, répété plusieurs fois dans la Danse Macabre avec des vers différents. En tête de la Danse des femmes, il est accompagné des suivants :

> Tôt, tôt, femmes venez danser
> Incontinent après les hommes,
> Et gardez vous bien de verser,
> Dedans le chemin où nous sommes.
> Mon cornet sonne bien souvent,
> Après le petit et le grand,
> Mais on ne s'en met pas en peine,
> Et c'est de quoi je me demene ;
> Depêchez vous si voulez
> Car bientôt vous vous en allez

> Comme des flots l'un après l'autre
> Dedans le royaume nôtre, etc.

Le fou, le nain et le maure ou nègre étaient autrefois des personnages indispensables dans le train des têtes couronnées et des grands. Objets de curiosité, d'amusement et de luxe, c'était sur les deux derniers de ces trois individus que reposait ordinairement le soin de veiller, du haut des donjons, à ce qui se passait au dehors, et de régler, espèces d'horloges vivantes, la vie intérieure des châteaux, par les modulations variées et les appels convenus de leurs cornets. Tel fut probablement le principe de l'introduction de l'homme noir dans les peintures du Cimetière-des-Innocents de Paris.

APPENDICE

AU CHAPITRE VI, PAGE 135.

SUR LA DURÉE DES REPRÉSENTATIONS DES MYSTÈRES AU MOYEN-AGE.

'IL est, dans l'histoire du théâtre moderne, une question restée obscure et inexpliquée, c'est, bien certainement, celle qui concerne la *mise en scène* de ces drames, quelquefois de proportions colossales, que le moyen-âge connut sous les noms de *mystères*, de *miracles* et de *moralités*. La critique littéraire de ces productions, dont un grand nombre est parvenu jusqu'à nous, étant encore peu débrouillée, et n'ayant même été en quelque sorte accessoirement traitée que par les frères Parfait, dans leur *Histoire du Théâtre Français*, il n'est point étonnant que la *mise en scène*, dont il ne reste rien, et qu'il faut entièrement reconstruire à l'aide d'inductions ingénieusement échafaudées, de rapprochements de textes, et d'indications vagues et imparfaites contenues quelquefois dans ces pièces, soit restée l'une des questions les plus ardues de l'histoire dramatique. Certes, nous connaissons bien mieux tout ce qui regarde les représentations scéniques chez les Grecs et chez les Romains; au moins, ces peuples nous ont laissé des théâtres entiers, creusés à même le roc ou bâtis de pierre et de marbre, et souvent assez bien conservés pour qu'on puisse, en s'éclairant des textes des auteurs, assigner à chaque disposition son motif, à chaque partie son usage, à chaque détail de construction sa raison suffisante. *Scena, proscenium, postscenium, podium, pulpitum, orchestra*, tout est encore reconnaissable, tout a été rigoureusement déterminé sur les débris des théâtres antiques; tandis que les théâtres des mystères, construits la plupart du temps pour une seule représentation, et toujours en charpente et en toiles peintes, n'ont laissé de trace de leur souvenir que dans les témoignages d'admiration emphatique que nous ont transmis quelques historiens.

Essayer de reconstruire, pièce à pièce et à l'aide

de la seule discussion, cette immense machine où les détails s'accumulent, où les anomalies abondent, ce serait l'œuvre d'un volume, et non celui d'une courte note; nous nous bornerons donc à exposer le résultat de quelques recherches entreprises jadis par un ami sur cette matière, et, par un hasard dont il est inutile d'entretenir le lecteur, perdues depuis sans retour.

Pour arriver à se faire une idée des dimensions quelquefois gigantesques qu'atteignait un théâtre de mystères, il faut avoir présents à la pensée les proportions non moins démesurées de la pièce qu'il s'agissait d'y représenter et l'immense personnel de la troupe qui devait y figurer. Lorsque le *Mystère de la Passion*, le plus important de tous par son sujet, et le plus fréquemment représenté, était joué avec tous ses accessoires et développements, c'est-à-dire, avec son prologue retraçant la conception, la nativité et l'enfance du Christ, et son épilogue nécessaire : la résurrection et la descente du Saint-Esprit, il comprenait 164 actes ou intermèdes ressemblant à des actes, puisque chacun est composé de plusieurs scènes, et il ne pouvait embrasser une durée d'action moindre de sept à huit journées; le besoin de faciliter les représentations, de soulager la mémoire des acteurs et de pourvoir aux changements que devait subir le théâtre, toutes ces raisons et beaucoup d'autres faisaient qu'on subdivisait ordinairement en plusieurs journées réelles l'action attribuée par l'auteur à une seule.

Ainsi, Jean Bouchet, dans ses *Annales d'Aquitaine*,

partie IV, rapporte qu'il vit, en 1534, représenter la Passion à Poitiers, et que *ce jeu dura onze jours continuels et subsécutifs ;* D'Oultreman, historien de Valenciennes, décrit, comme y ayant assisté, une célèbre représentation du même mystère, qui eut lieu dans cette ville, en 1547, et qui dura vingt cinq jours. Son assertion est, en outre, confirmée par quelques autres témoins oculaires, et par tous les détails d'un acte authentique cité ci-dessous [1].

---

[1] Cet acte, publié *in extenso* dans l'ouvrage intitulé : *Recherches historiques, biographiques, critiques et littéraires sur le théâtre de Valenciennes*, par G. A. J. H. (Paris, Hécart, 1816, in-8°), est intitulé : *Exhibition et spectacle de la sacrée Passion de Jésus-Christ, contenant en soi* XXV *journées*, et commence ainsi :

« En l'an 1547, de la prevoté de sire Nicaise Chamart, fut exhibée par personnaiges et bien triomphament démontrée l'histoire de la vie de Notre-Seigneur et Rédempteur Jésus-Christ, depuis l'annunciation et nativité d'icelui, jusqu'à la mission du Saint-Esprit, en ladite ville de Valenciennes, au logis du prince Philippe de Croï, devant l'église Saint-Nicolas, où les personnaiges furent revestus d'habits les plus somptueux qu'on n'avait pas veu auparavant, et se tindrent XXV jours en célébrant ledit mystère.... »

Cette pièce, qui paraît avoir été rédigée immédiatement après la représentation, pour servir de mémorial, contient à-la-fois le procès-verbal des opérations, la distribution des rôles, et la teneur du réglement sévère que les confrères et associés durent s'engager à observer entre eux pour assurer l'exécution d'une aussi difficile entreprise. On y donne, entre autres choses curieuses, le nom de soixante-dix acteurs, avec l'indication du rôle que chacun d'eux eut à remplir, et avec la mention, ajoutée au nom de la plupart d'entre eux, qu'ils remplissaient plusieurs rôles. On apprend, par ce document, que la représentation commençait chaque jour à midi, après toutefois une répétition faite le matin à sept heures ; qu'il y avait une interruption, dans le milieu de la représentation de chaque jour, pour permettre aux acteurs et aux spectateurs de prendre leur repas ; que les spectateurs payaient six deniers tournois d'entrée chaque jour, et douze deniers pour

D'ailleurs, ce mystère de la Passion, joué à Valenciennes, existe; il a été imprimé, et l'auteur des *Recherches historiques..... sur le théâtre de Valenciennes*, qui l'a eu entre les mains et qui l'analyse, journée par journée, à la page 165 de son ouvrage, nous apprend qu'il est, en effet, divisé en vingt-cinq intermèdes qualifiés de journées; il est donc incontestable qu'il a été ainsi représenté.

Nous avons besoin de l'appui des deux exemples précédemment cités pour nous enhardir à rapporter le fait vraiment extraordinaire, rapporté par Lassay dans son *Histoire du Berry*, liv. vi, ch. 7, que le *Mystère des actes des Apôtres*, ayant été joué à Bourges, en 1336, *sur un théâtre construit sur le circuit de l'ancien amphithéâtre ou fousse des areines*, cette représentation dura *quarante jours;* mais, dans ce dernier cas, il est peut-être raisonnable de supposer qu'il y avait des jours de repos entre les jours de représentation; autrement on ne saurait concevoir et la longanimité des acteurs que ne pouvait fatiguer l'immense développement d'un drame de quarante jours, et la persistance d'attention d'un public qui, pendant le même laps de temps, abandonnait ses affaires, interrompait toutes ses habitudes pour suivre les péripéties multipliées de cette interminable représenta-

---

monter sur un échafaud; et qu'enfin la somme de la recette des xxv journées monta à 4,680 livres 14 sous 6 deniers tournois, ce qui suppose plus de cent cinquante mille spectateurs, et, en divisant ce nombre par celui des journées, à peu près six mille spectateurs par jour.

tion. Au reste, si l'on considère que ce *Mystère des actes*, imprimé en un gros volume in-f°., contient plus de quatre-vingt mille vers, c'est-à-dire la matière de plus de quarante de nos tragédies modernes, et que les jeux de scène, les tableaux et les évolutions mimiques, qui s'y reproduisent à chaque instant, devaient employer un temps au moins aussi considérable que le dialogue suivi, il s'ensuit qu'en accordant cinq à six heures de représentation par jour, comme c'était l'usage, sans compter une pause intermédiaire pour dîner, l'on s'éloignera peu de l'évaluation d'abord incroyable de quarante jours de représentation continue.

Quelquefois la représentation des mystères était successive sans être continue ; c'était ainsi que jouaient à Paris les confrères de la Passion, sur un théâtre permanent ; c'est également ainsi que les choses devaient se passer sur ce théâtre public, dressé à Lyon, en 1540, selon Claude de Rubys (*Hist. de Lyon*, liv. III, ch. 53), « où, pendant l'espace de quatre » ans, les jours de fêtes et de dimanches, furent re- » présentées la plupart des histoires du vieux et nou- » veau Testament. » Mais ces établissements permanents furent assez rares en province ; la plupart du temps la représentation d'un mystère était un événement accidentel, une entreprise plus pieuse encore que profane, dont l'enthousiasme enflammait subitement la population de toute une ville, qu'on menait à fin au prix des plus coûteux sacrifices, et qui, une fois accomplie, ne se renouvelait qu'après de longs intervalles.

A cette exorbitante durée de pièces devait répondre un personnel d'acteurs équivalent. Il eût été par trop onéreux, et pour la mémoire et pour les forces physiques des principaux personnages, que cependant on vit quelquefois près de succomber de mort réelle aux fatigues de leur rôle [1], que l'action ne fût pas répartie, et pour ainsi dire hachée, entre un nombre infini de comparses subalternes. Si l'on réunit tous les personnages figurant dans les différentes parties du triple *Mystère de la Passion*, on obtiendra le résultat prodigieux de 545 acteurs, ayant chacun un rôle à débiter. A la vérité, il faut déduire de ce nombre l'emploi multiplié de quelques personnages principaux; tels que le Christ, la Vierge et les douze Apôtres, qui se remontrent à presque toutes les époques du même drame, et d'ailleurs, une seule personne jouait ordinairement plusieurs rôles, lorsque ceux-ci n'étaient qu'épisodiques, et qu'ils étaient disséminés dans l'action à des distances convenables; mais, d'un autre côté, certains rôles, tels que celui du Christ et de la Vierge, exigeaient le concours de plusieurs acteurs d'âge différent pour être remplis avec vraisemblance, car c'est surtout dans le cas dont il s'agit qu'il fallait représenter le héros,

Enfant au premier acte, et barbon au dernier.

---

[1] Une chronique manuscrite de Metz nous apprend qu'à une représentation de la Passion, jouée en 1437, près de cette ville, un curé de Saint-Victor de Metz, qui faisait le rôle du Christ, « fût presque mort en la croix, s'il n'avoit esté secouru; et fallut » que un autre prestre fût mis en la croix pour parfaire le per- » sonnage du crucifiement pour ce jour. »

Ainsi, par exemple, dans le Mystère de la conception, on voit naître Marie; puis, dans la scène qui suit, elle est âgée de trois ans; puis bientôt, « elle se absente et fait fin jusqu'à ce que l'autre Marie s'apparesse ; alors commence la grant Notre-Dame, » c'est-à-dire une personne d'âge compétent pour représenter la mère du Sauveur.

APPENDICE

AU CHAPITRE VI, PAGE 139.

SUR LE PERSONNAGE DU FOU.

'ANCIEN personnage du Fou, si généralement répandu dans le cours du moyen-âge, et dont nous ne voyons aujourd'hui que le côté ridicule, renfermait peut-être, dans les premiers temps de sa création, un caractère symbolique dont le véritable sens n'est pas venu jusqu'à nous. On sait que,

dans des fêtes célèbres par leurs sottises, comme celles des Fous, de l'Ane, des Innocents, etc., des milliers d'extravagants s'emparaient à-la-fois du rôle du personnage en question; mais, pour eux, ce rôle n'était que momentané, tandis que chez d'autres le titre de fou désignait un homme chargé de fonctions permanentes. C'est ainsi, par exemple, qu'étaient qualifiés certains officiers subalternes d'une foule d'églises, braves gens qui paraissent avoir eux-mêmes bien moins connu, plus tard, le véritable principe de leur institution que le chemin de la taverne. Témoin Belleforest, parlant d'un enfant né avec des oreilles de lièvre : « Ce monstre, dit-il (*Histoires prodigieuses*, etc., t. III, p. 348), n'est tant
» a admirer...... veu que l'imagination peut auoir
» lieu en cestuy, d'autant qu'ès festes chrestiennes
» du mardi gras que ie deuroy plustost appeller diabo-
» liques et baccanales que autrement, on se desguise
» en tant de sortes que souuent les hommes se font
» de ces oreilles de lieure [1], ainsi que voyez les valets
» ou *Fols des confrairies en France*, lorsque vont dé-
» noncer la feste de leur village, au grand deshon-
» neur du sainct du quel on doit solenniser la gloire
» en l'imitant en sa bonne vie plus tost que bateler
» et yvrongner le iour de leur solennité. Telles figures,
» soient de batelaige ou mises en peinture, pourroient
» auoir causé le monstre susdit. »

---

[1] Le bonnet, *caban* ou *carapoue* des fous était orné quelquefois aussi d'oreilles d'âne.

Outre ce qui précède, il est une preuve encore plus convaincante que le titre de fou dénotait jadis une véritable profession. C'est qu'il est presque sans exemple de ne pas trouver, parmi toutes les autres conditions sociales, le personnage du Sot (*fatuus*) et celui de la Sotte (*fatua*) dans les Danses Macabres iconographiques.

Il est probable que les gens désignés par Villon sous le nom de fous ou de sots étaient, non les écoliers et bazochiens qui formaient une confrairie régulière dont le chef portait le titre de *Prince des sots*, mais des espèces de baladins qui couraient les rues de Paris et amusaient par leurs momeries le peuple qui n'avait pas le moyen, comme les grands seigneurs, de tenir à gages ces sortes d'histrions. Dans la xixe ballade du Grand Testament de Villon, après un huitain dans lequel ce poète si original *crye mercy a chascun*, notamment aux chartreux, aux célestins, aux mendiants, aux dévots, aux filles mignotes, aux *cuidereaulx* d'amour transis, etc., vient le suivant :

>A fillettes monstrans tetins
>Pour auoir plus largement hostes
>A ribleurs meneurs de hutins (*débauchés, tapageurs*)
>A basteleurs traynans marmottes
>A folz et folles, sotz et sottes
>Qui sen vont sifflant cinq et six,
>A marmouselz et mariottes
>Je crye a toutes gens merciz [1].

Je crois que ces espèces de fous remplissaient quel-

Œuvres de Fr. Villon. La Haye, Moetjens, 1742, in-8°, p. 183.

ques rôles burlesques et niais dont celui de nos paillasses est une sorte de copie ; car, dans la basse latinité, les mots *follis, follu* [1] n'ont pas toujours désigné un homme en état de démence ; ils avaient beaucoup d'autres acceptions parmi lesquelles ils exprimaient souvent aussi un esprit stupide et borné; c'est de là que notre Charles-le-Simple est qualifié de *Karolus follus* dans quelques vieilles chroniques, et notamment dans celles de Maillezais et d'Angers.

Il ne faut pas, au reste, croire que le bas peuple seul prit plaisir aux sottises de ces soi-disant fous. Sous François Ier encore, à cette époque immortalisée par la poésie, la littérature et les arts, la ville et la cour se disputaient le bouffon que l'élégant Clément Marot lui-même appelle le *tres gentil fallot Jean Serre, excellent joueur de farces.* L'illustre poète de Cahors, qui n'a pas dédaigné de l'honorer d'une épitaphe, exalte dans cette pièce la renommée de ce facétieux personnage, et nous donne, dans les vers suivants, un échantillon des beaux talents auxquels cette espèce de fou dut sa vogue extraordinaire :

> Sa science n'estoit point vile,
> Mais bonne : car en ceste ville (Paris)
> Des tristes tristeur détournoit
> Et l'homme aise en aise tenoit.

> Or, brief, quand il entroit en salle
> Avec une chemise salle,
> Le front, la joüe et la narine
> Toute couverte de farine,
> Et coiffé d'un béguin d'enfant
> Et d'un hault bonnet triomphant

---

[1] V. Ducange, *Gloss.*, au mot *Follis*.

> Garni de plumes de chappons ;
> Avec tout cela, je respons,
> Qu'en voyant sa grace niaise
> On n'estoit pas moins gay, ni aise,
> Qu'on est aux champs Elysiens.

Après l'espèce de célébrité dont j'ai vu de nos jours s'entourer d'insipides *grimaciers*, je me garderai bien d'assurer que le gentil *fallot* Jean Serre qui, cent quarante ans avant Molière et Regnard,

> ...... gaigna bruit et crédit
> Amour et populaire estime,

ne trouverait place aujourd'hui parmi nous que sur les tréteaux de la foire.

Du nom des fous ou sots furent appelées *soties* ou *sotties* certaines compositions théâtrales dont le fond et la forme, également grossiers, étaient en rapport de trivialité avec les acteurs. Il parait, au reste, que le costume chargé de grelots qui, dans le moyen-âge, était particulier aux fous, remonte à une très-haute époque. Un fort ancien commentateur de Jean de Garlande, écrivain anglais qui vivait vers le milieu du XIe siècle [1], en offre la preuve dans le vers léonin suivant :

> *Non opus est Follo suspendere tympana collo.*

» Il n'est pas besoin d'attacher des clochettes au cou d'un fou pour le faire connaître. »

---

[1] Jean de Garlande a écrit, entre autres ouvrages, un livre des *Miracles de la Vierge*, et un autre, *De Mysteriis Ecclesiæ*.

Au reste, le fou, caricature vivante et banale dont le ciseau reproduisit mille et mille fois l'image dans nos vieux monuments, était une espèce de personnage satyrique sous l'habit duquel on caractérisait généralement tous les travers de l'humanité; c'est ce qu'on peut voir, par exemple, dans le *Stultifera navis*, de Sébastien Brandt [1], qui comprend un grand nombre de gravures sur bois, publication gothique de la fin du xv° siècle, et que les curieux recherchent avec empressement aujourd'hui. Quant au fou de la Mort (*the Death's fool*), dont parle Shakspeare dans ses deux pièces, *Périclès, prince de Tyr*, et *Mesure pour Mesure*, plusieurs commentateurs anglais, tels que Reed [2], Warburton, Ritson, Steevens, Malone et sir Francis Douce, n'ont pas balancé à voir, dans les deux passages du grand poète, leur compatriote, des réminiscences du fou introduit dans les anciennes Danses Macabres en action, et dont nous retrouvons la figure dans toutes les peintures ou gravures de ces Danses. Seulement, M. Douce fait observer que M. Malone, trompé par une assertion du docteur Warburton, avait eu tort de répéter, d'après ce dernier, que des scènes entre la Mort et le Fou faisaient partie des *Moralités* (pièces parlées), tandis qu'au contraire il est reconnu, ajoute-t-il, par les plus habiles

---

[1] Imprimé originairement en allemand, à Bâle et à Nuremberg, en 1494.

[2] Voyez les notes insérées par ce premier dans son édition de *Shakspeare* (1803 et 1813, 21 vol. in-8°), vol. 6, p. 289-290, et vol. 21, p. 272-273.

antiquaires de la Grande-Bretagne et du continent, que ces deux personnages ne se voyaient aux prises que dans le spectacle vivant de la Danse Macabre. Quoique la partie négative de cette opinion ne me paraisse pas, j'ose l'avouer, encore incontestablement établie, il est certain au moins qu'en Angleterre des parades populaires offraient encore naguère, comme on va le voir, des traces de la Danse Macabre dans des luttes entre la Mort et un bouffon.

M. Douce, auquel on a dû depuis tant de précieuses recherches sur les Danses des Morts, parcourant un jour une foire qui se tenait dans un grand bourg, aperçut une figure qui, seule et assise sous une tente, paraissait épuisée de fatigue. Sur le vêtement noir et serré de ce personnage, étaient peints des ossements de manière à imiter un squelette. Etant fort jeune alors et ne possédant pas encore la moindre notion des antiquités théâtrales, M. Douce eût pu, sans la circonstance suivante, rester longtemps persuadé que l'objet qu'il avait vu n'était ni plus ni moins que le héros de la pantomime bien connue sous le titre d'*Arlequin Squelette*. Mais voici ce qu'il apprit plus tard : Un respectable ministre, *clergyman*, âgé de plus de quatre-vingts ans, entendant parler de cette circonstance, raconta qu'il se souvenait d'avoir rencontré, il y avait plus de cinquante ans, une semblable figure à Salisbury. Se trouvant dans cette ville, à l'occasion de quelque rassemblement public, il lui arriva de se rendre chez un chirurgien au moment même où le représentant de la Mort fut apporté pour être saigné ; et cela à cause d'une chute qu'il avait faite sur le théâtre en poursuivant son antagoniste (*a merry Andrew*, littéralement un *André-le-Gay* [1]), un Paillasse, qui, pour le dire en passant, plein d'anxiété et en habit de caractère, l'accompagnait à la maison du phlébotomiste. Quelques jours après, le même ministre, cédant à sa curiosité, fut voir le spectacle de la danse dont notre emblème de la Mort était un des acteurs. Cette danse, dit-il, ne consistait entièrement que dans les tours de la Mort pour surprendre le Paillasse, et dans les efforts de celui-ci pour éviter les stratagèmes de son ennemie qui finissait par avoir le dessus. Ce dénouement était accompagné de circonstances qui rappellent l'exil du Dragon de Wantley.

Certainement les vers suivants de Shakspeare, dans *Mesure pour Mesure*, ne pouvaient être mieux mis en action qu'ils ne l'étaient par cette parade :

« — Merely thou art Death's fool;
» For him thou labourst by thy flight to shun,
» And yet run'st towards him still. »

« — Simplement tu es le fou de la Mort;
» Car tu t'efforces de l'éviter par la fuite,
» Et toutefois tu cours vers elle. »

Au reste, la farce dont il vient d'être question dut avoir aussi quelque vogue en Allemagne; on peut

---

[1] Dans de belles Heures à l'usage de Rome, imprimées pour Simon Vostre, par Pigouchet, en 1502, in-8°, dans l'Adoration des Bergers, les noms de ceux-ci sont inscrits de la manière suivante : *Gobin le Gay,* le beau Roger, Aloris, Ysauber, Alison et Mahault.

du moins le présumer d'après la description que nous donne Bruckmann, dans ses *Epistolæ Itinerariæ* (vol. v, epist. xxxii), de la chapelle de la Mort, dans l'église des Augustins de Vienne, où, parmi les autres sujets macabres peints dans cette chapelle, par frère Abraham de Sainte-Claire, moine du même couvent, on remarque, dit Bruckman, le personnage d'Arlequin faisant des grimaces à la Mort. N'est-ce pas toujours le fou du moyen-âge, reproduit sous un costume scénique de la renaissance [1]?

---

[1] On sait que Michel-Ange ne dédaigna pas de composer et de dessiner lui-même les masques d'Arlequin et de Polichinelle, et de plusieurs autres personnages de l'ancien théâtre italien.

APPENDICE

AU CHAPITRE VI, PAGE 145.

SUR L'EMPLOI DES VÊTEMENTS SACERDOTAUX DANS LES REPRÉSENTATIONS DES MYSTÈRES ET MORALITÉS.

Il existe dans Rabelais un passage relatif à l'usage d'employer des vêments sacerdotaux dans la représentation des Mystères. C'est dans le livre IV du Pantagruel, ch. XIII, intitulé : *Comment, a l'exemple de maistre François Villon, le seigneur de Basché loue ses gens.* Ce passage est d'autant plus curieux qu'il renferme un tableau des hideuses farces connues dans le moyen-âge sous le titre de *Diableries*, et dont le but moral était d'inspirer la terreur de l'enfer, comme celui de la Danse Macabre était de faire méditer sur la Mort. Mais passons au récit de Rabelais.

« Maistre François Villon sus ses vieux jours, se
» retira a Saint Maixent, en Poitou, soubs la faveur
» d'un homme de bien abbé du dict lieu. La, pour
» donner passe temps au peuple, entreprint faire
» jouer la Passion en gestes et languaige poictevin.
» Les rolles distribuez, les joueurs recolez, le theatre
» preparé, dist au maire et eschevins, que le mystere
» pourroit estre prest a l'issue des foires de Niort,
» restoit seullement trouver habillements aptes aux
» personnaiges. Les maire et eschevins donnarent
» ordre. Il (Villon), pour un vieil païsant habiller,
» qui jouoyt Dieu le pere, requist frere Estienne
» Tappecoue [1] secretain des cordeliers du lieu, lui
» prester une chappe et estolle. Tappecoue le refusa
» alleguant que par leurs statuts provinciaulx estoit
» rigoureusement defendu rien bailler ou prester
» pour les jouants [2]. Villon replicquoyt que le statut
» seullement concernoyt farces, mommeries et jeux
» dissolus, et ainsy que l'avoit vu praticquer à Bru-

---

[1] Nom burlesque probablement forgé par Rabelais. Il signifie *Tapequeue*, et paraît renfermer un sens obscène.

[2] La prohibition alléguée par Tappecoue est une preuve du fréquent emploi des ornements sacerdotaux dans de pareilles circonstances, et n'est que le résultat évident de la crainte de cet abus.

» xelles et ailleurs. Tappecoue, ce nonobstant, lui
» dist peremptoirement que ailleurs se pourveust, si
» bon luy sembloyt, rien n'esperast de sa sacristie;
» car rien n'en auroyt sans faulte. Villon feit aux
» joueurs le rapport en grande abomination, adjou-
» stant que de Tappecoue Dieu feroyt vengeance et
» punition exemplaire bientoust.

» Au sabmedy subsequent, Villon eut advertisse-
» ment que Tappecoue sus la poultre du couvent
» (ainsy nomment ilz une jument non encore saillie)
» estoit allé en queste a Sainct Ligaire et qu'il seroyt
» de retour sus les deux heures apres midy. Adonc-
» ques feit la monstre de la diablerie parmy la ville
» et le marché. Ces dyables estoyent touts capparas-
» sonnez de peaulx de loups, de veaulx et de be-
» liers, passementees de testes de mouton, de cornes
» de bœufs, et de grands havets [1] de cuisine, ceincts
» de grosses courraies, esquelles pendoyent grosses
» cymbales de vaches et sonnettes de mulets a bruit
» horrificque. Tenoyent en main aulcuns bastons
» noirs pleins de fusees, aultres portoyent longs ti-
» zons allumez, sur les quels a chacun carrefour jec-
» toyent pleines poignees de parasine [2] en pouldre,
» dont sortoit feu et fumée terrible. Apres (les) [3] avoir

---

[1] Grands crocs ou crochets de cuisine.

[2] Poix résine.

[3] Dans l'édition *variorum* du Rabelais (1823, Paris, in-8°, imprimé par Jules Didot), à laquelle j'emprunte littéralement ce passage, c'est probablement par erreur que le mot *les* n'est pas précédé par celui d'*après*.

» ainsy conduicts avecques contentement du peuple
» et grande frayeur des petits enfans, finallement les
» mena bancqueter en une cassine hors la porte en la
» quelle est le chemin de Sainct Ligaire. Arrivants a
» la cassine, de loing il apperceut Tappecoue qui re-
» tournoyt de queste, et leur dist en vers macaro-
» nicques :

» *Hic est* [1] *de patria, natus de gente Bellistra,*
» *Qui solet antiquo bribas portare bisacco.*

» *Par la mort dieue*, dirent adoncques les diables,
» *il n'ha voulu prester a Dieu le pere une paovre*
» *chappe* : faisons luy paour. C'est bien dict, respond
» Villon, mais cachons nous jusques a ce qu'il passe,
» et chargez vos fusees et tizons. Tappecoue arrivé
» au lieu, touts sortirent on chemin au devant de
» luy en grand effroy, jectants feu de touts coustez
» sus luy et sa poultre : sonnants de leurs cymbales,
» et hurlants en diables. Hho, hho, hho, hho :
» brrrourrrourrrs, hrrrourrrs, rrrourrrs. Hou, hou,
» hou, Hho, hho, hho. Frere Estienne, faisons nous
» pas bien les diables? La poultre toute effrayee se
» mist au trot, a pets, a bonds, et a gualot : a
» ruades, fressurades, doubles pedales et petarra-
» des : tant qu'elle rua bas Tappecoue, etc. »

Passons sur le tableau dégoûtant que nous trace
Rabelais de ce pauvre moine qui, ne pouvant déga-

---

[1] C'est-à-dire : Voici *Tappecoue*, de la race et de la patrie des Bélitres (des gueux), qui a coutume de porter force bribes de pain dans un antique bissac.

ger un de ses pieds de son étrier de corde, endure toutes les horreurs du supplice de Brunehaut, et vient, dans cette épouvantable course, répandre sa cervelle au pied de la croix osanière [1].

« Villon voyant advenu ce qu'il avoyt pourpensé,
» dist a ses diables, vous jouerez bien, messieurs les
» les diables, vous jouerez bien, je vous affie. O que
» vous jouerez bien ! Je despite [2] la diablerie de
» Saumur, de Doué, de Mommorillon, de Langès,
» de Sainct Espain, de Angiers : voyre par Dieu, de
» Poictiers avec leur parlouoire en cas qu'ilz puis-
» sent estre a vous parrangonnez. O que vous joue-
» rez bien [3] ! »

---

[1] La croix *Osannière*. En poitevin, c'est la croix où l'on chante *Osanna*, au dimanche des Rameaux ; on la nomme aussi ailleurs la *croix Boisselière*, à cause du *buis* qu'on y attache le jour de cette fête. (V. la note dans l'édit. précitée, *Loc. cit.*)

[2] Je défie.

[3] Il est probable que, du temps de Rabelais, les *diableries* se jouaient encore dans les différents lieux nommés dans ce passage.

RECHERCHES

SUPPLÉMENTAIRES

SUR LE PERSONNAGE DE LA MORT DANS L'ANTIQUITÉ
ET AU MOYEN-AGE;

SUR L'ORIGINE DE LA DANSE DES MORTS;

SUR L'ÉTYMOLOGIE DU MOT MACABRE;

SUR L'INTRODUCTION DE LA MORT DANS LES REPRÉSENTATIONS
THÉATRALES;

SUR QUELQUES MONUMENTS RELATIFS A LA DANSE
DES MORTS.

SUR LE PERSONNAGE DE LA MORT DANS L'ANTIQUITÉ ET AU MOYEN-AGE; SUR L'ORIGINE DE LA DANSE DES MORTS.

Les savants travaux qui ont été faits, depuis peu d'années, sur le sujet de la Mort dans l'antiquité et au moyen-âge ont complètement éclairci ce sujet, resté presque jusqu'à nos jours dans l'obscurité. Nous essaierons d'ajouter, d'après ces recherches, à ce qui a été déjà inséré dans cet ouvrage, quelques détails nouveaux.

En tête de ces travaux, nous citerons, comme les plus intéressants et les plus complets sans contredit, la dissertation sur le *Personnage de la Mort*, de M. Alfred Maury [1], de l'Institut, et celui de M. Jacob Grimm, inséré dans sa *Mythologie Allemande* [2].

C'est principalement dans les curieuses recherches de ces savants éminents que nous avons puisé les renseignements qui suivent et dont nous eussions regretté l'omission. Nous avons tâché d'en tirer un résumé succinct des caractères de la Mort dans l'antiquité et au moyen-âge, et, afin de ne pas tomber dans de trop longs détails, nous renvoyons, pour la plupart des citations, aux ouvrages mêmes que nous résumons.

Pour suivre, autant que possible, l'ordre chronologique, nous commencerons par décrire l'idée que l'on se formait du personnage de la Mort dès les époques les plus reculées.

Les premiers hommes se figuraient la Mort comme un ange invisible qui venait frapper, ostensiblement dans les combats et mystérieusement dans les maladies, ceux à qui le Seigneur, comme punition, destinait le trépas. Ce n'était pas alors un ange spécial, distinct des autres messagers divins. Dieu l'envoyait

---

[1] Voyez la *Revue Archéologique*. Paris, 5ᵉ livraison de 1847, et 10ᵉ, 11ᵉ et 12ᵉ livraisons de 1844.

[2] *Deutsche Mythologie von J. Grimm*. Gottingen, 1844, in-8, p. 799-815.

pour punir les coupables ; il venait chercher les ames pour les conduire, et on lui donnait alors le nom d'*Ange du Seigneur* ou *Ange Exterminateur*. Les Hébreux l'appellent *Schemchazias* et *Azaël;* les Chrétiens de l'Abyssinie le connaissent encore sous le nom de *Maleaka Moté* (de l'hébreu *moth*, qui signifie mort); les Rabbins le désignaient par le mot *Douma*, qui signifie meurtre, deux caractères rappelant son rôle ; enfin, les Persans le nommaient *Mordad*, et les Arabes *Azraël*, nom tiré du mot hébreu, dont on retrouve encore un dérivé, *Esrel*, chez les Tchouvaches, en Sibérie [1].

Mais, dans la suite, cet ange exterminateur se distingue des autres ; ses fonctions sont, en quelque sorte, de calomnier, de perdre les mortels devant le Seigneur, comme l'indique le nom qui lui est dès-lors appliqué de *Satan* (*ennemi, accusateur*, caractère que les Chrétiens continuent à lui donner en l'appelant le Diable, διαβολος, *calomniateur*, et *Asmodée*, du persan *azmû-dan*, calomnier, accuser) [2].

Enfin, après la captivité d'Israël, les Juifs rapportèrent d'Assyrie des croyances tirées de la religion perse, attribuée à Zoroastre ; ils donnèrent le nom de Sammaël (chez nous, Samiel ; en hébreu, *poison de Dieu)* à leur Satan, qu'ils assimilaient au dieu méchant des Persans, Ahriman, et au Typhon des Égyptiens, et ils le regardèrent non plus comme le

---

[1] Maury, p. 320, 309.
[2] Ibid, 326.

serviteur du Seigneur, mais comme son adversaire et le seul principe du mal [1]. Une confusion régna longtemps entre la *Mort*, le *Diable*, l'*Enfer* et le *Péché*, dont le Démon est toujours la source; mais admettant à la fin une distinction entre ces êtres terribles, que l'on voulut personnifier, l'Enfer et la Mort furent toujours destinés à accompagner Satan.

Nous verrons plus loin comment les Chrétiens personnifièrent Thanatos; mais auparavant jetons un coup-d'œil sur les idées des Grecs et des Latins à cet égard.

Les Grecs s'efforçaient, comme nous l'avons déjà vu dans le chapitre IV, de retirer à la Mort toutes ses horreurs. Ils la représentaient sous les traits d'un génie ailé, endormi et éteignant un flambeau, ou posant le pied sur l'ame, ψυχη, comme s'il en prenait possession. Ils la désignaient spécialement sous le nom de Μοιρα [2], la *Parque*, et lui donnaient encore ceux de Αναγκη, Αισα, Πεπρωμενη; ces mots, dérivant de μειρω, δαισω, πορειν, indiquent l'idée de *partage*. Elle était ainsi censée apporter à chacun

---

[1] Par suite, Apollon dit, dans la tragédie d'*Alceste*, d'Euripide (vers 64), en parlant de la Mort :

Εχθροις γε θνητοις, και Θεοις συγγνουμενοις

Elle est un sujet d'horreur pour les mortels et de haine pour les Dieux).

[2] C'est, selon M. Maury (p. 693), ce nom allégorique de Μοιρα qui, en subissant chez les anciens peuples de l'Italie les altérations de *morsa*, *morta*, produisit le latin *mors*, d'où nous vient notre mot de *mort*. Ce dernier mot vient peut-être aussi directement du sanscrit *mri*, mourir?

son lot, sa part, et dans l'épithète Ειρμαρμενη (de ειρω, filer) les Grecs lui attribuaient encore l'emploi de *filer* les jours des mortels.

Plus tard, le nombre des Parques fut augmenté. Au lieu d'une, il y en eut trois, comme chez nous et comme chez beaucoup de peuples, à cause du passé, du présent et de l'avenir. Tantôt elles enlevaient elles-mêmes ceux dont elles avaient rendu l'arrêt fatal, tantôt elles confiaient ce soin à des divinités inférieures appelées *Kères*[1], messagers infernaux qui étaient toujours du sexe du mourant. Cette particularité du changement de sexe selon la victime s'est continuée chez nous jusqu'au moyen-âge, et a été donnée à la Mort dans plusieurs Danses Macabres, entr'autres à Bâle, etc.

Mais, avec le siècle de Périclès, la croyance à toutes ces divinités léthifères disparut peu à peu, et l'on vit alors apparaître la Mort personnifiée, qui prit place parmi les divinités infernales, et fut, comme

---

[1] Ces Kères sont noires ; elles ont des ongles en forme de griffes, des dents aiguës, et des ailes aux pieds et au dos. Leur nom vient du sanscrit *kir-na*, détruire, ou de χειρ, main ; χηρ signifie ainsi *celle qui saisit*. Pour donner le trépas aux hommes et les conduire au Tartare, les Kères étaient elles-mêmes aidées par Até, Némésis et Dicé (qui personnifiaient le malheur, la justice, le destin vengeur), les Pœnæ et les Alastores (divinités de la punition), les Erynies, les Harpyes et les Sirènes (de συρειν, attirer), qui chantaient à la fois pour adoucir les horreurs de la mort et pour attirer les morts qu'elles livraient à l'Enfer (Αδης). Ces Syrènes étaient représentées, comme les Harpies, sous la forme de femmes ailées ou d'oiseaux à tête de femme (Maury, 693, 737 et 744).

chez les Juifs, souvent confondue avec Hadès ou Pluton. Quoiqu'elle n'eût point d'autels à Sparte (Maury, 787), la Mort, Θανατος (de θεινω, frapper), avait néanmoins une statue. Les Grecs se la figuraient noire, avec des ailes de la même couleur, la barbe et les cheveux hérissés [1]. Il est, du reste, à remarquer que, plus on avance, plus elle se présente sous un aspect hideux et formidable.

Cependant, les Etrusques donnaient au dieu de la Mort l'aspect d'un vieillard portant des ailes, une longue barbe, et tenant un marteau pour frapper ceux qui devaient mourir. Mais leurs *Furies*, qui devaient conduire les ames aux Enfers, ont une phy-

---

[1] Dans l'*Alceste* d'Euripide, Hercule dit, vers 843 :

$$\tau o\nu\ \mu\epsilon\lambda\alpha\mu\pi\epsilon\pi\lambda o\nu\ \nu\epsilon\kappa\rho\omega\nu$$
$$\Theta\alpha\nu\alpha\tau o\nu\ \phi\upsilon\lambda\alpha\xi\omega\ldots..$$

(J'aurai les yeux sur la Mort, la reine des ombres, aux noirs vêtements), et Alceste, la voyant planer sur sa tête, l'appelle la Mort *ailée* (vers 261), en la confondant encore avec l'Enfer et Pluton :

$$\pi\tau\epsilon\rho\omega\tau o\varsigma\ \alpha\delta\alpha\varsigma.$$

Les Grecs donnaient aussi à la Mort un fer tranchant pour couper les cheveux de la victime, qui, une fois les cheveux coupés, appartenait aux Dieux infernaux.

$$\omega\varsigma\ \kappa\alpha\tau\alpha\rho\xi\omega\mu\alpha\iota\ \xi\iota\phi\epsilon\iota$$

dit Thanatos dans la même tragédie (vers 75). L'usage était, chez les Grecs et les Latins, dès que quelqu'un mourait, de lui trancher l'extrémité des cheveux, comme prémice du sacrifice dû aux divinités de l'Enfer. Virgile, dans son Enéide, dit, au sujet de Didon (livre IV, vers 698-699) :

Nondum illi flavum Proserpina vertice crinem
Abstulerat, stygioque caput damnaverat Orco

(Voyez le P. Brumoy. *Théâtre des Grecs*, 1630, IIe vol., p. 88.)

sionomie plus farouche que les Kères helléniques, dont pourtant elles remplissaient les fonctions. C'étaient également des femmes ailées, aux bras entourés de serpents, aux doigts crochus et d'un aspect tout-à-fait horrible.

Les Etrusques appelaient aussi la Mort *Athrpa*, *Muira*, altérations évidentes des noms grecs Ατροπος et Μοιρα.

A l'instar des Grecs, les Latins se servaient, pour désigner la Mort, des mots : *Necessitas*, *Fatum*, *Fors*, *Fortuna* (dont le sens, du grec φοραω, porter, apporter, destine encore à la Mort le rôle de messager [1]); ils lui donnaient aussi le nom d'Orcus, comme divinité infernale, lui élevaient des autels, lui offraient des sacrifices, et les Gaditains allaient même jusqu'à chanter des péans en son honneur [2].

Jusqu'ici, chez les Juifs, les Grecs et les Romains, malgré le genre du mot *Mors*, la Mort ne paraît pas comme femme. Ce n'est que chez les Scandinaves, chez les Slaves, qu'on lui donne le sexe féminin, tandis que les Finnois et les Lithuaniens lui attribuent indifféremment les deux sexes [3].

---

[1] Maury, p. 390.

[2] De même dans *Alceste*, Euripide, qui confond toujours la Mort avec Pluton et qui l'appelle indistinctement la Prêtresse des Morts, le Tyran des Enfers, Ιερη Θανοντων (vers 25), δαιμονων το κοιρανω (vers 1140), fait aussi dire à Alceste (vers 423):

Αντηχησατε
Παιανα τω κατοθεν ασπονδω Θεω

(Chantez des péans en l'honneur de l'implacable Dieu des Enfers).

[3] Grimm, p. .

Les Scandinaves se représentaient la Mort, sous le nom de *Halya* ou *Hel*, comme une déesse noire, ne tuant pas, mais saisissant les morts, à l'exception des guerriers tombés sur le champ de bataille; n'envoyant même pas de messagers comme le fait la Parque avec les Kères helléniques. C'est le dieu Odin qui, pour conduire dans son ciel, au Valhala, les ames des guerriers morts, envoie les Valkyries, dont le nom (dérivé de *valr*, cadavre, et *kiusa*, *kiora*, choisir) indique qu'elles remplissaient, dans les combats, un rôle qui se rapproche de celui des Kères (Maury, 696). Seulement, elles conduisaient au Valhala, au séjour heureux, et non dans l'*Hel* ou l'Enfer. Ici, ce mot de *Hel*, pris à la fois dans le sens d'Enfer et de déesse de la Mort, reproduit la confusion qui, dans l'antiquité, a toujours régné entre ces deux significations. C'est encore de ce mot que viennent, de nos jours, l'anglais *Hell* et l'allemand *Holle* [1].

Jusque là, nous n'avons pas vu la Mort représentée en squelette [2]. Mais bientôt les formes élégantes

---

[1] D'autres divinités que celles du Monde souterrain s'emparaient également des ames. Ainsi, dans la Mythologie des peuples du Nord, on admettait que Ràn, la déesse de la Mer, attirait à elle avec un filet tous les corps de ceux qui s'étaient noyés dans ses eaux. Serait-ce par la tradition de cette croyance que des paysans bretons regardent les mouettes, dont le cri est plaintif et lugubre, comme les ames de ceux qui ont péri en mer (Maury, 745)?

[2] Les Romains avaient cependant des œuvres d'art où l'on rencontre le squelette. On peut s'en convaincre en jetant les yeux

sous lesquelles les anciens avaient cherché à adoucir les rigueurs de la Mort disparaissent peu à peu, et, sous l'influence du Christianisme, deviennent grossières, rudes et affreuses. « Quand le Christianisme, » dit M. Maury (p. 338), eut recours aux images » pour propager son enseignement et entretenir la » croyance à ses dogmes dans l'esprit du vulgaire, » il dut non seulement prêter à la Mort une existence » individuelle, un langage, des actions, mais encore » une forme, une apparence spéciale. » En effet, pour mieux impressionner un peuple ignorant, on matérialisa ce qui jusqu'alors, pour les Chrétiens éclairés, n'était resté qu'à l'état d'idées, et afin d'augmenter l'horreur du péché, dont la Mort est le fruit et la conséquence, on alla chercher, pour représenter Thanatos, la Mort, l'image réelle d'un cadavre dans le tombeau.

Aussi, la voit-on, même jusqu'à une époque très avancée, figurée non par un squelette, mais par un cadavre desséché, livide, à l'œil creux, aux chairs pendantes, telle enfin que nous la montrent les peintures et les Danses les plus anciennes. Ce n'est même, à proprement parler, qu'en approchant de l'époque de

---

sur la sardoine antique reproduite dans notre planche VI et sur la 29e gravure (fig. 4, 1re partie) des *Antiquités de Pompeï*, par Mazois. M. Ellissen cite à cet égard quatre camées gravés dans la *Dactyliothèque* de Lippert; M. Peignot en a aussi mentionné, d'après Buonarotti (*Observazioni sopra alcuni framenti di vasi antichi. Firenze*, 1716, in-fol.), Ficoroni (*Gemmæ antiquæ. Romæ*, in-4, 1757), Winckelmann (*Description des pierres gravées du baron de Stosch. Florence*, 1760, in-4), etc.

la Renaissance, lorsque, par la perfection des études, les artistes purent connaître l'anatomie humaine, qu'on la vit sous la forme d'un squelette régulier [1].

Les poètes du moyen-âge continuèrent à s'emparer du personnage de la Mort et à lui donner un rôle souvent comique, mais dans lequel elle est toujours l'ennemi vainqueur de l'homme.

Parmi ces poèmes, on remarque comme les principaux, au XIIe siècle, en France, les *Vers sur la Mort*, de Thibaud de Marly ; au XIIIe siècle, en Allemagne, le *Regenbogen* (l'arc-en-ciel) [2], de Schmied Barthel ; le *Renner* (le coursier), de Hugo de Trimberg, où la Mort décrit à un homme dont elle s'est faite la marraine, les maladies qu'elle lui envoie en guise de messagers, pour lui annoncer son trépas. L'Espagne revendique, au siècle suivant, la *Danza general de la Muerte*, du juif <s>Wundartz</s> Rabbi Santo de Carrion ; on trouve, dans le Midi, le *Trionfo della Morte*, de Pétrarque, et au XVIe siècle, dans le Nord, l'*Hecastus*, par Hans Sachs, ainsi que le poème anglais intitulé *Every man* (tout le monde),

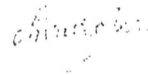

---

[1] Il semblerait même que c'est pour faire allusion à cela que l'auteur des vers allemands de la Danse de Bâle fait dire à la Mort, dans le tableau du Médecin, seul tableau de toute cette Danse où la Mort ne soit pas peinte en un cadavre desséché, mais en véritable squelette :

Herr Doctor, b'schaut die anatomey
An mir, ob sie recht g' machet sey ?

(Monsieur le Docteur, regardez sur moi si l'anatomie est bien faite).

[2] Voyez Ellissen, p. 84, d'après Hagen et Gervinus.

dont le nom indique que la Mort y passe en revue la généralité des hommes [1]. Ces derniers poèmes étaient, pour la plupart, destinés à des représentations théâtrales.

Mais voyons maintenant les principaux caractères que le moyen-âge lui prête, et ensuite les noms sous lesquels il l'a désignée.

La Mort est impitoyable [2]; elle enlève tous les mortels, à quelque condition qu'ils appartiennent : *La Mort n'espargne ne foible ne fort*, *La Mort n'espargne ne petits ne grands,* disent encore deux anciens adages du XVe siècle. Elle se présente soudain devant les hommes, qu'elle surprend par son arrivée, comme l'expriment deux autres proverbes de la même époque : *A toute heure la Mort est preste*, et *la Mort vient qu'on ne sçait l'heure* [3]. Elle s'amuse à nous pour-

---

[1] Ellissen, p. 84.

[2] M. Grimm (p. 812) mentionne cependant un conte dans lequel la Mort, par exception, se montre, jusqu'à un certain point, assez facile à attendrir. Ce conte allemand, qui porte le nom de la *Commère la Mort (Gevatter Tod*, littéralement Compère la Mort), est assez drôle et mérite d'être cité : La Mort sert de marraine à un pauvre homme, et donne à son filleul la faculté de l'apercevoir elle-même, toutes les fois qu'il s'approchera d'un malade qu'elle guette, et de juger par son attitude si le malade doit ou non guérir. Si elle se tient à la tête de l'agonisant, c'est qu'elle l'emportera; si, au contraire, elle se tient aux pieds, c'est que le malade en reviendra. Par la suite, le filleul se fait médecin, et quelquefois change de place les extrémités du malade, de façon à attraper la Mort, qui finit par s'en venger en l'emportant lui-même.

[3] De même dans Euripide, chez les Grecs, on trouve ces paroles d'Alceste (vers 330-21) :

chasse, et ne se fait pas attendre auprès des malheureux, qui l'appellent à leur secours [1]. On connait à ce sujet la fable de la Mort et du Vieillard, Γερων και Θανατος, que La Fontaine a deux fois reproduite. On trouve également dans le roman du Renard (vers 9995) : *Mort, qar me pren, si me délivre!*

Elle est souvent montée à cheval [2], et elle a pour se battre toute espèce d'armes offensives. Tantôt elle tient un arc et des flèches, une lance ou une hache de combat; tantôt elle frappe d'un fouet à quatre lanières [3] ou porte un filet pour enlacer, comme un

---

Δει θανειν με και τοδ' ουκ εις αὔρῖον
Ουδ' ες τριταν μοι μλυον ερχεται κακον

(Il me faut mourir, et, pour m'enlever, la Mort n'attendra ni le deuxième, ni le troisième jour du mois) : Allusion, dit le P. Brumoy (IIe vol., p. 84), à la coutume qu'avaient les créanciers de donner à leur débiteur jusqu'au troisième jour pour payer leurs dettes, qui devaient être toutes soldées le premier du mois.

> [1] Mais tu qui joes a la cache
> De chiaus ou Dex paor n'a mis
> Moult fais grands biens par ta manache
> Car ta peors purge et saache
> L'ame aussi con par un tamis.
> (Thibaud. de Marly, st. IV.)

[2] Voyez dans la IIe partie, l'explication de la planche XLVIII.

[3] Grimm (p. 806), d'après Broun von Schooncbeck. — On trouve aussi à la fin de la Danse Macabre (édit. de Troyes), à l'article intitulé : *Mort menace l'humain lignage* :

> Par le moyen de ces trois verges dures,
> Plus cruelle que les lions,
> Je moissonne les créatures
> Par centaines et millions.

oiseleur, les humains, à qui elle tend sans scesse des piéges inévitables [1].

Le plus souvent elle tient la faux pour trancher la courte durée de la vie; de là le nom figuré de *Faucheur,* qu'on lui donne encore aujourd'hui [2], et, comme un seigneur, elle enrôle les morts sous sa bannière pour en faire les soldats de sa grande armée [3].

---

[1] Di li, di li qu'il s'aparaut
A encontrer l'arc qui ne faut
Sans blecier et sans entamer.
(Thibaud de Marly, str. VIII.)

Tu nous assaus en tel maniere
De pres getes a la perriere
De loin menaches a la fonde.
(Ibid, str. XXII.)

Tu as tramail, rois et nasse
Por devant les haus homes tendre.
(Ibid., str. XX.)

Puisque mort me tient dans ses las,
dit encore l'Ecuyer dans la Danse Macabre.

Mors qui tos nos as pris as las
Qui en tos lius fais werreglas
Por nos faire werreglachier
Certes voirs est que je te has.
(Thibaud, str. V.)

Voyez aussi plus bas, p. 160.

[2] La mort prend tout a sou kius
Sitot les jouenes com les vius.
(Roman du Renard, vers 5895.)

La Mort prend tout à sa faux, aussitôt les jeunes comme les vieux. — Le mot de *kius, kex,* pierre à aiguiser, est pris ici dans le sens de faux. (Voyez Leroux de Lincy, *Livre des Proverbes,* IIe vol., p. 245.)

[3] Mit dem Tod und seinen Knechten
Hilft es weder streiten noch fechten.

On la compare à un *garde forestier*, parce que celui-ci doit avoir l'œil sur les arbres du bois, qui, de leur côté, sont tous destinés à tomber. Kaisersberg lui donne ce titre *(holzmeier)* dans son livre de *Arbore humana* (Grimm, p. 811). M. Douce (p. 172) cite aussi deux gravures dans lesquelles la Mort est représentée en garde forestier; dans l'une, elle décoche des flèches contre un chasseur : et dans la seconde, où l'allégorie est complète, elle coupe un arbre sur lequel sont plusieurs hommes qui perdent l'équilibre et sont précipités dans un tombeau. On ne saurait mieux appliquer qu'à cette comparaison ce vers de Thibaud de Marly (str. ix) :

> Mors, qui l'arbre plain de fruit esbrances.

Non seulement elle se bat les armes à la main contre l'homme, mais encore elle le cite devant un tribunal juridique. C'est probablement dans ce sens que l'on doit entendre le proverbe du xiiie siècle : *Encontre la Mort n'a nul ressort*, et ce que dit le Bailli, dans les éditions originales de la Danse Ma-

---

Il est impossible de lutter avec la Mort et ses serviteurs, dit la Mort au Chevalier dans la Danse de Bâle :

> Tu lieves seur toz ta banniere ;
> Tu ne trouves qui te reponde
> Ne par force ne par faconde.
>   (Th. de Marly, str. xxii.)

Dans les Danses des Morts, comme à Bâle, etc., les peintres ont aussi représenté le Squelette tenant un drapeau orné de têtes de mort.

cabre : *Contre la Mort n'a point d'appel* [1]. De même le dieu indien de la Mort, Yama, est un dieu juridique, et réciproquement, dans le conte allemand du Paysan de Bohême, la Mort est assignée par l'époux auquel elle a enlevé sa femme [2].

La Monnoye rapporte, dans ses *Noei Borguignon* (1776, p. 249), que la Mort a le soin d'oindre la chaussure de ceux qu'elle s'apprête à emmener : « Quan » lai mor venré graissé no bôte, quand la Mort vien- » dra graisser nos bottes pour le dernier voyage. » Le peuple, sans y penser à mal, tire cette façon » de parler, ἀπὸ τῆς χρίσεως τα τελευτα' ιης. »

M. Grimm tire de cette citation un caractère particulier à notre personnage. Mais n'est-ce pas aller trop loin, et ne vaut-il pas mieux voir ici une façon burlesque de parodier le Sacrement de l'Extrême-Onction, en ce qui touche la purification des pieds de l'agonisant ?

Le roman du Renard nous offre une locution proverbiale assez bizarre :

> En lui avons bon messagier
> Por querre la mort et cerchier
> Que il reviendroit moult à tart.
> (Vers 5885.)

---

[1] Mors fait les plus emparles taire
Les plus joans plorer et braire
Mors fait tos jors de bel tans lait
Mort fait valoir et sac et haire
Autant con porpre et robe vaire
Mors contre tos desraine au plait.
(Th. de Marly, str. xxvii.)

[2] Grimm, p. 806.

Cette expression : *Bon à aller chercher la Mort*, se dit surtout d'un domestique paresseux, et l'on entend par là qu'il va si doucement, qu'on pourrait, en l'envoyant chercher la Mort, conserver encore l'espoir de vivre longtemps. Il est à remarquer que ce proverbe s'est conservé jusqu'à présent en Allemagne [1] et chez nous, en Normandie; l'on trouve, en effet, dans le conte de la Fée d'Argouges, recueilli par M. Frédéric Pluquet [2] : « Belle Dame, seriez
» bonne à aller chercher la Mort; car vous êtes bien
» longue en vos besoignes. »

M. Grimm énumère (p. 808-812) les nombreux et différents noms que les poètes du Nord ont donnés à la Mort pendant le moyen-âge. On l'appelle indifféremment l'*Amère* (*bittere, bitterliche*, — *amara*, πικρος), la *Mordante* (*scharf*), la *Commune* (*gemeine*), qui frappe communément tous les hommes; la *Furieuse* (*grimme* : *O grimmer Tod*, dit le Paysan à la Mort, dans la Danse de Bâle), ou encore la *Jaune Mort* (*der gelwe Tôt*); par ce mot, on désignait plutôt le mort que la Mort, et il en était de même chez les Latins, qui, tout en l'appelant la *Noire* (*atra*), lui donnaient aussi l'épithète de *Pâle* (*pallida*). Hagen l'appelle *Chère Mort* (*lieber Tod*), Hans Sachs, *Sainte Mort* (*heilig Tod*); et dans le Paysan de Bohême, on la décore du titre de *Seigneur* (*her Tôt*), de même que l'auteur des rimes françaises de

---

[1] Grimm, p. 803.
[2] *Contes populaires de l'arrondissement de Bayeux.* Rouen, 1834, in-8, p. 7.

la Danse de Bâle lui fait donner par le Mercier celui de *Dame la Mort*. Ailleurs, dans les *Poésies de Cimetière (Kirchhofsgedichte)*, de Grifius, et dans *le Débauché*, drame allemand du xvie siècle, elle porte les noms de *Streckfuss, Streckebein (qui tire les pieds, allonge-pieds, qui tire les os)*, parce qu'elle allonge et dénoue les membres des vivants. Christian Weise lui donne la dénomination de *Bleckezahn (grince-dents)*, et on lui en prête encore d'autres qui conviennent parfaitement au squelette, telles que celles de *Dürrbein, Klapperbein (qui secoue les os, aux os qui claquent)*. Enfin, plus tard, Mérian, dans sa préface de la Danse de Bâle, p. 38, l'appelle *l'impudent Pileur et l'insatiable Glouton de tous les hommes*.

M. Grimm dit (p. 809) que, dans le texte latin du roman du *Renard* (vers 2162), on donne au Loup, pour jouer de la musique et en guise de violon, une tête osseuse de cheval que l'on désigne par les mots de : *Ossea ut Dominus Blicero*. Ce nom de *Blicero* désigne certainement la Mort. Vient-il de *bleckend*, grinçant des dents, ou *bleich*, pâle (*pallida* des Latins), ou bien est-ce, selon M. Grimm, un nom particulier de *Blidger* ou *Blicker* que l'on aurait donné, pendant le moyen-âge, à la Mort? C'est ce que nous ne saurions résoudre. Seulement, ce nom prouve que déjà, au xiie siècle, on se la représentait comme un corps décharné.

Mais un autre nom propre de la Mort, plus moderne et aussi difficile à expliquer, est celui que les Allemands lui donnent de l'*Ami Hein*, *Freund Hein* ou *Hain*. Ce nom, qu'emploient Musœus, Claudius, Gotter et Shellenberg, se retrouve dans le petit volume des lettres initiales d'Holbein (*Initial Buchstaben, Hans Holbein, Goettingen*, 1849). Shellenberg, dans sa préface des *Apparitions de l'ami Hein (Freund Heins Erscheinungen, Winterthur*, 1785), avance qu'Asmus serait l'inventeur de ce nom. M. Grimm (p. 811) ne partage point cet avis : il croit qu'Asmus a pu le répandre, mais que le nom est plus ancien. Nous ne pouvons pas non plus donner une solution sur l'origine de ce Hein, que M. Douce a pris à tort pour un jeu de mots, et au sujet duquel M. Grimm lui-même donne plusieurs étymologies incertaines : seulement, il est à remarquer qu'en hollandais le mot *Heinenkleed* ou *Hünenkleid* désigne un linceul, en allemand *Todtenkleid* (drap de mort), et qu'il doit y avoir certainement une analogie entre ces différentes expressions de *Heinen* et de *Todten*, dont la dernière signifie Mort.

Quant à l'origine de la représentation figurée de la Danse des Morts, qui ne paraît pas remonter au-delà du xive siècle, il est bien difficile de donner une solution définitive : tout n'est ici que probabilité. Cependant, M. Grimm adopte à ce sujet l'opinion suivante : Si l'on se rappelle que, jusqu'à une époque avancée, la Mort est regardée comme un messager, et, d'autre part, que dans l'antiquité tous les messagers sont musiciens, on trouve un rapprochement naturel qui nous montre au moins comment un instrument de musique se trouve placé entre les mains de la Mort. Dans toutes les Danses, celle-ci tient un instrument dont elle joue devant ses nombreuses victimes. Est-ce pour se faire mieux écouter de ceux qu'elle veut emmener, pour adoucir la rigueur de leur départ? ou plutôt n'est-ce pas pour leur faire quitter ce séjour en riant et en dansant? Toujours est-il qu'il n'y a de là qu'un pas à faire pour voir la Mort musicienne conduire un branle, *conduire une Danse* [1]. Nous laisserons, du reste, à nos lecteurs l'appréciation de cette hypothèse, qui, n'eût-elle pour appui que l'autorité de M. Grimm, serait encore digne de fixer leur attention.

On a généralement attribué ces peintures au souvenir des grandes pestes qui ravagèrent l'Europe pendant la seconde moitié du xive siècle. Il est certain que les Danses commencèrent à devenir fréquentes quelque temps après cette époque; mais ce n'est point dans ces épidémies qu'il en faut chercher l'origine, puisqu'avant l'apparition de ces fléaux on trouvait, dès 1312, une Danse peinte, en Suisse, à Klingental.

Nous sommes portés à croire que la Danse des Morts est simplement la mise en scène du drame moral et chrétien que l'on trouve, dès le xiie siècle, dans les sermons populaires des prédicateurs et des sco-

---

[1] Grimm, p. 807. — Cette idée a été, croyons-nous, émise en partie au siècle dernier, par Ludwig Suhl, dans sa description de la Danse de Lubeck, à propos du vieux proverbe allemand : *Nach iemandes pfeife tanzen* (Danser à la flûte de quelqu'un), qu'il regarde comme provenant de l'usage de donner à la Mort un instrument de musique pour indiquer qu'elle conduit la Danse.

lastiques, et dont le fond est une sorte de prosopopée dans laquelle la Mort s'adresse aux personnes de chaque condition. De ces sermons, cette idée passa naturellement dans les poésies vulgaires [1], et donna naissance à des quatrains, à des versets d'après lesquels, comme nous l'avons déjà dit (p. 115, note 1), les figures ont dû être faites [2]. Ces dernières étaient dues, pour ainsi dire, au développement progressif de l'esprit. Il ne faut pas douter que le peuple, tendant toujours à s'émanciper, malgré l'oppression des grands, n'ait accueilli avec enthousiasme ces sortes de caricatures de l'époque, qui lui offraient, sous une forme assez plaisante, une certaine consolation, en lui montrant les chefs de la société et les seigneurs traités sur le même pied que les plus misérables.

Seulement, le retour aux idées anciennes s'étant fait sentir au XVIe siècle, quelques artistes, heureusement inspirés, laissèrent alors de côté les formes dégoûtantes et décharnées sous lesquelles le moyen-âge avait représenté la Mort, et donnèrent à celle-

---

[1] Outre quelques-unes des pièces déjà citées, on peut encore en mentionner deux autres en vers latins, qui sont de véritables textes de Danses des Morts sans figures. L'une, publiée par M. Douce (p. 18-24), est tirée d'un volume intitulé : *Suzanna* (Anvers, 1533); l'autre, qui date du XIIIe siècle, est l'œuvre du troubadour Gauthier Mapes, et, par les mots répétés de : *Vado mori*, elle offre des ressemblances avec les vers latins des éditions de Guyot Marchant. (Voyez IIe partie, p. 32.)

[2] Telle est aussi l'opinion développée par M. Maury, dans la dernière partie de son article sur le personnage de la Mort, qui n'est point encore paru, mais dont il a bien voulu nous communiquer cette conclusion. Nous nous empressons ici de l'en remercier et de lui en témoigner notre reconnaissance.

ci, d'après les habitudes des Anciens, un aspect terrible, mais non repoussant. (Voyez, par exemple, la figure de la Mort que nous avons reproduite dans notre planche XXI.) Ce bon goût ne semble, du reste, avoir été que de peu de durée; car, aux xviie et xviiie siècles, la Mort, tant qu'on ne la confondit pas avec le Temps, fut toujours peinte sous la forme nue d'un squelette.

SUR L'ÉTYMOLOGIE DU MOT MACABRE.

Il est, relativement au mot *macabre*, un point qui jusqu'ici semble être resté presque inaperçu : c'est l'apparition première de ce mot dans la Danse des Innocents de Paris, qui, sans nul doute, introduisit ce type de monuments en France et servit d'original aux publications de Gnyot Marchant. Pour mettre ce fait en évidence, il suffit de remarquer que Lydgate, qui mourut en 1440, avait traduit les vers de cette peinture, et de comparer sa traduction avec le poème renfermé dans les éditions de Marchant. Il est impossible alors, tant il y a de ressemblance entre ces deux textes, de douter que ceux-ci n'aient été rédigés d'après la Danse de Paris. On peut donc conclure de là, jusqu'à ce que l'on trouve une preuve plus ancienne, que la Danse des Innocents, exécutée en 1380 ou en 1424, est incontestablement le type français de ce genre de compositions, et que c'est elle qui a servi à les populariser en France et probablement en Angleterre.

Quoique Guyot Marchant n'ait pas désigné, dans ses éditions, l'auteur sous le nom de Machabrée, il est également certain que c'est dans cette peinture que le mot *macabre* a pris naissance, comme le prouve le poème de Lydgate, qui est bien plus rapproché de l'époque de ce monument que toute autre publication du même genre ; Lydgate intitule même sa traduction anglaise : *Danse de Machabrée (Daunce of Machabrée)*, et introduit, comme en étant l'auteur, le *Docteur Machabrée (Machabrée the Doctour)*. On peut fort bien contester l'existence d'un personnage inconnu dans l'histoire littéraire ; mais il n'en est pas moins vrai que son nom, dût-il être imaginaire, dût-il avoir été inventé, est sorti de Paris. Ce mot est bien français, puisqu'en Allemagne il ne se rencontre pas dans les Danses des Morts *(Todtentanz)*, qui sont cependant antérieures aux nôtres, et que, s'il existe en Angleterre, c'est Lydgate qui l'a importé de France. Ainsi donc, dans la peinture des Innocents, l'auteur ou l'acteur était désigné sous le nom d'un certain Machabrée, et c'est de ce mot, popularisé par la peinture, que l'épithète de Macabre a été, par extension, donnée à d'autres Danses de ce genre, quoiqu'à proprement parler, il doive être réservé pour désigner les éditions de Guyot Marchant et les publications consécutives faites d'après les siennes.

Si maintenant on veut remonter au-delà de ce point de départ et chercher l'étymologie du mot lui-même, on trouve, comme nous l'avons déjà vu, que les uns le tirent du nom d'un troubadour provençal, *Marcabres*, *Marcabrus*, *Marchebrusc* ou *Marcabrun*; d'autres le font venir du grec μακαριος, des mots latins *macarius*, *machræ*, ou des expressions anglaises *make* et *breake*; il pourrait encore sortir du patois auvergnat [1] ou de la *Danse de Bachuber* [2], et enfin de l'arabe *magbar*, *makbarat* ou *magabir*.

De toutes ces étymologies, dont la plupart sont fort peu vraisemblables, la dernière, selon nous, est la plus plausible: elle est reconnue comme telle par Van Praet, qui la découvrit; par Jacob Grimm, par l'orientaliste Wüstenfeld, par le docteur Ad. Ellissen, et les détails suivants, que nous devons à celui-ci dans sa notice allemande sur les Danses des Morts, ne font qu'accroître la probabilité de cette explication.

A très peu d'exceptions près, toutes les Danses ont un côté comique: nous ne parlons pas ici des intentions satiriques que l'on rencontre dans ces mo-

---

[1] Suivant M. Boutarel, archéologue auvergnat, le mot *macabre*, encore usité dans le patois de l'Auvergne et du Limousin, veut dire *ma chèvre*, *ma cabre*, et signifie aussi la *musette*, instrument que l'on voit souvent dans les mains de la Mort. Nous ne croyons pas à la réalité de cette étymologie, qui ne repose que sur l'analogie qui existe entre la musette et la Mort sautant comme une chèvre.

[2] Dans son article de l'*Universal Lexicon de Pierer*, le professeur Massmann mentionne, comme pouvant expliquer le mot *ma cabre*, le *Bachuber* ou *Danse aux Epées*, qui se faisait dans le bourg de Corvières, en Haut-Dauphiné. Mais cette nouvelle étymologie ne nous paraît pas encore satisfaisante.

numents à partir du xvi⁰ siècle; nous voulons parler des plaisanteries naïves que l'on trouve communément, soit dans les postures et le rire impitoyable du Squelette, soit dans les attitudes des mortels qui refusent de suivre la Mort, soit enfin dans les vers qui, assez souvent, accompagnent les figures. Ces sortes de Danses sont, à vrai dire, des facéties, des scènes plaisantes qui se passent dans un cimetière, plutôt qu'une Danse réelle dont les acteurs ne seraient occupés qu'à gambader. Or, lorsqu'on rapproche les mots *Danse Macabre* de l'arabe *tanz-d-makabiri*, qui signifie plaisanterie, farce de cimetière, on trouve, syllabe pour syllabe, et presque lettre pour lettre, les deux mots français jusqu'alors regardés comme problématiques [1].

Ne serait-ce pas, par hasard, ce mot de *tanz-d-makabiri* qui, le premier, aurait formé la *Danse de*

---

[1] Ellissen, p. 79. — On a vu comment MM. Peignot et Douce repoussent l'origine orientale de ce mot. Mais M. Ellissen ajoute (p. 119), à l'appui de son assertion, que Murphy, dans ses *Arabian antiquities of Spain*, et d'autres encore, nous montrent, par la reproduction de peintures, que les Arabes, ou au moins ceux d'Espagne, ne se gênaient guère pour représenter des figures humaines, quoique leur religion le leur défendît. Il cite de plus, d'après le Catalogue de la Bibliothèque de Gotha, de Moller, un dessin oriental représentant l'Ange de la Mort : il porte un costume fantastique avec des ailes vertes, tachetées de noir, et la figure est accompagnée de l'inscription arabe *Azrajil*. Nous savons, enfin, que ce génie joue, dans quelques contes de l'Orient, un rôle à la fois important et comique. Ainsi, voyez dans *les Sept Journées*, contes traduits de l'arabe et du persan, par Mayeux (Paris, 1818, 2 vol. in-12), un conte intitulé : *La Chaise enchantée ou le faux Azraël*.

Macabre, *Chorea Macabri*, et de là le nom de ce poète inconnu Macabre ?

Il est certain que l'on ne connaît pas dans l'Orient de Danses des Morts exécutées au moyen-âge. Mais comme l'apparition de ces peintures date en général de l'époque des grandes pestes qui ravagèrent quelques endroits de l'Europe au xive siècle, l'expression arabe aurait peut-être, de même que tant d'autres, suivi de près ces épidémies, qui nous viennent également de l'Orient. Ce mot pourrait aussi être venu chez nous par les Maures d'Espagne, et ici le mot aurait été plutôt appliqué aux représentations théâtrales qu'aux représentations figurées ; car, dans ce pays, le goût semblait assez prononcé pour ce genre de spectacles, ne dût-on prendre pour exemple que *la Danza de la Muerte*, du juif Rabbi Santo.

SUR L'INTRODUCTION DE LA MORT DANS LES REPRÉSENTATIONS THÉATRALES.

Ainsi que l'on a tâché de le démontrer dans le chapitre VI, les Danses Macabres ont dû se jouer et former à elles seules de véritables drames, dont malheureusement le développement nous reste inconnu. Ces représentations formaient-elles un spectacle d'une certaine longueur ? était-ce simplement le défilé rapide d'une série de gens de toutes conditions, enlevés par la Mort, qui se livrait à leurs dépens à des satires bouffonnes? était-ce, en un mot, la mise en action de ces tableaux peints ou sculptés dont nous avons donné quelques descriptions, et qui, sauf de légères variations, reproduisent toujours les mêmes scènes? C'est ce que nous ne saurions affirmer. Il ne reste qu'un nombre de faits extrêmement restreint pour établir que ces Danses ont été jouées par des acteurs vivants, et nous nous empressons d'ajouter à ce que nous avons déjà cité une nouvelle preuve irrécusable.

En 1449, une Danse Macabre fut jouée à Bruges, devant le duc Philippe-le-Bon, comme cela est établi par le fragment suivant, que nous trouvons dans les comptes de dépenses des ducs de Bourgogne, de 1382 à 1481, que possèdent les archives de Lille [1] :

« A Nicaise de Cambray, painctre, demourant en
» la ville de Douay, pour lui aidier à deffroyer au
» mois de septembre l'an MCCCCXLIX., de la ville de
» Bruges, quant il a joué devant mondit seigneur,
» en son hostel, avec ses autres compaignons, cer-
» tain jeu, histoire et moralité sur le fait de la
» danse macabre.... VIII francs. »

Voilà bien une Danse Macabre jouée à plusieurs personnages qui remplissaient probablement chacun

---

[1] Ces comptes ont été publiés par M. de Laborde, dans son ouvrage intitulé : *Les Ducs de Bourgogne. Etudes sur les lettres, les arts et l'industrie pendant le XVe siècle, et plus particulièrement dans les Pays-Bas et le duché de Bourgogne.* (Voyez tome Ier, IIe partie, preuves, n° 7399 des comptes.)

plusieurs rôles tour-à-tour. Il est à remarquer que cette cérémonie avait lieu à la même époque que celle dont parle le manuscrit de Besançon ; et au moins ici la pantomime avait non seulement sa place, ainsi que l'indique le mot de *certain jeu*, mais les acteurs y parlaient et récitaient une *histoire et moralité* complète.

Des spectacles de ce genre furent exécutés, il faut le croire, avant le milieu du XVe siècle ; en tous cas, malgré les efforts que l'on put faire pour les rendre moins monotones, ils ne furent pas probablement très nombreux, car il ne nous est resté que très peu d'exemples de pareilles représentations.

Si les Danses des Morts jouées comme mystères, ou plutôt comme moralités, ne sont pas fréquentes, au moins trouve-t-on une grande quantité d'exemples où la Mort est mise en scène. Dans l'antiquité, comme au moyen-âge, on en fit un acteur important, et alors elle n'enlevait plus uniformément des personnages de toutes conditions, mais elle jouait un rôle approprié à la pièce. A une époque reculée, les Grecs savaient déjà quelle ressource on pouvait tirer au théâtre de ce terrible personnage, et Euripide devait doubler l'effet d'une de ses plus belles tragédies lorsque, dans *Alceste*, il mettait la Mort (Θανατος) en scène, dialoguant et luttant avec les autres acteurs pour enlever la compagne du malheureux Admète.

Au moyen-âge, il n'était pas rare de voir les mystères, les triomphes, les processions, les fêtes populaires, les mascarades et les farces compter au nombre de leurs acteurs la Mort, qui, presque toujours, était escortée du Diable ; le clergé même le lui donnait, dans ses cérémonies, comme compagnon inséparable, et c'était souvent au rôle de l'Enfer qu'était dû le mérite de ces drames. Nous citerons quelques-unes de ces productions, mais sans avoir la prétention d'en offrir la liste complète [1] :

Dans la *Moralite tres singuliere et tres bonne des Blasphemateurs du nom de Dieu* [2], on voyait la Mort accompagnée de l'Enfer et des fléaux de la Guerre, de la Famine, etc. M. Naumann cite également (p. 89) un drame allemand, de Rosenblüt, intitulé *Frau Yutta*, qui parut en 1480, et qui comptait parmi ses acteurs huit Diables et la Mort.

Le 3 mai 1521, on joua, à Lobau, en Prusse, en l'honneur de la découverte de la Croix, un mystère qui représentait les différentes scènes de la vie du Christ, tout en commençant par Adam et Ève et en finissant par le Jugement Dernier. La Mort y tenait sa place à côté du Diable et de Judas, et tous les rôles en avaient été confiés aux membres des

---

[1] Nous nous bornerons à mentionner un certain nombre d'exemples de ces mystères. Quant aux solennités, entrées triomphales, etc., dans lesquelles la Mort n'est qu'un personnage accessoire et allégorique, comme dans l'entrée de Henri II à Rouen, où, sur un char magnifique, elle était foulée aux pieds par la Renommée, on ne pourrait entreprendre de les citer, tant elles ont été nombreuses, surtout à partir de l'époque de la Renaissance.

[2] Il n'existe qu'un exemplaire original de cette moralité, qu'un savant bibliophile de notre pays, l'abbé Germain Barré, curé de Monville, près de Rouen, acheta quelques sous, et céda plus tard, à cause de sa rareté, pour 900 fr., à la Bibliothèque Nationale.

diverses corporations de la ville [1]. Ainsi, parmi les chasseurs, on avait choisi les quatre Evangélistes; parmi les cordonniers, les Soldats escortant Jésus couvert de chaînes; parmi les tonneliers, les Larrons et les Sentinelles; et parmi les pêcheurs, les quatre hommes honnêtes qui portèrent Jésus au tombeau. Enfin, les tailleurs jouaient la scène du Couronnement d'épines, les cordonniers représentaient la scène du Jugement Dernier, et c'était aux bouchers qu'étaient échus les trois rôles terribles du Diable, de la Mort et de Judas.

On joua également, vers la même époque, en Carinthie, un mystère plus important, où la Mort était presque continuellement en scène. Cette pièce, burlesque dans certains détails, mais offrant néanmoins de grands développements, fut représentée sur une place publique, un jour de Vendredi-Saint, par des artisans, des maîtres d'école et des paysans [2]. La Mort commençait le drame par ces mots : *Hodiè mihi, cras tibi!* et exposait tout son pouvoir sur les humains. Puis, après une scène entre la Madeleine convertie et deux Diables, se déroulaient les différents tableaux de la vie du Seigneur : le repas chez Simon, où deux Diables viennent séduire Judas; le sénat des Juifs, le jugement d'Anne et de Caïphe, la trahison de Judas et la communion de Jésus, qui, pen-

---

[1] Voyez le *Journal mensuel de Lausitz*, année 1802, t. Ier, p. 103, et, d'après lui, Naumann, p. 73.

[2] Voyez Naumann, p. 75, d'après Sartorius, *Reisen durch Ostereich, Saltzburg* (*Voyage en Autriche, à Saltzbourg*).

dant que ses disciples ronflent, est consolé au jardin des Oliviers par deux Anges, dont les rôles étaient burlesquement confiés à de robustes paysans. Saint Pierre reniait son Maître ; mais avant et après cette scène, la Mort venait réciter deux monologues, et après la flagellation du Christ et le suicide de Judas, qui se pendait à un arbre à la grande joie du Diable, elle revenait débiter une nouvelle tirade à laquelle succédaient les lamentations de Marie, de Simon et de Véronique. Enfin, le Christ était mis en croix, il expirait, et aussitôt la Mort reparaissait, à la fois pour terminer ce drame qu'elle avait ouvert et pour mieux terrifier par un dernier monologue les spectateurs par la grandeur des tableaux que comportait ce mystère.

Plus tard, vers l'année 1628, une comédie latine, ayant pour titre : *Mors*, fut représentée dans le réfectoire d'un collége, à Douai. Cette pièce, remplie de traits plaisants et faite par un professeur anglais de rhétorique, William Drury, fut très applaudie, à ce que dit M. Douce, qui mentionne également (p. 17) un autre drame anglais, intitulé : *Youth's Tragedy* (Tragédie de la Jeunesse, par T. S. 1671), qui n'est, ajoute-t-il, qu'une assez triste conception poétique en neuf scènes, et dont les acteurs sont : la Jeunesse, le Diable, le Temps, l'Ame et la Mort.

On trouve encore, parmi les productions dramatiques du poète allemand André Gryph, mort en 1664, une tragédie intitulée : *Charles Stuart ou la Majesté assassinée*, dans laquelle la Mort est au nombre de divers personnages allégoriques et muets.

Quoique la Mort parût souvent menaçante et victorieuse pour effrayer les spectateurs, elle n'était pas toujours aussi horrible, et parfois elle se montrait sous un aspect, sinon beaucoup plus joyeux, au moins plus rassurant. Ainsi, la fête décrite par M. Naumann (p. 81), et qui servit à célébrer, en 1698, le jour de Saint-Grégoire dans la petite ville d'Eisenberg près d'Altenbourg (Saxe), en est un exemple assez intéressant.

Cette solennité, à laquelle les étudians prirent part, consistait en une procession et un véritable drame. D'abord, venait le chef du cortége, suivi de trompettes et de bannières représentant des sujets allégoriques; puis la Ville d'Eisenberg, couronnée, vêtue comme une jeune fille et accompagnée d'anges. Mais derrière, pendant que l'on chantait un cantique lugubre, on voyait la Mort avec deux fossoyeurs, Mars avec ses trabans, et des Gueux escortant la déesse de la Faim; Hygée, Irène et Amalthée, déesses de la Santé, de la Paix et de l'Abondance, terminaient ce premier cortége. En tête du second étaient un Porte-Drapeau, un Sauvage tenant un mai; puis l'Empereur, le Roi, l'Electeur et les autres Princes avec leur suite brillante; enfin, les Bourgeois, les Artisans, les Paysans et des Porteurs de piques.

C'est après ce cortége que commençait le drame. La belle jeune fille qui personnifiait la ville d'Eisenberg chantait avec deux anges gardiens pour se réjouir de son heureux sort, quand arrivaient la Mort, la Guerre et la Faim, qui, jalouses de son bonheur, la menaçaient de la frapper de leurs plaies. La Ville, effrayée de ces menaces, tombait en criant au secours et alors, à ses cris, arrivait l'évêque Grégoire avec la Santé, la Paix et l'Abondance, dont les chants et les paroles consolaient la pauvre Ville. Aidés des Anges et des Porteurs de piques, ils combattaient les trois ennemis, qui, bientôt vaincus, étaient emmenés couverts de chaînes. Puis, une danse plaisante, dans laquelle les écoliers chantaient, finissait cette fête remarquable, et le tout ne devait laisser dans l'esprit des spectateurs aucune idée triste ni lugubre.

L'exemple de la Mort dans un cortége, comme le présente la fête d'Eisenberg, nous amène à dire quelques mots des processions du moyen-âge, dans lesquelles on trouvait aussi le personnage qui nous occupe. Une des premières et des plus connues dans ce genre est celle d'Aix, en Provence, que le roi Réné créa, en 1462, à l'occasion de la Fête-Dieu, et qui fut célébrée chaque année jusqu'en 1806.

Toute empreinte des allures chevaleresques de l'époque, cette fête était censée représenter, dans une série de scènes sans aucune suite, le triomphe de la religion chrétienne sur le paganisme. Elle ne durait pas moins de cinq jours, et se composait de processions et de jeux appelés entremets ou intermèdes, parmi lesquels on remarquait ceux des *Razcassetos* (Lépreux de l'Evangile), de la *Reino Sabo* (la Reine de Saba allant voir Salomon), de la *Bello Estello* (les Mages suivant l'étoile à Bethléem), plusieurs jeux de Diables, et enfin celui de la *Mouert*

SUR LES DANSES DES MORTS.

(la Mort), qui terminait les intermèdes, comme elle finit la vie de l'homme. Ceux qui figuraient dans les jeux portaient des *testières* ou grands masques à figure d'hommes, de diables ou d'animaux, recouvrant entièrement la tête, et il leur était permis de quêter, parmi les spectateurs, quelqu'argent à leur profit. Le jeu de la Mort consistait en un personnage qui frappait de tous côtés avec une grande faulx, en criant : *Hohouu! hohouu!* Voici, du reste, comment Gaspard Grégoire s'exprime à ce sujet [1] :

« C'est un vilain jeu : il est représenté par une
» figure noire, avec des ossements de squelette peints
» dessus, avec une laide testière très bien caractéri-
» sée [2]. Tout son jeu consiste à faire aller et venir sa
» faulx sur le pavé et l'approcher des pieds de tout
» le monde, qui, pour s'en débarrasser, donne quel-

---

[1] *Explication des cérémonies de la Fête-Dieu d'Aix en Provence*. Aix, 1777, avec planches (p. 118). Cette fête est aussi décrite dans l'*Esprit de la Fête-Dieu*, par Haitze, et figurée dans l'atlas du *Voyage de Millin dans le Midi de la France*.

M. Naumann donne à cette fête l'origine bizarre qui suit :

« En 1208, la bienheureuse Julienne, nonne dans un couvent près de Luttich, eut un songe affreux en pensant à la sainte Cène : elle vit un grand trou à la lune, et ce songe lui apparut deux ans, chaque fois qu'elle priait. Enfin, elle résolut ce songe énigmatique : la lune était l'Église, et le trou une privation dont celle-ci souffrait, c'est-à-dire une fête dont elle avait besoin. Dès que Julienne fut prieuresse, elle raconta ce songe à l'archevêque Robert de Luttich, qui ordonna la célébration de la fête de la Cène, laquelle devint plus tard universelle dans la chrétienté, sous le nom de la Fête-Dieu.

[2] C'est toujours sous cet accoutrement que maintenant on représente la Mort comme acteur animé dans les farces de théâtre

» que chose à son quêteur. C'est le plus triste, le
» plus désagéable et le plus horrible de tous les
» entremets. »

Cette fête bizarre n'était pas la seule créée en l'honneur de la Fête-Dieu ; car Hirsching [1] en décrit une semblable, mais encore plus burlesque, dans laquelle on trouvait aussi la Mort.

Une autre procession, où quelques acteurs récitaient un rôle en vers et où l'on voyait aussi la Mort et le Diable, se faisait de même au XVIe siècle, à Gemünd, en Souabe (Wurtemberg). Lors de la fête des Rameaux et de l'Ane, les magistrats et les prêtres conduisaient d'abord à l'église la statue du Christ, couverte d'argent et de fleurs, sur un âne paré, puis la procession commençait après l'office, et lorsque la pluie ne permettait pas de traverser la ville, on la faisait dans le théâtre.

Ici, contrairement à l'ordre suivi dans la fête d'Aix, la Mort, à cheval, ouvrait le cortége ; puis venaient Geneviève et des chasseurs, Samson, couvert de chaînes ; les sept Péchés mortels, enfants du Diable et de la Mort, traînés en carrosse ; Adam et Ève, Longin, à cheval ; des joueurs de trompette, Hérode et Pilate avec le sénat juif, à cheval ; Jésus portant sa croix, des Juifs, Marie, Marthe, Madeleine et Véronique, l'empereur Constantin, portant aussi la croix, et enfin, pour fermer la marche, de petits garçons habillés en hussards.

---

[1] *Archives allemandes pour la connaissance des pays et des peuples*, t. 1er, p. 226.

De même, dans une procession solennelle faite à Harlem, à la fin du xve siècle ou tout au commencement du xvie, on avait personnifié les vertus et les vices, la Faim, la Soif, la Richesse, la Convoitise, etc. On voyait le Christ pieds nus et portant une robe fermée, suivi d'un pénitent qui se défendait avec une épée contre le Diable ; celui-ci le menaçait de sa fourche et avait la Mort et l'Enfer à sa suite. L'Enfer était représenté par une espèce de moine noir sans tête, laissant échapper à la place de celle-ci des flammes et de la fumée ; le Diable avait une face humaine, des cornes, une grosse queue traînant à terre ; enfin, la Mort était nue, maigre et décharnée, et elle menaçait l'homme avec un large dard qu'elle tenait à la main.

Plus loin, on avait également représenté l'histoire de l'évêque de Mons, Hatto, qui, pour faire cesser une famine, rassembla les pauvres qui en souffraient et les fit brûler tout vivants, en disant que le pauvre peuple était comme les rats, qu'il n'était bon qu'à dévorer du blé. Aussi, pour le punir, une armée de rats lui fut-elle envoyée, et comme à leur approche il s'était réfugié dans une tour au milieu du Rhin, les rats passèrent ce fleuve à la nage et dévorèrent misérablement l'évêque. Cette histoire était représentée dans la fête par une tour qui semblait en feu. Les personnes qui étaient dedans passaient leurs mains à travers les barreaux en demandant du secours, mais elles étaient repoussées par un soldat qui les menaçait avec une torche et une épée. L'évêque Hatto les suivait en grand costume, pendant que l'Avarice lui suggérait ses idées dans l'oreille avec un soufflet, et que la Mort levait sur lui un dard auquel des rats étaient suspendus [1].

Après ces processions, où le Squelette ne paraît que comme simple acteur, il est juste de dire quelques mots des pompes dont il est le héros et que l'on peut réellement appeler des marches triomphales de la Mort [2]. Ainsi, nous décrirons la préten-

---

[1] On trouve la description de cette magnifique pompe avec figures dans l'ouvrage intitulé : *Const. thoonende Iuweel, by de loflijcke Stadt Haerlem, ten versoecke van Trou moet blijcken, in't licht gebracht, etc. Tot Zwol by Zacharias Heyns*, 1607. In-4. Voyez William Hone (*Ancient Mysteries*).

[2] A côté de ces triomphes de la Mort, il faut citer une cérémonie toute contraire, que l'on peut appeler la *Chasse à la Mort*, et qui se célébrait chaque année à la Mi-Carême dans une partie de l'Allemagne. M. Grimm décrit ce singulier usage et nous apprend que c'était, à vrai dire, une fête destinée à saluer le retour de l'été ou la disparition de l'hiver, qui était représenté sous la forme de la Mort, probablement parce que, pendant cette saison, la nature semble morte. On menait en procession par les villages un mannequin que l'on jetait dans un étang ou dans un brasier, en chantant que l'on avait chassé la Mort, et que l'été allait revenir. L'image était portée par un jeune homme quand elle avait l'apparence d'une femme, et par une fille dans le cas contraire. A moins qu'on ne rachetât ce funeste présage en donnant de l'argent aux quêteurs de la procession, il mourait pendant l'année quelqu'un dans la maison où l'on venait présenter la Mort. C'était à qui prêterait sa demeure pour y préparer le mannequin, car personne pendant un an ne devait y mourir, et ceux qui, à la fin de la cérémonie, précipitaient la Mort dans le feu, s'enfuyaient à toutes jambes, de peur qu'elle ne se relevât et ne les suivit. On la portait encore, en lui lançant des pierres, jusqu'aux confins d'un village voisin, sur lequel on la jetait ; mais les habitants de ce village la rejetaient à leur tour, et personne ne voulant la garder sur son territoire, on en venait souvent aux voies de fait. Ailleurs, les femmes s'occupaient seules de cette fête : elles prenaient le

due mascarade du Florentin Pietro Cosimo ; mais, auparavant, nous mentionnerons une fête qui, sans avoir l'importance de cette dernière, n'en est cependant pas moins remarquable. Le Triomphe dont nous voulons parler eut lieu à Dresde, le 7 février 1695, et est dû au prince Auguste, qui y joua même un rôle, de sorte que, à son exemple, la Noblesse ne craignit pas d'y prendre part. Au milieu des représentations allégoriques et mythologiques du cortége, le prince, dans le rôle de Mercure, était entouré de fossoyeurs et monté sur un char traîné par des squelettes. Il avait près de lui les deux Déesses de la Mort, Morta et Libitina, dont les rôles étaient remplis par deux dames nobles qui portaient des vêtements noirs et des sabliers dans leur chevelure montée. Les dessins de ces costumes sont, du reste, conservés encore à Dresde [1], et ce cortége doit être un des derniers de ce genre que l'on ait exécutés.

Mais le véritable Triomphe de la Mort est celui que le peintre Pietro Cosimo fit exécuter, en 1580, à Florence [2]. Ce peintre, qui excellait dans l'invention des

---

deuil et anéantissaient, sur les limites du village, le mannequin, qui était couvert d'une robe blanche et qui tenait une faux et un balai, puis elles accrochaient la robe blanche à un jeune arbre, qu'elles rapportaient en chantant au village. Cette cérémonie offre, comme on le voit, le symbole complet du retour de l'été (Grimm, p. 728-732). A la même époque de l'année, nous trouvons chez nous un usage assez analogue, destiné simplement à terminer les fêtes du carnaval : il ne s'agit point ici de l'Hiver ni de la Mort, mais du Mardi-Gras, que l'on brûle, ou mieux que l'on enterre.

[1] Naumann, p. 80-82.

[2] Cette pompe, dont il a été déjà question plus bas, p. 134, et

bacchanales, des pompes et des triomphes, si recherchés en Italie, se renferma pour ordonner cette fête, qu'il fit préparer secrètement dans la salle du pape. Le soir d'un jour de carnaval, au grand étonnement des habitants, on vit paraître un char traîné par des bœufs sauvages, et peint en noir avec des croix et des ossements figurés en blanc. A l'extrémité du timon était un ange avec les attributs mortuaires, qui faisait entendre des sons de trompette aigus et lamentables comme pour éveiller les trépassés. Sur le haut du char était une figure colossale de la Mort, tenant sa faux à la main et montée sur des cercueils épars d'où sortaient des ossements. Enfin, autour du char on voyait des tombeaux fermés, qui, chaque fois que la procession s'arrêtait et que l'on entendait les sons rauques et plaintifs des trompettes voilées, s'ouvraient pour laisser sortir des squelettes vêtus de noir avec des ossements peints. Ces squelettes s'asseyaient sur le bord des sépulcres, et chantaient, sur des airs lugubres et habilement appropriés à la circonstance, divers cantiques, tels que *Dolor Pianto* et *Penitenza*, dont l'un, reproduit en allemand par le traducteur du Tasse, Karl Forster, est connu sous le nom de Char de la Mort (*Der Todeswagen*). Devant et derrière le char étaient des gens vêtus de noir et de blanc, portant des masques

---

dont M. Ch. Leber parle dans sa lettre, p. 7, a été décrite par Vasari, Félibien, Hawkins (*History of Music*), Will. Hone (*Ancient Mysteries. London*, 1823), Kind et Naumann. Ce dernier lui donne pour date l'année 1559; mais c'est une erreur, car Pietro Cosimo mourut en 1531, et non 1521, à l'âge de quatre-vingt-dix ans.

de têtes de mort, et tenant des torches dont les lumières éclairaient à des distances calculées pour que l'illusion fût doublée et que tout dans cette représentation parût naturel. Après, venaient des étendards couverts d'ornements funèbres, puis une quantité de personnages déguisés en morts et montés sur des chevaux d'une maigreur extrême. Chaque cavalier avait à sa suite quatre personnes couvertes chacune d'un drap mortuaire, et tenant une torche et une bannière dont les ornements, ainsi que ceux des draperies étendues sur les chevaux, étaient des croix et des têtes de mort peintes en blanc sur fond noir. Enfin, pendant la marche, tous les assistants chantaient d'une voix tremblante le *Miserere*.

On conçoit combien cette représentation funèbre dut jeter d'effroi dans la ville, surprise à l'improviste, au moment où elle se livrait aux plaisirs du carnaval. Cependant, cette pompe n'en fut pas moins admirée, quoiqu'on la trouvât au premier abord mal placée dans ce moment de réjouissances.

On ne se contentait pas de mettre la Mort en scène dans de grandes cérémonies, dans des représentations théâtrales qui avaient toujours le but sérieux d'édifier les spectateurs; on l'introduisait encore dans des pièces comiques [1], dans des danses ordinaires, et surtout dans les farces de carnaval.

---

[1] Le personnage de la Mort paraît encore souvent dans des pantomimes et des pièces fantastiques ou comiques, mais toujours comme acteur muet, sous la forme d'un squelette.

Dans un mélodrame joué en 1821, à Paris, et intitulé : *Le Temple*

En Allemagne, dans beaucoup de fêtes populaires et de farces masquées [1], au milieu des courses de bagues, des tournois, des banquets, la Mort jouait souvent un rôle avec le Diable.

Une des pièces les plus burlesques en ce genre est celle du *Compère le Diable et la Commère la Mort* (*Gevatter Tod und Gevatter Teufel*), qui fut encore représentée, le 10 septembre 1677, à la cour de l'électeur de Dresde.

A l'exemple de celle-ci, nous avons chez nous une parade de Colin père, intitulée : *la Mort dans le cimetière*, que l'on jouait, au siècle dernier, à Paris, sur les tréteaux du boulevard du Temple, et dans laquelle un acteur faisait simplement le rôle d'un mort pour effrayer un autre personnage.

M. Naumann avance (p. 90) qu'il y avait au moyen-âge un ballet intitulé *la Danse des Morts*, joué par des danseurs réels, qui terminaient la danse en ayant l'air de poignarder et d'enterrer l'un d'entre eux. On ne doit pas s'étonner, ajoute-t-il, mais sans détails, que l'on ait vu à notre époque *la Valse des Morts*, et même un ballet portant le nom de *la Danse des Morts*.

---

de la Mort ou *Ogier-le-Danois*, celle-ci portait le nom d'*Héla*. On voit, dit la pièce (p. 50), sa statue colossale en airain, et sous les draperies qui l'enveloppent, on aperçoit son torse modelé sur un cadavre décharné.

[1] Ce que l'on appelle en allemand *Mummenschanz*, *Mummenspiel* (momeries). M. Naumann indique (p. 89) une vieille gravure représentant une farce semblable, qui se trouve dans la collection de gravures sur bois de Becker, à Dresde, 1re part., sect. B, n° 9.

Nous n'avons pas à citer de semblables pièces;
mais dans combien de contes, de romans, de poèmes,
ne voit-on pas la Mort introduite encore de nos
jours [1] !

SUR QUELQUES MONUMENTS RELATIFS A LA DANSE DES MORTS.

Outre les sujets mortuaires composés d'une agrégation plus ou moins nombreuse de figures, il y avait
une fort grande quantité d'autres monuments destinés à montrer le triomphe de la Mort sur l'Homme,
et dont l'existence n'a été jusqu'ici que trop peu révé-
lée. Ces monuments ne présentent, il est vrai, qu'un
rapport indirect avec la Danse des Morts complète ;
mais ils n'en sont pas moins dignes d'attention, et
nous en citerons quelques-uns pour servir d'exemples.

---

[1] Ainsi nous pourrons citer le poème du *Temple de la Mort*, de l'académicien Philippe Habert (Paris, 1637) ; la ballade fantastique de la *Danse des Morts*, par Merruau (1838) ; le drame
mystique d'*Ahasvérus*, par Edgard Quinet, dans lequel la Mort
joue un rôle important sous le nom de Mob.
Le nombre des romans est immense; mais nous ne pouvons
nous empêcher de citer parmi eux la *Danse des Morts*, du bibliophile Jacob ; le *Jeu de la Mort*, par Féval, 1849, rien qu'à cause
de la grande gravure-prospectus qui en fut partout affichée (un
squelette veillant auprès d'un trésor), et dans les livres populaires, le *Spectriana* (Paris, 1819), le *Squelette ambulant*, de
la bibliothèque bleue de Baudot, à Troyes, etc.

Nous ferons aussi remarquer que, en Italie et en Espagne, on ne connaît pas aujourd'hui de peintures que l'on puisse appeler de véritables Danses Macabres, et cela tient peut-être à l'influence du clergé. Quoiqu'en beaucoup de lieux on voie des Danses exécutées d'après les ordres des religieux dans leurs monastères mêmes, il ne serait pas étonnant que, dans les pays où il garda une influence absolue, le clergé se soit opposé, surtout à l'époque de la Réforme, à l'exécution de ces peintures, qui n'avaient alors de sel qu'à la condition d'afficher avec une extrême rudesse le niveau que la Mort établit entre les hommes. Les prêtres et les grands devaient, en effet, être peu disposés en faveur de ces sortes de caricatures sociales, qui reposaient sur l'égalité originelle et qui mettaient le Mendiant au rang du Pape et de l'Empereur. Ces représentations furent, au contraire, fort en vogue chez les peuples germaniques, car on trouvait chez eux une certaine tendance à résister au clergé, et surtout un esprit sérieux auquel pouvaient convenir des allégories de ce genre.

On ne peut citer sur l'Italie, outre les fresques du Campo-Santo, que ce que dit Blainville dans ses *Voyages* (t. III, p. 328 ; voir Douce, p. 49). Il rapporte que la Mort est représentée d'une manière singulière et fantasque dans l'église de Saint-Pierre-le-Martyr, à Naples. En entrant, à gauche, dans cette église, on voit un marbre qui figure grotesquement la Mort, avec deux couronnes sur la tête et tenant un faucon sur le poing, comme prête à chasser au vol. Elle foule aux pieds un grand nombre de personnes de tout âge et de tout sexe en leur adressant ces paroles :

> Eo sò la morte che caccio
> Sopera voi jente mondana,
> La malata e la sana,
> Di, e note la percaccio.

Du côté opposé à celui de la Mort est la figure d'un homme habillé comme un marchand, qui jette un sac d'argent sur une table en parlant ainsi :

> Tutti ti volio dare
> Se mi lasci scampare.

La Mort lui répond :

> Se mi potesti dare
> Quanto si pote dimandare
> Non te pote scampare la morte
> Se te viene la sorte.

L'Espagne n'est pas plus riche que l'Italie en monuments de ce genre. Un des amis de M. Douce a cependant découvert, dans la cathédrale de Burgos, des fragments de squelettes défigurés sous une couche de badigeon; mais nous n'avons trouvé aucun détail sur cette fresque, de même que sur un sujet analogue à une Danse des Morts qui se voit dans le cloître de Saint-Ildefonse. M. Ellissen nous apprend que cette dernière peinture fut exécutée, au XIXe (XVI) siècle, par un Hollandais, H. Bos, et qu'elle est décrite dans l'article de M. Massmann qui a paru dans l'*Universal Lexicons*, de Pierer.

La Hollande ne possède pas non plus de Danses Macabres complètes; mais il ne serait pas étonnant qu'il en ait existé dans ce pays, qui était placé entre l'Allemagne, la France et l'Angleterre, où de pareilles représentations étaient assez nombreuses. Un Anglais, le docteur Cogan, rapporte, dans son *Voyage sur le Rhin*, que, dans la salle d'Orange du palais du Bois, près de La Haye, la Mort est figurée, dans plusieurs compartiments, lançant des dards contre des groupes de mortels. Mais il ne faut pas voir ici des fragments de Danse des Morts ; ce sont des tableaux de maîtres, que M. Kist décrit (p. 60), et dont l'un, dû au pinceau du Jordaens et représentant le Triomphe du duc Frédéric Henri, montre la Mort repoussée par la Renommée, tandis que l'autre, de la main de Van Everdingen et placé en face du premier, rappelle la naissance de Frédéric Henri, dont le père, Guillaume, est près d'être enlevé par un Squelette.

On ne saurait mentionner tous les tableaux où, comme ici, la Mort joue un rôle allégorique et secondaire ; leur nombre, dans ces derniers siècles, est beaucoup trop grand. Mais nous ne passerons pas sous silence les représentations bizarres qui suivent et qui se rapportent à notre sujet principal.

Ainsi, la ville d'Avignon possédait une peinture singulière, dont la destruction eut lieu dans le cours de la Révolution.

Ce tableau, d'après le président de Brosses, qui l'avait admiré, et qui l'a décrit dans son spirituel *Voyage d'Italie*, existait aux Célestins d'Avignon, dont le roi René était le fondateur ; il représentait non pas, à proprement parler, une Danse des Morts, mais bien « un grand Squelette debout, coiffé à l'antique, recouvert de son suaire. Les vers mangent le corps d'une manière affreuse ; sa bière est ouverte, appuyée contre la croix du cimetière et pleine de toiles d'araignées fort bien imitées. » Au milieu de ce tableau étaient inscrits vingt-quatre vers, également attribués au roi René, et dont voici les premiers :

> Une fois [fus] sur toute femme belle,
> Mais par la mort suis devenue telle,
> Ma chair estoit très belle, fraische et tendre,
> Or, est-elle toute tournée en cendre.....

La tradition, selon le président de Brosses, rapportait que c'était sa maîtresse que le roi René avait ainsi peinte, telle qu'il l'avait vue dans son tombeau, quelques jours après sa mort : « Il fut, ajoute-t-il, si frappé de l'état horrible où elle était, qu'il voulut la peindre ainsi. » Cette tradition, il faut bien le dire, avait paru fort contestable à quelques écrivains postérieurs au président de Brosses ; et M. de Quatrebarbes, éditeur d'une splendide édition des *OEuvres du roi René*, lui oppose l'autorité d'un document tiré des Archives de Vaucluse, duquel il résulte que les peintures faites aux Célestins d'Avignon, par l'ordre du roi René, seraient l'œuvre d'un « certain Italien nommé François. » (*OEuvres du roi René*, in-4, t. I, p. CL.)

Dans son *Nouveau Voyage d'Italie* (1698), Misson, en décrivant la ville de Nuremberg et en parlant de la manière d'y célébrer les noces, dit que le fiancé et sa compagnie s'asseyaient d'un côté de l'église et la fiancée de l'autre. Au-dessus de la tête de chacun d'eux se trouvait la figure de la Mort sur la muraille, et ces deux images pourraient faire supposer qu'elles appartenaient à une Danse des Morts, si leur position aux côtés opposés de l'église ne laissait pas la chose douteuse.

On voyait, avant la Révolution, aux Andelys, en Normandie, deux groupes représentant, disait-on, un seigneur de Montaigu et sa femme, exécutés de grandeur naturelle avec beaucoup de perfection. Ces personnages étaient somptueusement vêtus dans le goût du règne de Louis XII; chacun d'eux était saisi par un affreux cadavre. Ces objets, collectivement désignés sous le nom de la *Mort d'Andely*, servaient fréquemment de comparaison au peuple de la Haute-Normandie, pour exprimer la maigreur et la pâleur extrêmes de quelqu'un. Ils étaient placés à l'extérieur du mur de l'ancienne chapelle de Sainte-Clotilde, dont on a fait depuis une vinaigrerie; on voit encore aujourd'hui les deux niches qu'ils occupaient.

Dans le village de Fluelen, situé au bas du Saint-Gothard, près d'Altorf, il existe, à côté de l'église, une petite chapelle funèbre dont le fond est occupé par un ossuaire semblable à ceux que nous avons déjà décrits (p. 146-148). Près du grillage qui retient les ossements humains, se trouve la peinture la plus extravagante que l'on puisse imaginer : un grotesque Squelette est peint sur un fond noir, et à ses côtés on voit, représentés jusqu'au buste et comme encadrés, deux personnages sous les vêtements d'un homme et d'une femme à têtes de mort et coiffés de longues perruques.

Il semble, en vérité, que l'on ait souvent pris à tâche de rapetisser l'idée grande et terrible de la Mort, en la revêtant de formes burlesques et ridicules; mais, si les artistes ont, à cet égard, fréquemment donné libre carrière à leur imagination, que d'inscriptions, dont le but est de rappeler à l'homme la brièveté de son existence et le souvenir de sa dernière heure, nous révèlent que leurs auteurs étaient bien moins pénétrés de ces graves idées que du désir de produire de misérables jeux de mots, conceptions insipides qui, pour lors, étaient loin de passer pour telles ?

Nous citerons, comme une nouvelle preuve à l'appui de ce que nous venons de dire, les vers suivants, qui se trouvent gravés sur une pierre, dans le village des Authieux, à deux lieues de Rouen. Cette inscription est surmontée d'une tête de mort, d'os en sautoir, et entourée de larmes :

> Passant penses-tu pas
> Passer par ce passage
> Ou passant j'ai passé?
> Si tu n'y penses pas
> Passant tu n'es pas sage
> Car en n'y pensant pas
> Tu te verras passé.

On peut rapprocher ces vers de l'inscription latine de Longpaon : *Mors mortis mordet mortalia morsu*, et même de la devise de *Mort n'y mord,* que Clément

Marot plaçait à la fin de ses œuvres. Cette affectation de style équivoque puérile, alors dans le goût du temps, nous rappelle les vers du vieux Guillaume Cretin, désigné par Rabelais, suivant Pasquier, sous le nom de Rominagrobis, dans le troisième livre de Pantagruel [1]. S'il était permis à ce rimeur gothique de faire de l'esprit de cette force, est-il concevable qu'un homme aussi savant que saint Augustin se soit lui-même sérieusement avisé de chercher dans le mot *mors* une misérable équivoque fondée sur la manducation du fruit défendu, en disant que de ce péché *mors à morsu nomen accepit* [2] ?

Outre la Danse des Morts que renferme le Temple Neuf de Strasbourg, le mur du porche de la cathédrale de cette ville offrait jadis une peinture analogue assez curieuse : c'était un tableau orné de vers latins et allemands, exécuté probablement dans le xv° siècle, mais déjà détérioré dès la fin du siècle suivant. Au-dessous d'un ange tenant un sablier, on lisait deux vers allemands dont tel était à peu près le sens : *Homme, prends garde ! il s'agit de ta vie et de ton ame !* Vis-à-vis de l'ange, on voyait

---

[1] On peut juger le style de Cretin par ces quatre vers, qui font partie d'une épître adressée par lui à Honorat de la Jaille :

  Par des vins verds Atropos a trop os
  Des corps humains ruez enuers en vers,
  Dont un quidam aspre aux pots à propos
  A fort blasmé ses tours peruers par vers.

Les cent vingt-six vers de cette pièce sont taillés de la même étoffe.

[2] S. Aug. Serm. 101, de Temp.

la Mort, tenant devant elle un échiquier, avec ces paroles : *Je te le dis, voici le coup; tu recevras un échec mortel.*

A côté de l'ange étaient des empereurs, des rois, des évêques, des prélats, des prêtres, avec l'inscription suivante, placée sous les figures : *Dans ce jeu, ô mon Dieu, je te recommande mon âme.* Enfin, au-dessous de la Mort, douze vers allemands témoignaient du pouvoir que la Mort a sur tous les hommes [1].

Il paraît qu'en Angleterre, vers 1819, on avait crayonné, sur un mur bordant la route de Turnham-Green à Kew-Bridge, une suite de figures de grandeur naturelle, représentant des squelettes au milieu de joueurs, de danseurs et d'hommes occupés à boxer ; mais ces dessins regrettables avaient été détruits avant d'être copiés. C'est même à un M. Garrow que le *Times* attribua l'exécution de ces figures [2].

---

[1] Voici le sens de cette dernière inscription : Tout ce qui vit, grand ou petit, — je le rends commun (égal), — pape, roi et cardinal, — évêque et duc, — comtes, chevaliers et femmes, — citoyens, adolescents et vierges ; — je vous le dis, de mon libre arbitre, — je ne relaxe aucun de ce jeu ; — prenez garde à vous, jeunes et vieux, — vos années sont à leur fin ; — je ne vous accorde plus de temps, — je veux vous donner l'échec mortel.

[2] Douce (p. 224), d'après Dagley (*Death's Doing*, Faits et Gestes de la Mort, p. 7). — M. Douce cite encore, mais sans détails (p. 222), d'après les Mémoires de l'artiste Ch. Stothard, à Nettlecombe-Hall, dans le comté de Sommerset, un vieux tableau représentant une Danse de la Mort, et appartenant à un ministre anglican.

A toutes les époques, une fort grande quantité de monuments ou de pierres funéraires nous offrent naturellement, et comme ornement obligé, la représentation du Squelette. Nous sommes loin d'en vouloir entreprendre une description générale ; mais, outre la dalle mortuaire que nous reproduisons dans notre planche XXXVII, nous ferons mention de quelques sujets où l'on voit figurée une scène macabre. Ainsi, dans le comté de Sussex, en Angleterre, l'église de Boxgrove renferme, sur la tombe de lord Delaware, une représentation assez grossièrement sculptée de la Mort aux prises en quelque sorte avec la Vie ; cette dernière apparaît sous les traits d'une femme, et la Mort, tenant une pelle, semble l'engager à la suivre (Douce, p. 226). Cette sculpture a, comme on le voit, de grandes ressemblances avec les bannières de Chemnitz et de Schlottau, dont nous avons parlé (p. 196).

A Lucerne, on trouve dans le cimetière de l'église paroissiale d'Im-Hof un sujet placé sur la tombe d'un chanoine fondateur d'une société musicale, et qui se ressent de la proximité des deux Danses que possédait cette ville. La Mort vient, en jouant du violon, chercher le chanoine, qui semble assez résigné à la suivre et qui place tranquillement un signet dans un livre qu'il tient à la main. Ce groupe représente une scène véritablement dans le genre de celles des Danses Macabres ; mais il ne doit pas être confondu avec ces monuments complets, comme on l'a fait maintes fois supposer.

Il est encore plus naturel de rencontrer dans les

cimetières, plutôt que dans les cloîtres, des Danses des Morts, ou du moins des sujets allégoriques rappelant aux hommes la brièveté de leur existence. Parmi ces derniers, il n'était pas rare de ne trouver que la simple figure d'un squelette ou d'un cadavre en putréfaction. Ainsi, nous savons qu'il existait dans le cimetière des Chartreux de Dijon une sculpture en pierre représentant un squelette tenant un cartouche sur lequel on lisait : *Hodie mihi, cras tibi!* Nous avons déjà mentionné une statue du même genre dans l'église de Boscherville, près de Rouen, ainsi que le squelette d'albâtre de Germain Pilon qu'on allait voir au cimetière des Innocents, à Paris, et qui, tenant en main une lance, semblait montrer les vers suivants, inscrits sur un bouclier placé près de lui :

> Il n'est vivant tant soit plein d'art,
> Ni de force pour résistance,
> Que je ne frappe de mon dart,
> Pour bailler aux vers leur pitance.

De même on voit, dans l'église de Gisors, en Haute-Normandie, une sculpture fort curieuse : c'est un Squelette étendu dans une bière, les bras croisés, la tête et les pieds reposant sur des os, et couché sur un linceul dont une partie est ramenée pour ne pas montrer le ventre complétement découvert. Sur le bord du cercueil on lit les inscriptions suivantes, dont le rhythme rappelle celui des proses liturgiques :

> Quisquis ades, tu morte cades, sta, respice, plora,
> Sum quod eris, modicum cineris, pro me, precor, ora.

Fay maintenant ce que voudras
Auoir fait quand tu mourras.

Je fus mis en ce lieu l'an 1526.

Cette statue était, dans le principe, horizontalement placée, et maintenant elle est incrustée dans le mur d'une chapelle, comme le serait un bas-relief. L'église de Gisors ayant autrefois possédé des sculptures détruites pendant la Révolution, et que leur beauté faisait attribuer à Jean Goujon, l'on a conservé dans le pays la même croyance à l'égard de ce cadavre de pierre. Cependant Jean Goujon mourut à l'époque de la Saint-Barthélemy, en 1572 ; il eût donc été bien jeune pour exécuter ce travail en 1526, de sorte qu'il est peu probable qu'il en soit l'auteur. En tous cas, la tête, les pieds et les mains de ce squelette sont admirables ; mais le corps est médiocrement modelé, et l'artiste ne devait avoir qu'une connaissance insuffisante de l'anatomie humaine.

A l'instar des Grecs, qui lavaient les cadavres dans l'eau lustrale, l'usage était, dans les monastères, après le décès d'un religieux, de déposer, pour y être lavé, son corps dans une bière creusée en forme d'évier. Il est à croire qu'ici l'artiste s'est inspiré d'un sujet semblable, et que la forme insolite de la bière, dont le fond est arrondi, ne provient que d'une réminiscence de ces bières employées à laver les morts.

Ces funèbres représentations ne se rencontraient pas seulement dans les églises et les cimetières ; on en trouvait aussi jusque dans de simples chapelles isolées au milieu des champs et des bois.

Ainsi, dans une des chapelles éloignées qui dépendaient de l'abbaye de Bon-Port, située près du Pont-de-l'Arche, à l'entrée de la forêt de Bord, dans la Haute-Normandie, un des murs latéraux présentait à l'intérieur les vestiges détériorés d'un Squelette brandissant une javeline. Plusieurs croix, qui ne s'élevaient qu'à la hauteur du genou du spectre, indiquaient qu'il apparaissait au milieu d'un cimetière. Près de lui se voyait un corbeau, et, devant le bec ouvert de cet oiseau, le mot *cras* était écrit trois fois. Cet adverbe latin, qui signifie *demain*, et qui fait l'onomatopée du croassement du corbeau, était, avec la figure de cet animal, fréquemment employé dans les peintures mortuaires, pour symboliser les délais perpétuels qu'apportent à leur conversion ceux qui, la remettant sans cesse au lendemain, sont enfin surpris par la Mort dans une damnable impénitence. Un évêque de Toulon, prêchant en 1416, et parlant de l'avortement des opérations du concile de Pise, tenu en 1409, et dont il faisait partie, disait qu'on y renvoya toujours les choses au lendemain, *cras, cras, cras, corvorum more*.

> On ne s'attendait guère
> A voir corbeaux en cette affaire,

dit M. Peignot à propos de l'expression de ce prélat ; mais c'était, poursuit-il, le goût du siècle. Nous ferons observer ici que cette allusion n'était qu'un emprunt fait à des siècles bien antérieurs. En effet, saint Augustin, conjurant les fidèles de profiter du temps et de s'amender sans remise, s'écriait : *Cras,*

cras, corvi vox est ; geme ut columba et tunde pectus. Ailleurs, le même Père représente les pécheurs surpris par la Mort et l'Eternité, en répétant ce fatal *cras cŏrvinus.* Le jésuite Jérémie Drexelius, dans son livre *De Æternitate Considerationes,* a fait un chapitre sous le titre de *Corvus crocitans;* c'est le troisième de sa Considération septième.

Les vieux peintres, outre le sens moral enveloppé dans cette allégorie, croyaient aussi, sans doute par une considération purement physique, introduire avec beaucoup de raison dans les scènes macabres, le corbeau, animal noir, vorace, au cri sinistre, et se repaissant de la chair des cadavres.

A côté des tapisseries que nous avons citées dans le cours de cet ouvrage et sur lesquelles on voyait brodée une série de gens enlevés par la Mort, nous mentionnerons d'autres monuments de ce genre moins remarquables, mais cependant en rapport avec notre sujet.

La cathédrale d'Evreux possède un petit tapis mortuaire bien conservé, du commencement du xvie siècle, et qui paraît avoir été destiné à recouvrir une dalle tumulaire ou un cénotaphe les jours anniversaires. Sur le fond de velours noir, au pied d'une grande croix, est brodé un cadavre dévoré par les vers. Cette représentation est accompagnée de ces paroles brodées également en longues lettres gothiques d'argent :

Credo quod redemptor meus vivit et in novissimâ die de terrâ surrecturus sum et in carne meâ videbo Deum salvatorem meum.

SUR LES DANSES DES MORTS.   324

On voit encore dans l'église de Folleville (Somme) un drap mortuaire du xvie siècle, fait pour recouvrir un cercueil dans les jours d'enterrement, et orné de têtes de mort, de tibias, de fémurs, etc., avec l'inscription souvent répétée de *Memento mori*. Le fond de ce drap est noir; les bandes qui le traversent pour faire la croix portent les ornements, et sont disposées de façon à ce que, le drap étendu sur une bière, on puisse apercevoir trois croix, une dessus et une de chaque côté. Enfin, près de la bande centrale, il y a deux miroirs reflétant un crâne et ressortant en jaune sur le fond noir '.

Cet usage de recouvrir les cercueils de voiles ou de draps dans les cérémonies funèbres remonte aux premiers temps du christianisme. Jusqu'au xive siècle, ces draps mortuaires portaient peu d'ornements : le violet, le rouge, le bleu et même le vert y étaient indifféremment employés, et ce n'est guère qu'à partir de la Renaissance que la couleur noire, encore usitée de nos jours, semble avoir prédominé.

Ainsi que nous l'avons déjà vu, la Bretagne renferme une assez grande quantité d'ossuaires, qui datent généralement du xviie siècle ou de la fin du xvie. Dans le Finistère, nous signalerons surtout ceux de Plouedern, de Landivisiau et de la Roche-

---

' Voir les *Annales archéologiques* de Didron, vol. 2, p. 230, 1845, où se trouve le dessin de cette tapisserie, avec celui d'un drap mortuaire allemand, mais sans ornements. — Consulter encore : *Des Décorations funèbres*, par le P. Ménestrier. (Paris, 1687. In-8), et surtout le bel ouvrage de M. Pugin, *Glossary of Ecclesiastical Ornement*. London, 1846 (p. 145 et pl. 60).

Maurice, qui sont ornés de sculptures tirées des Danses des Morts ordinaires. Sur celui de la Roche-Maurice, par exemple, on trouve un groupe composé de divers personnages, tels qu'un Pape, un Roi, un Moine, un Laboureur, etc., et près d'eux la Mort armée d'un long dard, avec cette devise : *Je vous tue tous* [1]. Il y a une analogie frappante entre ce monument et un tableau du xve siècle, dont nous donnons la reproduction dans notre planche XXXVIII.

En Suisse, les ossuaires sont également nombreux ; ils doivent être plus anciens que ceux de la Bretagne, et se ressentent du luxe qu'en ce pays l'on déploie dans la décoration des tombes. A Schwitz, il existe au milieu du cimetière un caveau connu sous le nom de Chapelle des Morts, dans lequel sont exposés des ossements humains ; mais, tandis qu'en Bretagne les noms des trépassés sont simplement tracés à l'encre sur les crânes, ici les têtes de mort portent toutes des inscriptions dorées.

On trouve encore à Altorf une crypte renfermant, dans une longue suite de casiers, une énorme quantité de têtes étiquetées ; puis auprès d'elles sont des

---

[1] Voyez dans le *Bulletin Monumental* (XVIe volume, 1850, p. 457) la *Relation d'une promenade archéologique faite en Bretagne par M. de Caumont*, à qui nous empruntons encore ces détails : « Dans beaucoup de paroisses du pays de Léon (Finistère), les ossuaires ont conservé jusqu'à présent leur destination primitive. Lorsqu'ils arrivent à être entièrement remplis, le clergé s'y rend processionnellement, suivi des paroissiens ; chacun des assistants se charge de quelques ossements, puis on les jette avec solennité dans une fosse creusée à cet effet, et l'ossuaire recommence dès-lors à s'emplir d'ossements nouveaux. »

boîtes oblongues, empilées les unes sur les autres et contenant encore des ossements. Leur extérieur est peint en noir, et l'on voit grossièrement figuré sur toutes un crâne avec deux os en sautoir, ce qui donne à ce caveau, à moitié obscur, un aspect vraiment fantasmagorique.

Enfin, l'on trouve en Suisse, plus souvent qu'ailleurs, tout ce qui peut servir à rappeler à l'homme la courte durée de son existence. Ainsi, dans le chœur de plusieurs églises des cantons catholiques, voit-on souvent, et à toute heure, un cercueil entouré de flambeaux allumés comme pendant une cérémonie funèbre, triste *memento* qui a pour but de rappeler aux fidèles que la Mort nous menace à chaque instant.

BIBLIOGRAPHIE

DES DIFFÉRENTES PUBLICATIONS FRANÇAISES ET ÉTRANGÈRES
CONSACRÉES SPÉCIALEMENT A REPRÉSENTER
LA DANSE DES MORTS.

OMME complément de cet ouvrage, nous avons jugé nécessaire de donner une liste des Danses des Morts qui ont été gravées, et de mentionner les nombreuses éditions dans lesquelles ce sujet original a été reproduit. Les travaux de MM. Peignot, Douce, Brunet et Massmann, ont fait faire de grands pas à cette partie bibliographique, qui n'avait été qu'ébauchée avant eux : il n'est pas, jusqu'ici, d'ouvrage plus consciencieusement achevé, sous le rapport de la nomenclature des différentes éditions, que

celui de M. Massmann, de même que l'ouvrage de
M. Douce est aussi le plus étendu pour la citation des
gravures séparées qui renferment la Mort.

Nous essaierons de donner un résumé succinct,
mais complet, des découvertes bibliographiques que
ces savants ont faites, et nous mentionnerons le
petit nombre d'éditions connues des premières Danses des Morts allemandes, qui sont, par le fait, antérieures aux nôtres, quoique celles-ci aient dans leur
texte le cachet d'une époque un peu plus ancienne.
Ces livres allemands, d'une rareté excessive, ne ressemblent pas à notre Danse commune, et les gravures
en sont beaucoup plus grossièrement exécutées.

DANSES DES MORTS ALLEMANDES.

1. — 1459 ? Der Doten dantz figuren. Klage und Untwoort.
schon von allen staten der welt. (La Danse des Morts avec
figures, demandes et réponses de toutes les conditions du
monde.)

In-fol. 22 ff. 42 fig. sur bois.

Première édition, selon M. Massmann (p. 84), de la Danse
des Morts allemande. La feuille 1 *a* porte la date de 1459,
ajoutée à l'encre brune. Panzer dit, dans ses *Annales*, que
ce livre a été imprimé à Nuremberg, par Koburger.

2. — 1470 ? Der Doten dantz mit figuren clage und antwort
schon von allen staten der werlt.

Pet. in-fol. 22 ff. 41 grav. sur bois.

Édition très rare, qui, par son orthographe, paraît avoir
été imprimée à Cologne ou dans les Pays-Bas. Elle porte
à la fin la date de 1470, également ajoutée à l'encre noire.
L'Empereur a sur sa bannière un aigle ; c'est donc l'Em-

pereur d'Allemagne. On reconnaît aussi le Roi de France aux fleurs de lis qui sont sur son manteau. On pourrait croire à certaines ressemblances, que les huitains de cette Danse ont été en partie copiés sur ceux de la Danse Macabre française, qui semble plus ancienne.

3. — 14??. Der Todten dantz mitt figuren und schrifften Klag und antwort vo allen standen der welt.

22 ff. Sans lieu ni date (Massmann, p. 87). Les figures sont dans le même ordre que celles de l'édition n° 1, et en sont des copies fidèles.

Dans ces trois éditions, qui offrent de grands rapports entr'elles, il y a deux sujets placés l'un sur l'autre à chaque feuille ; les ordres religieux sont séparés des ordres laïques ; tous les mortels sont accompagnés d'un Squelette, et il y a 38 personnages (35 hommes et 3 femmes), plus quelques planches représentant des sujets analogues, tels que des morts ressuscitant dans un cimetière, ce qui forme un ensemble de 41 ou 42 gravures. M. Dibdin, dans son *Bibl. Tour* (III, 279, 1821), donne la reproduction d'une planche à deux sujets, l'Enfant et la Religieuse, tirée d'une de ces trois éditions, qui se trouvent à Munich. La Mort est toujours entourée d'un serpent, et, selon cet auteur, cette suite commence par le Prédicateur en chaire.

4. — 14??. Der Todten danz.

Pet. in-fol. Sans lieu ni date. 27 ff., consistant en 26 pl. sur bois imprimées d'un seul côté, 1 f. de 22 vers, 21 fig. d'hommes, 4 de femmes et 1 d'enfant. Chaque planche est ornée de deux quatrains, et quelques-unes sont numérotées à rebours. La Mort, sous la forme d'un cadavre d'homme très maigre, ne paraît en femme qu'à la planche du Noble. Cette suite commence par le Prédicateur en chaire, et les vers ne ressemblent pas à ceux des éditions précédentes. — Se trouve à Heidelberg, dans le Ms. allemand n° 438. — Leber, p. 209, vol. 1 de son Catalogue, donne le fac-simile du Chevalier et un autre fac-simile de cette suite, celui de l'Enfant, n° 25, se trouve dans l'*Histoire de l'Imprimerie* (Leipzig, 1840, in-4), par Falkenstein, qui en parle, ainsi que d'un exemplaire de cette Danse en 26 planches enluminées, mais avec un texte manuscrit, se conservant à Munich. Peut-être est-il question ici d'un des numéros qui précèdent.

Il y a quelques années, M. Massmann a fait copier en facsimile cette Danse, qu'il n'a dû publier qu'en 1847, dans un ouvrage relatif aux deux Danses de Bâle (Ellissen, p. 124, n° 82); la bibliothèque Leber possède, mais sans explications, un exemplaire de ces copies [1].

5. — 1496. Dodendantz.
Lubeck, 1496 (sans nom d'imprimeur). In-4, 34 ff.
Edition précieuse de la Danse Macabre en 56 pl. sur bois et en bas-saxon. Citée dans sa *Poésie allemande* par Von der Hagen, qui mentionne aussi une édition en bas-allemand, en prose, du commencement du xv° siècle (comme le fait remarquer M. Douce, il veut dire xvi°). Voir Brunet, 1842, IV, p. 489. Ne se trouve pas dans Massmann.

M. Douce cite, p. 192, une très vieille gravure sur bois, oblongue, qui semble avoir fait partie d'une Danse Macabre flamande ou danoise, et qui représente la Mort et le Pape, avec ces mots : *Die doot seyt, die Paens seyt;* la Mort et le Cardinal avec l'inscription : *Die doot seyt, die Cardinal seyt.* Il ajoute qu'il y eut des vers sous chaque figure ; mais nous manquons de renseignements à cet égard.

---

[1] Il est assez étonnant que, sauf une simple mention qu'il en fait dans la préface de son ouvrage, M. Massmann ne décrive point ce volume dans le courant de ses recherches.

M. Naumann avance (p. 12) que la plus ancienne Danse imprimée parut en 1480, à Strasbourg. Cela reste à démontrer. Ne voudrait-il pas plutôt parler ici de l'édition citée plus haut (n° 2), et dont un exemplaire se trouve à Strasbourg, de même qu'à Munich ?

Quant à la Danse Macabre, nous entendons sous cette dénomination la Danse ordinaire dont le texte est français, et qui, publiée par Guyot Marchant, à Paris, a continué de paraître, jusqu'au XVIII⁰ siècle, à Troyes. Avant de sortir des presses de cet éditeur, cette Danse fut copiée dans un nombre très restreint de manuscrits [1], et, comme nous l'avons déjà dit,

---

[1] Nous pouvons cependant mentionner un fort beau manuscrit de la Bibliothèque Nationale (n° 7310), venant du fonds Colbert (n° 1849), du XV⁰ siècle, renfermant la Danse des Hommes et des Femmes, les Trois Morts et les Trois Vifs, le Cheval de l'Apocalypse, et rappelant entièrement, pour le texte et les figures, les éditions de la Danse Macabre ordinaire. (Voir ce que dit sur ce manuscrit M. Leber, dans sa Lettre, p. 75.)

M. Jubinal cite d'autres manuscrits de la Bibliothèque Nationale qui reproduisent le texte de la Danse Macabre, mais sans figures, comme le Ms. (suppl. 632), où le Docteur (l'Auteur) est nommé *Machabre;* le Ms. n° 543 du fonds Saint-Victor, où le Docteur est appelé *un Maistre qui est au bout de la dance*, et le Ms. 7398 (n° 394 du fonds Bouhier), qui contient le texte de la Danse des Hommes pareil à celui du premier manuscrit que nous avons cité. Ces quelques détails sont autant de preuves en faveur de notre opinion que la *Danse Macabre* proprement dite des Hommes et des Femmes, manuscrite ou imprimée, a été faite d'après un même monument, d'après la peinture du Charnier des Innocents. On voit, en effet, le Docteur Macabre placé tout à la fin de la série, près du Roi mort, et il se pourrait faire que les copies manuscrites de cette Danse, détruite peut-être avant la fin du XV⁰ siècle, aient servi à Guyot Marchant pour la publication de ses éditions.

Le Catalogue de La Vallière nous offre également, mais sans figures, « la Danse Macabre par personnages », Ms. en 12 feuillets in-4, sur papier, du XV⁰ siècle (n° 2801).

Von der Hagen, dans son *Histoire de la Poésie allemande* (1812, in-8), cite un manuscrit de la Danse des Morts qui se voit au Vatican, sous le n° 314 (Douce, p. 75), et la Bibliothèque publique de Lille possède un petit in-folio (Ms., n° 8) qui renferme, avec la Danse aux Aveugles, *le Pas de la Mort*,

elle reproduit, sans aucun doute, pour le texte et les figures, la peinture du Charnier des Innocents.

Guyot Marchant commence en 1485 la série de ses publications, qui se continuent jusqu'à la fin du xve siècle : la première date du 28 septembre 1485, et ne renferme que la Danse des Hommes ; la seconde, à peu près pareille, paraît le 7 juin 1486, et c'est juste un mois après que, dans la même année, une troisième édition nous offre la Danse des Femmes à la suite de celle des Hommes. Après Guyot Marchant, d'autres imprimeurs parisiens continuent d'éditer cet ouvrage, tels que Antoine Verard, Jean Jeannot, Denis Janot, Etienne Groulleau, et cette publication, sortant de la capitale, va paraître en province, au xvie siècle : à Lyon, chez Pierre de Sainte-Lucie, Nourry, Olivier Arnoulet ; à Troyes, chez Nicolas le Rouge, Nicolas de la Barre ; à Rouen, chez Guillaume de la Mare, Morron ; enfin, à Genève, et dans les éditions populaires des Oudot et des Garnier, à Troyes, où elle s'est imprimée fort longtemps. Voici la nomenclature de ces éditions, pour laquelle nous nous contentons de suivre l'ordre purement chronologique, et nous renvoyons, pour plus de détails, à l'explication du spécimen que nous donnons de ce livre dans notre XVe planche :

---

poème en stances de huit vers, avec figures, tiré probablement de la même source que les autres.

Frédéric Kugler, dans le *Museum* (Berlin, 1834, n° 11), parle aussi d'une Danse des Morts qui se trouve avec un texte manuscrit à Cassel.

DANSE MACABRE.

1. — 1485. La Danse Macabre.

A la fin du volume, on lit au recto du dernier feuillet :

Cy finist la dāse macabre imprimee | par ung nomme Guy Marchant de | mourant en champ Gaillart a Paris | le vint huitiesme iour de septembre | mil quatre cét quatre vingz et cinq —

Pet. in-fol., goth., composé de 2 cah. de 10 ff. et 20 pp., sans chiffres, signatures ni réclames.

Édition regardée comme la première. C'est celle qui a été découverte par Champollion-Figeac, à Grenoble. Le premier feuillet de ce livre manque, de sorte que l'on ignore quel en était précisément le titre; on l'a remplacé ici par le mot général de Danse Macabre. Il y a dans cette édition, qui ne renferme que la Danse des Hommes, dix-sept gravures et trente-trois figures.

2. — 1486. Ce present liure est appelle Miroer | salutaire pour toutes gens. Et de | tous estats et est de grant utilite | : et recreacion. pour pleuseurs ensen | gnemens tant en latin comme en | francoys les quelx il contient. | ainsi compose pour ceulx qui desirent ac | querir leur salut : et qui le voudront | auoir. La danse Macabre nouuelle.

A la fin du volume, on lit cette souscription :

Cy finist la dāse macabre hystoriee augmētee | de plusieurs nouueaux personnages et | beaux dis, et les trois mors et trois vif emsē | bles. nouuellemēt ainsi cōposee et impri | mee par Guyot Marchant : demorant a Paris | ou grant hostel du college de Nauarre | en champ Gaillart Lan de grace mil quatre cent | quatre vingz et six le septiēme iour de iuing.

Pet. in-fol., goth., de 16 ff, Danse des Hommes seulement.

Cette édition, que l'on regarde comme la seconde, renferme les mêmes planches et les mêmes caractères que la précédente ; elle en diffère seulement en ce qu'on y trouve six nouvelles gravures, la pièce en vers des trois Morts et des trois Vifs, et, enfin, en ce qu'il y a au-dessus des gravures des sentences latines en vers ou en prose, prises ordinairement dans les livres saints.

3. — 1486. La Danse macabre des femmes et le Débat du corps et de l'ame.

A la fin de l'ouvrage, on lit :

Ce petit liure contient trois choses : c'est assauoir la danse macabre des femmes le debat du corps et de lame et la complainte de lame dampnee lequel a este imprim a Paris par Guyot Marchant demorant ou grant hostel de champs Guilliart derrenier le college de Nauarre lan de grace mil quatre cent quatre vingz et six le septiesme iour de iuillet.

1 vol. pet. in-fol. de 16 ff.

Cette édition paraît être la première de la Danse Macabre des Femmes. On n'y voit que trois gravures, savoir : 1° l'Acteur ; 2° les quatre Morts formant orchestre ; 3° la Royne et la Duchesse ; les strophes rimées ne sont pas accompagnées de planches.

— Le Débat du corps et de l'ame qui se trouve dans cette édition doit lui être bien antérieur, car on le trouve dans un ancien recueil imprimé séparément et portant pour titre : Le Miroir de l'ame ; le Débat du corps et de l'ame ; la Science de bien vivre et de bien mourir. (Sans date, mais du XVe siècle. In-4, goth., 57 ff.)

4. — 1490. Cy est la nouuelle danse macabre des hommes dicte Miroer salutaire de toutes gens et de touts etats pour plusieurs beaux dietz en latin et francoys les quelx y sont contenus et si est de grant recreacion pour plusieurs ystoires et enseignemens monitoires a bien viure et mourir, Ainsi imprimee pour tous ceux et celles qui la voudront auoir et desirent faire leur salut. —Autour de la marque de l'imprimeur, on lit : Guiot marchāt imprimeur de mourant au grant

hostel de nauarre en chant gaillart à paris. — Et au bas : Miroer tres salutare La nouuelle danse macabre des hommes. — A la fin, en huit lignes : Cy finit la danse macabre historiee et augmentee de plusieurs nouueaulx personnaiges et beaulx dis, tant en latin que en francoys nouuellement ainsi composee et īprimee par Guyot marchant demourant à paris ou grant hostel du college de nauarre en chāp gaillart. Lan de grace mil quatre cens quatre vingz et dix le xx iour de ianuier.

In-fol., goth, à 2 col., fig. en bois.

Cette édition, qui est une copie de celle de 1486, passe pour la troisième de la Danse des Hommes. Les mêmes caractères ont servi à l'édition latine qui suit.

5. — 1490. Chorea ab eximio Macabro versibus alemanicis edita et a Petro Desrey emendata. Parisiis, per magistrum Guidonem Mercatorem pro Godeffrido de Marnef, 1490.

In-fol., goth, 24 fig. 15 ff.

Le texte de cette édition est une traduction latine de la Danse Macabre. Elle fut corrigée par P. Desrey, et imprimée à Paris, en 1490, par Guyot Marchant (pour Geoffroy de Marnef?), avec les figures de l'édition française de 1485. C'est le titre de cette publication qui a fait supposer que la Danse Macabre avait été composée d'abord en allemand. (Voyez IIe partie, p. 11.)

6. — 1491. Icy est la danse macabre des femes, toute hystoriee et augmetee de nouueaulx personaiges auec plusieurs dis moraulx en latin et francoys q̄ sont enseignemens de bien viure pour bien mourir. — Au verso du quatorzième feuillet, on lit : Cy finist la danse macabre des femes toute hystoriee et augmetee de plusieurs personnages et beaulx dictz en latin et francoys. Imprimee A Paris par Guyot Marchant demorant ou grant hostel du champ gaillard derrier le college de nauarre Lan de grace mil quatre cens quatre vingz et unze le second iour de may. — Et au verso du dernier feuillet : Icy sont les trois mors et trois vifz en latī. Le débat

du corps et de lame et la complainte de lame dance Imprime
a paris par guiot marchant... Lan mil quatre vingz et unze
le dernier iour de Auril.

Pet. in-fol., goth., à 2 col., fig. en bois.

Cette édition doit être la seconde de la Danse des Femmes,
imprimée séparément. L'édition de 1486 ne renferme que
trois gravures et trente-deux strophes. Dans celle-ci, on
trouve de plus toutes les gravures, quatre sujets isolés, et
deux personnages qu'on ne rencontre pas dans d'autres éditions : la Bigote et la Sote ; le tout accompagné de sentences
latines.

7. — 1499. La grant Danse Macabre des Hommes et des
Femmes hystoriee et augmentee de beaulx dicts en latin avec
le debat du corps et de l'ame, la complainte de l'ame dampnee, une exhortation pour bien vivre et bien mourir, la vie
du mauvais antechrist, les quinze signes et le jugement
dernier. le tout composé en ryme françoise et accompagné
de figures. — Imprimé à Lyon, le xviij jour de fevrier, l'an
mil ccccxcix.

In-fol., goth. (Sans nom d'imprimeur.)

Cette édition est la première où se trouvent réunies la Danse
des Hommes et la Danse des Femmes.

8. — 1499. Chorea ab eximio Macabro versibus alemanicis edita, et a Petro Desrey Trecacio quodam oratore nuper
emandata. Parisiis, per magistrum Guidonem Mercatorem
pro Godeffrido de Marnef anno dñi quadragentesimo nona-
gesimo supra millesimum, idibus octobris impressa (15 octobre 1499).

In-fol., goth., fig., 16 ff.

9. — 1500. Dance macabre | Viuans qui voyez ceste dance|
Se souuent la regardez | Vous scairez se bien la gardez|
Quhoneur mondain nest pas cheuance. |

Cy fine la Danse macabre auecques les Dictz des trois

mortz et des trois vifz Imprimee a Paris, par maistre Nicole de la Barre, l'an 1500, le xxiij de juillet.

In-4, goth., fig. en bois.

Se trouve à Londres, au British Museum (Brunet, vol II, p. 11). MM. Douce et Massmann donnent à cette édition la date de 1525; ce dernier bibliographe ajoute (p. 99) qu'elle sort des presses de Troyes, et qu'en 1820, elle fut réimprimée à Paris, par Dobrée, mais nous craignons qu'il n'ait fait erreur dans son assertion. — Les libraires Samuel et Richard Bentley, à Londres, en ont donné un fac-simile contenant huit planches.

10. — 1500. La dance maca- | bre des hōmes, Nouuellemēt | imprimee a Paris | Viuans q' voyez ceste dance | Se souuent vo' y regardez | Vo' scairez sē biē la gardez | Quonneur mondain nest | pas cheuance. | — A la fin : Cy finist la dance macabre auecq̄s | les ditz des trois mors et des trois | vifz Imprimee a paris par la veuf- | ue feu Iehan trepperel et Iehan ie | bannot demourās c la Rue neuf- | ue nostre dame a lēseigne de lescu de France.

Sans date, mais de 1500. Gr. in-8, 56 fig. sur bois. Se trouve à Bâle. (Univers. Biblioth., Massmann, p. 96.)

11. — 1500. La Dance Macabre avec les trois Vifs et les trois Morts. Paris, Ant. Vérard, vers 1500.

Pet. in-fol., 12 f., 20 fig. sur bois.

Édition en ancienne bâtarde, et renfermant vingt figures en bois, sur deux colonnes. (Peignot, p. 118, d'après Van Praet.)

12. — 1500. La Danse Macabre et les trois morts et les trois vifs. Paris, pour Antoine Vérard, vers 1500.

Gr. in-fol, 19 grav. sur bois.

Édition présentant les mêmes caractères et les mêmes figures que la précédente, et se trouvant à Paris, à la Bibliothèque Nationale. Citée par Peignot, p. 119, d'après Van

Praët. Selon Massmann, p. 97, le nombre des gravures de ce volume doit être incomplet.

13. — 150?. La grand' danse Macabre des homes et des femes hystoriee et augmetee de beaulx dietz en latin, etc. — A la fin : Cy finist la Danse Macabre des Hommes et des Femmes hystoriee et auhmentee de personnages et beaulx ditz en latin. Imprime a Troyes par Nicolas Le rouge demourant en la grat rue a lenseigne de Venise auprès la belle croix.

(Sans date.) Pet. in-fol., goth, 40 ff. (du xve siècle ou du commencement du xvie), renfermant 65 figures en bois.

14. — 150?. La grant Danse Macabre des Hommes et des Femmes, avec le débat du corps et de l'ame, la complainte de l'ame damnée, la vie du mauvais antechrist, les quinze signes, etc. Rouen, Guillaume de la Mare. (Sans date.) In-4, fig. sur bois.

Cette édition, en lettres rondes, paraît être du commencement du xvie siècle.

15. — 150?. La grande Danse Macabre des Hommes et des Femmes, où est démonstré tous humains de tous estats estre du branle de la Mort. Lyon, Olivier Arnoulet. In-4. (Sans date.)

16. — 1501. La Grant Danse Macabre des Hommes et des Femmes, hystoriee et augmentee de beaulx dis en latin; le Débat du corps et de l'ame; la complainte de l'ame dampnée; exhortation de bien vivre et de bien mourir; la vie du maulvais antechrist; les xv signes; le Jugement, en vers.

Lyon. Nourry, 1501, i'n-4, goth., fig. en bois. (M. Massmann dit qu'il n'y a pas de Danse des Femmes dans cette édition.)

17. — 1503. La grand Danse Macabre des Hommes et des Femmes, auecques les ditz des trojs Mors et des trojs

Vifz, etc. Imprime a Genesve l'an M ccccc.iij. (Sans nom d'imprimeur.) In-4. fig.

18. — 1528. La grant danse macabre des homes et des femes hystoriee et augmentee de beaux ditz en latin, etc. Imprime a Troyes par Nicolas le rouge demourant en la grant'rue a l'enseigne de Venise. Aupres la belle croix. *A la fin* : Lan Mil ccccc.xxviii le. xi. iour de Iuing. In-fol., goth., à 2 col., fig. en bois (Massmann, p. 99).

19. — 153?. La grant dance | Macabre des Hommes et des Femmes : | Historiée et augmentée de beaux | dicts en Latin. | Auec le debat du corps et de l'ame, etc. A troyes, | Chez Nicolas Oudot, Imprimeur demeurant | en la rue nostre Dame, à l'Enseigne du | Chapon d'Or Couronné. || Gr. in-4. (Sans date.) Se trouve à Vienne. Cité par Massmann seul, p. 103.

20. — 1531. La grant Danse Macabre des Hommes et des Femmes, en vers, hystoriee et augmentee de beaulx ditz en latin. Troyes, Nic. Le Rouge. 1531. In-fol., goth. C'est d'après ce livre qu'ont été copiées les gravures des éditions populaires imprimées dans cette ville au xviii[e] siècle.

21. — 1533. La grãde | danse macabre des ho | mes et des femmes nouuel- | lement imprimee et augmen | tee de histoires et beaulx dictz | en latim cōme il appert p la ta | ble q[i] est en la secode paige de | ce p̃sent liure. m. v[c] xxxii | On les vend a Paris en la | rue neufue nostre dame à l'en- | seigne d' lescu de Frace et en la | sale du palais p Denis ianot. | In-12, fig. sur bois, goth. (Massmann, p. 104).

| A dace macabre.
22. — 1537. LEs trois mortz t | les trois vifz. | Et les quinze signes pre- | cedens le grãt iugemēt —Imprime à Lyon par Pierre de Saincte Lucie dict le | Prince pres nostre Dame de Confort. — Au revers : Le nest que vent de la vie

mondaine | Mondain plaisir dure peu longuement | Longue saison na pas, mais tressoudaine | Soudainmourras t ne scais quellement. — *A la fin* : Lan mil cinq cēs xxxvij. Au mois Daoust.

Se trouve à Vienne. Cité par Massmann, p. 105.

23. — (1550). La grand' Danse Macabre des Hommes et des Femmes, nouuellement reuuë et augmentee d'histoires et beaulx ditz, tant en latin qu'en francoys, et autres oeuvres dont le contenu est en la page suivante. — Paris, par Estienne Groulleau, libraire iuré, demourant en la rue Neuue Nostre Dame à l'enseigne S. Jean Baptiste. (Sans date.) In-16, fig. sur bois.

Cette édition est probablement la première qui ait été publiée dans un aussi petit format. M. Massmann, p. 106, croit que ce volume est du milieu du xv° siècle.

24. — 1550. La grand' Danse Macabre des Hommes et des Femmes, nouuellement reueue et augmentee d'histoires et beaux dits, tant en latin qu'en françois et autres œuvres, etc. Paris, Estienne Groulleau, 1550. In-16, fig. en bois, lettres rondes.

25. — (1550.) La Grande Danse des Morts, etc. Rouen, Morron. (Sans date.) In-8, fig.

26. — 1589. Les LXVIII. huictains ci-devant appellés la Danse Machabrey. Paris, Varangue, 1589. (Voyez p. 94.) Édition sans figures, qui ne doit renfermer qu'une partie du poème de la Danse Macabre [1].

---

[1] Il existe d'autres volumes, également sans figures, comme celui-ci, et qui, sans renfermer le même poème, présentent un véritable texte de Danse des Morts, tels que :

—Le faut-mourir et les excuses inutiles qu'on apporte à cette nécessité, le tout en vers burlesques, par Monsieur Jean Jacques, chanoine créé de l'Eglise métropolitaine d'Ambrun, à Rouen, chez

27. — 1626. La grand dance Macabre des hommes et des femmes, historiee et augmentee de beaux dicts en latin. Auec le debat du corps et de l'ame, la complainte de l'ame damnée et l'exhortation de bien vivre et bien mourir. Ensemble la vie du mauvais antechrist, avec les quinze signes et le jugement. Rouen, 1626. In-4, 10 ff. (Massmann, p. 107.)

28. — 1641. La grande Danse Macabre des Hommes et des Femmes, etc Troyes, Nic. Oudot, 1641. In-4, fig.

29. — 1728. La grande Danse Macabre des Hommes et des Femmes; historiée et renouvellée de vieux gaulois, en langage le plus poli de notre temps. Le Débat du corps et de l'ame. La Complainte de l'ame damnée. Avec l'Exhortation de bien vivre et de bien mourir. La Vie du mauvais antechrist. Les quinze signes du Jugement. A Troyes, chez Pierre

---

François Vaultier, sous la porte du palais, près la Bastille, M.DC.LVIII. In-12. Cet ouvrage n'est qu'un long dialogue assez plaisant entre la Mort et vingt-un personnages, et il commence par un monologue de la Mort, qui fait voir qu'elle n'épargne personne :

Et que par une loy de tout age suivie
Elle ravit le jour à qui reçoit la vie.

— La Dance Macabre, or Death's Duell (le Duel de la Mort), par W. Colman (sans date, in-12), avec un frontispice représentant une Danse des Morts (Douce, p. 185). Ce poème anglais, qui consiste en stances de six vers chacune, est remarquable, et, malgré son titre, il faut bien se garder de le confondre avec la Danse Macabre de Lydgate et, par conséquent, avec la nôtre.

— Θανατογραφια, id est mortis descriptio, per Franciscum Quelain Cœnomanum, Carthusianœ domus a Bono Fonte priorem. Gandavi, 1554. Pet. in-8 de 8 ff., avec une figure sur bois.

Nous trouvons, avec la note suivante, la première mention de cet opuscule dans le *Catalogue de Bibliothèque Dramatique de M. de Soleinne* (dernière partie, livres omis, n° 20) : « Cette » espèce de monologue de la Mort était récitée par un moine dans » les couvents, devant une représentation plastique de la Danse » Macabre. »

Garnier, rue du Temple. (Sans date, mais le privilége porte 1728.) In-4, fig.

31. — 1728. La grande Danse (*même titre que ci-dessus*). — A Troyes, chez Jean-Antoine Garnier, imprimeur-libraire, rue du Temple, avec permission. (Sans date, même privilége.)

31. — 1728. La grande Danse (*même titre*). — A Troyes, chez Jean Garnier, etc. (Même privilége.)
Les planches de ces éditions portent le nom de *Vernier*.

32. — 1729. La grande Danse Macabée des Hommes et des Femmes, historiée et renouvellée du vieux Gaulois, etc. (A peu près même titre que l'édition précédente.) A Troyes, chez la veuve de Jacques Oudot et Jean Oudot fils, rue du Temple. 1729. In-4, fig. Les planches ne paraissent pas être les mêmes que celles des éditions qui précèdent.

Ces dernières éditions, imprimées à Troyes, sur papier gris et ornées de figures sur bois fort mal faites, étaient destinées au bas peuple, et font partie de la Bibliothèque Bleue.

Il est indubitable qu'il y en a eu de plus nombreuses éditions, mais il serait fort difficile de les citer toutes. On en imprime encore aujourd'hui, avec les anciennes planches, chez Baudot, le successeur des Oudot et des Garnier réunis, et ces nouveaux exemplaires coûtent 5 fr., prix assez élevé relativement à leur valeur.

Le moine John Lydgate traduisit les vers de cette Danse pour servir à celle de Londres. Ses vers sont essentiellement semblables. On les trouve :

1° Dans l'ouvrage anglais intitulé : Tottel's Fall of Princes (Mort des Princes). 1554. In-fol. ;

2° Dans le Monasticon anglicanum, par Wil. Dugdale et Roy. Dodsworih, etc. London, 1655, 1664, 1675, vol. III, p. 363 ;

3° Dans : History of St Paul's Cathedral in London, by Will. Dugdale. London, 1648. In-fol. ;

4° Dans : The Dance of death painted by H. Holbein and

engraved by W. Hollar, 1796, 1804, etc., p. 73, par Francis Douce. Dans cette dernière édition, cette impression est intitulée : The Dance of Machabree : Wherein is lively expressed and shewed The state of manne, And how he is called at uncertayne tymes by Death, and when he thinketh least thereon : made by Dan John Lydgate Monke of S. Edmunds-Bury. (La Danse de Macabre, dans laquelle est vivement exprimé et montré l'état de l'homme et comment il est appelé par la mort à des temps incertains et quand il y pense le moins. Fait par don John Lydgate, moine de S. Edmunds-Bury.)

Dans la collection des Romans, Poésies chevaleresques, éditée, à Paris, par M. Silvestre, la Danse Macabre ordinaire doit être réimprimée avec toutes ses planches. Mais cet ouvrage n'est point encore paru.

Après les publications de Guyot Marchant, la Danse des Morts ne tarda pas à figurer parmi les sujets dont les libraires et imprimeurs se servirent à la fin du xve siècle et pendant le xvie, pour orner leurs magnifiques livres d'Heures. Nous n'entreprendrons pas d'énumérer ici toutes les beautés de ces livres de prières qui sont aujourd'hui si connus et si recherchés ; nous renverrons nos lecteurs à la *Notice sur les Heures gothiques,* que M. Brunet donne dans son *Manuel du Libraire* (t. IV, 1843), et aux travaux de MM. Douce et Massmann, auxquels nous empruntons plusieurs citations. Nous donnons ici la liste des différents livres d'Heures qui renferment, à notre connaissance, la Danse des Morts, en réservant des détails sur ces volumes pour l'explication du spécimen complet de cette Danse, que nous reproduisons dans notre IIe partie (pl. VII-XIV).

L'éditeur le plus renommé de ces Heures gothiques, Simon Vostre, commence à Paris la série de ses publications dès 1484 ou 1486 ; mais, comme nous ne nous occupons ici que des Heures renfermant la Danse des Morts, ce n'est que vers 1491 que celle-ci apparaît dans ses volumes, et tel était le commerce qu'il faisait en les plaçant dans toute la France, dans les Pays-Bas et même en Angleterre, que nous pouvons citer de lui, de 1491 à 1519, quarante-six éditions, sans compter le reste de celles qu'il publia et qui ne renferment pas, que nous sachions, cette Danse funèbre.

Les compositions charmantes qui ornent les bordures de ces livres sont des sujets champêtres, des chasses, des conceptions fantastiques, telles que nous en représentent les manuscrits de cette époque, qu'il fallait surpasser en luxe pour trouver le placement d'une édition. On y trouve encore des histoires tirées de l'Ecriture-Sainte, de la Mythologie, les Sibylles, et surtout la Danse Macabre, en soixante-six personnages souvent répétés, série qui n'est pas la moins intéressante de toutes. Selon Papillon (I, p. 152), ces gravures étaient l'œuvre d'un artiste nommé Iolat.

Après Simon Vostre, dont les livres sortaient généralement des presses de l'imprimeur Philippe Pigouchet, d'autres libraires-imprimeurs, suivant ses traces, donnèrent, dans le courant du xve siècle, un grand nombre d'éditions dans le même genre. Nous trouvons parmi eux Antoine Vérard, qui, de 1497 à 1510, donne huit éditions rentrant dans notre sujet; Jean Poitevin, qui en publie une en 1503; Thielman Kerver en donne ~~quinze~~ de 1505 à 1531; les deux Hardouin, Gilles et Germain, trois, de 1499 à 1520; Guillaume Godard, six (1510-1520); Jean Bignon, une, en 1521, et François Regnault, quatre (1527-1537).

En province, une des premières publications de la sorte paraît à Troyes, en allemand, en 1491; puis à Lyon, chez Gueynard (1508) et Bonini (1499-1521). Enfin, plus tard, le libraire anglais Day publie, à Londres (1578-1609), ~~quatre~~ éditions du livre connu sous le nom d'Heures de la reine Elisabeth.

Nous suivrons, pour la liste que nous allons donner de ces livres de prières, l'ordre successif des villes dans lesquelles ils ont été imprimés.

LIVRES D'HEURES.

1. — (1490.) Hore nostre domine scdm usuz | ecclesie romane unacuz multis | cursibus incipiunt feliciter.

Pet. in-8, sans date, avec un almanach de 1490 à 1505 et une marque d'imprimeur inconnu, consistant en un lion ailé qui tient un livre avec les deux lettres MR accollées et surmontées d'une croix double. — Se trouve à Munich (Massmann, p. 117). Renfermant une Danse des Hommes et les Trois Morts et les Trois Vifs. Ce livre doit sortir de Paris.

TROYES.

2. — 1491. M. Massmann cite, comme existant à Vienne, un livre d'Heures allemand, sans titre, imprimé à Troyes, avec la Danse des Morts. *On lit à la fin :* Getruckt zu eleine Troya da man zalte von der geburt cristi. 1. 4. 9. 1.

PARIS.

SIMON VOSTRE.

3. — (1491.) Heures. — In-8, avec la Danse des Hommes et des Femmes. Ce livre parait être sorti des presses de Simon Vostre, entre 1490 et 1500, selon M. Peignot (p. 145), et 1491, selon M. Massmann (p. 118).

4. — 1495. Las Horas de nuestra Senora con muchos otros oficios y oraciones. Imprimé à Paris par Nic. Higman pour Sim. Vostre. 1495. In-8.

Renfermant la Danse Macabre ordinaire en 66 sujets, et une autre suite analogue, *Les accidents de l'homme*. Les sujets de cette seconde Danse ont été reproduits en grande partie dans *les Loups ravissants*, de Robert Gobin. (Voyez IIe partie, p. 22.)

5. — 1496. Heures a lusage de Romme. Marque de Pigouchet. — *A la fin* : Ces presentes heures à lusage de Romme furent acheuees le XXIII iour de Januier Lan M. CCCC. IIII. XX. et XVI. pour Simon Vostre. etc. (Panzer, Annales, II, 312, n° 377.)

6. — 1496. Hore intemerate virginis marie. (Alman. de 1488 à 1508.) Gr. in-8, goth., fig. et bord.

Dans les bordures, on voit la Danse des Morts en 66 sujets.

7. — 1496. Heures a lusage Dangers. — *Au verso du dernier feuillet* : Ces presentes heures a lusage Dagers furent acheuees le xv iour de feurier. La Mil CCCC iiii xx et xvi. pour Simo vostre libraire.... In-8, pl. et bord.

La Danse des Morts est comprise dans les bordures en 42 sujets.

8. — 1496. Heures a lusage de Rome. Paris, pour Simon Vostre. — *A la fin* : acheuees le XX iour de mars Lan

M. CCCC. IIII. XX. et XXVI. pour Simon Vostre..... (Panzer, II, 515.)

9. — 1497. Heures a lusage de Rome. — Acheuees le xxvij iour de Auril. Lan M. CCCC (IIII. XX. et XVII). pour Simon Vostre.... (Avec la marque de l'imprimeur Pigouchet et un alman. de 1488 à 1508.) Pet. in-8, goth.
La Danse Macabre a dans cette édition 66 sujets.

10. — 1496. Heures a lusage de Romme. — Ces presentes heures à lusage de Rōme furēt acheuees le xx iour de aoust. La mil CCCC. quatre vingtz et xvj pour Simon Vostre, etc. Pet. in-4, fig. et bord. Danse en 66 sujets. (Brunet, p. .).

11. — 1497. Ordinarium beate Marie Virginis ad usum Cisterciensem impressum est caracteribus optimis una cum expensis honesti viris Symonis Vostre commorantis Parisiis in vico novo Dive Marie in intersignio Sancti Joannis Evangeliste. 1497. In-12. (Douce, p. 64.)

12. — (1497.) Heures à l'usage de Rome. — Ces presentes heures a lusaige de Romme furēt acheuees le VII iour de Aoust. Lan M. CCCC..... pour Simon Vostre. In-4, fig. et bord.
Dans l'exemplaire de cette édition qui se conserve à la Bibliothèque Nationale, la fin de la date est effacée, de sorte que l'on n'en peut préciser l'année. Il y a 14 grandes planches, et dans les bordures à compartiments, outre une suite de gravures représentant la vie de Jésus-Christ et de la Vierge, les Vertus Théologales et Cardinales, l'histoire de l'Enfant Prodigue et celle de Suzanne, on trouve la Danse des Morts en 78 figures, dont 12 sont répétées. Probablement de 1497 ou 1498.

13. — 1497. Heures a lusage de Rome, acheuez le iiii iour de Nouebre Lan M. CCCC. IIII. XX et XVII, par Simon Vostre.... (Marque de Pigouchet. Alman. de 1488 à 1508.) Pet. in-4. Danse en 45 sujets.

346   ESSAI HISTORIQUE

14. — 1497. Les presentes heures a lusage de Paris. furent ache- | uez Lan Mil CCCC iiii xx. t xvii le xxiij. iour de De | cembre. pour Simon vostre Libraire : demoure à la rue | neuue nostre dame a Conseigne sainct Jehan leuangeliste. | Avec la marque de P. Pigouchet. Alman. pour vingt-deux ans et partant de 1488. Aux Vigiles des morts, on trouve une Danse de 66 personnages à 3 par feuille, dont 30 hommes, 36 femmes, plus 9 répétés. — Se trouve à Vienne. (Massmann, p. 119.)

15. — 1498. Hore presentes ad usum Sarum impresse fuerunt Parisiis per Philippum Pigouchet Anno Salutis M. CCCC XCVIII die vero xvi Maii pro Symone Vostre librario commorante, etc. In-8. (Douce, p. 64, III.)

16. — 1498. Heures a lusage de Rōme. — Ces presentes heures a l'usage de Rōme furent acheuez Lan mil CCCC. IIII. XX. et XVIII. le xxij jour de Aoust pour Symo Vostre. (Marque de Pigouchet.) Pet. in-4, goth. Alman. de 1488, et non 1498, à 1508.

Il y 48 sujets à la Danse des Morts : 30 hommes et 18 femmes.

17. — 1498. Les presentes heures a lusaige de Rome fu | ret acheuez le xvi iour de septembre. La·n mil] cccc. iiii. xx. et xviii. pour Simon Vostre. li | braire demourant a Paris a la rue neuue notre | dame a lymage saint Jehan leuangeliste. In-4. Marque de Pigouchet. 66 figures, 30 hommes et 36 femmes, à la Danse des Morts.

Cité par M. Kist (p. 98) et se trouve à la Bibliothèque Royale de La Haye.

18. — 1498. Heures a l'usage de Verdun acheuez lan mil cccc iiii xx et xviii le xxiij iour de Octobre pour Simon Vostre. (Nom et marque de Pigouchet. Alman. de 1488 à 1508.) Pet. in-8, goth.

La Danse Macabre comprend 66 sujets.

SUR LES DANSES DES MORTS. 347

19. — 1499. Las Horas de nuestra senora (*en petites majuscules*) con muchos otros oficios y oraciones. — *A la fin :* Impressa en paris fuerō acabadas à xx dias d' nouiēbre ano del senor de Mill y quatrocientos y xcix años por Simō Vostre. 1499. In-8, goth.

La Danse se voit dans cet exemplaire en 66 sujets, dont quelques-uns sont répétés, en tout 114.

20 — 1499. Ces presentes heures a l'usage de Tou : furent acheueez lan Mil CCCC. iiii. xx. xix. le xx. iour de Decembre pour Simon vostre. libraire demourant a Paris a la rue neuue nostre dame a lenseigne saint Jehan leuangeliste.

69 sujets à la Danse des Morts : 30 hommes, 30 femmes, et 9 hommes répétés. (Massmann, p. 121.)

21. — 1500. Heures a l'usaige de Paris. Paris pour Symon Vostre. 1500. In-8. (Massmann, p. 121, et *Bibliotheca Büloviana*, 1834.)

22. — 150.? Ces presentes heures a lusage de Rome furent acheuez, etc. — *A la fin* : Simon vostre a la rue neuue nostre dame a lenseigne s. Jean Evangeliste. — Marque de Ph. Pigouchet. Alman. de 1500 à 1520. Danse des Morts en 99 sujets. (Fiorillo, IV, 139, 2, et Massmann, p. 121.)

23. — 1501. Heures à lusaige de Rome... acheueez le xxvii. iour de septēbre. Lan mil cinq cens 1 pour Simon Vostre. In-8, goth. Marque de Pigouchet. Alman. de 1501 à 1520. 66 sujets sont consacrés à la Danse des Morts ; quelques-uns sont répétés, et forment en tout 111 avec les autres.

24. — 1501. Heures a lusaige de Rome. acheues le xv iour de Nouebre. Lan mil cinq cens et ung pour Simon Vostre. —Marque de Pigouchet. In-8, goth. 66 sujets, en tout 81 à la Danse des Morts.

25. — 150.? Les ps'tes heures a lusaige de Besenson au long sans requerir. — In-8, goth. 46 sujets à la Danse.

26. — 1502. Heures à lusaige de Romme. pour Simon Vostre. — Sans date. In-8, goth. Alman. de 1502 à 1520. 66 sujets, en tout 138, à la Danse.

27. — 1502. Hore beate marie v'ginis sec'ndu' usu' Romanum.... per Philippum pigouchet.... impensis aute' honesti viri Symonis vostre librarii. — In-8. Alm. de 1502 à 1520. La Danse des Morts en 66 sujets est répétée deux fois, et il y a le commencement d'une troisième série. Se trouve à la Bibliothèque royale de Munich. (Massmann, p. 122.)

28. — 1502. Heures a lusaige de Romme. pour Simon Vostre. — In-8, goth. Marque de Pigouchet. Alm. de 1502 à 1520. 66 sujets, en tout 99, à la Danse des Morts.

29. — 1502. Heures...(Idem). Avec la marque de Simon Vostre. 66 fig., en tout 78, à la Danse des Morts.

30. — 1502. Heures à l'usage de Verdun, par Phil. Pigouchet pour Simon Vostre. Alm. de 1502 à 1520. In-8, goth. 66 fig., en tout 153, à la Danse des Morts.
Les grandes planches de ce volume ne sont pas les mêmes que celles des premières éditions de Simon Vostre.

31. — 1502. Heures a lusaige de Machon.... par Phil. Pigouchet pour Simon Vostre. Pet. in-8. Calendrier de 1502 à 1520. 66 fig., en tout 81, à la Danse des Morts.

32. — 1502. Heures a l'usage de Soissons. Imprimé par Simon Vostre, 1502. In-8. (Douce, p. 64.)

33. — 1502. Heures a lusaige de Romme.... acheuees le xv. iour de Decembre. Lan mil v. cens et deux pour Simon Vostre. — In-8. Cité par Panzer, XI, 475.

34. — 1502. Ces presentes heures a lusage de Rheims.... acheuees le xv. jour de Decembre lan mil cinq cens deux pour Simon Vostre. — In-8.

SUR LES DANSES DES MORTS. 349

35. — 1503. Heures.... achevees le vv. jour de May lan mil cinq cens et trois. — Danse des Morts en 41 sujets. Probablement de chez Simon Vostre. (Fiorillo, IV, 138, 4 ; Massmann, p. 124.)

36. — 1504. Ces presentes heures a lusaige de Rome furent acheucez le xv. iour de Auril. Lan mil cinq cens et quatre. pour Simon vostre Libraire : demoura't a paris a la rue neuue nostre dame a lenseigne sainct Jehan leuangeliste. — In-8, goth. Marque de Pigouchet. Alm. de 1502 à 1520. Avec la Danse des Morts. Se trouve à la Bibliothèque royale de Munich. (Massmann, p. 124.)

37. — 1504. Heures.... M. Massmann cite avec cette date (p. 125) un livre d'Heures sans titre, semblable à celui qui précède pour l'impression et les gravures, sauf quelques différences dans l'arrangement des bordures. Ce livre se trouve à la même Bibliothèque.

38. — 1507. Hore beate marie secundu' vsum Romanum cum illius miraculis vna cum figuris Apocalipsis post biblia figuras insertis. *A la fin* : Imp'ssu' Parisiis Anno dm. Millesimo qui͡ gétesimo septimo. vltima die me'sis Junii Opera Symonis vostre ad intersigniu' scti Joh'is euagelíste in nouo vico nostre d'ne. — In-8, Alm. de 1501 à 1527. Danse des Morts dans les bordures aux vigiles des morts. Cité par M. Massmann (p. 126).

39. — 1507. Heures a lusaige de Outun (Autun)...... faictes pour Simon Vostre.... a Paris. — In-8, goth. Alm. de 1507 à 1527. 66 fig., en tout 132, à la Danse des Morts.

40. — 1507. Heures a lusaige de Metz.... pour Simon Vostre. — In-8, goth. Alm. de 1507 à 1527. 66 fig., en tout 142, à la Danse des Morts.

41. — 1507. Heures.... a lusage de Paris. Simon Vostre, 1507. Danse des Morts en 66 sujets.

42. — 1507. Heures a lusaige de Xaintes.... pour Simon Vostre. — In-8, goth. Alm. de 1507 à 1527. 66 fig., en tout 165, à la Danse des Morts.

43. — 1507. Heures a lusaige de Troyes.... pour Simon Vostre. — In-8. Alm. de 1507 à 1527. 66 fig., en tout 132, à la Danse des Morts.

44. — 1508. Les presentes heures a lusaige de Rouan, au long sans requerir : avec les miracles nostre Dame et les figures de lapocalipse, et de la bible, et des triu'phes de Cesar, et plusieurs aultres hystoires faictes a lantique. ont este imprimees pour Symon vostre Libraire : demourant a Paris. — Pet. in-4, goth., fig. et bord. Alm. de 1508 à 1528. C'est d'après la Danse comprise en 66 figures dans cette édition que nous avons reproduit dans nos planches VII-XIV la Danse ordinaire publiée par Simon Vostre.

45. — 1508. Hore christifere Virginis marie secundum vsum Romanum ad longum absq; aliquo recursu cum illius miraculis et figuris apocalipsis et biblianis vna cum triumphis cæsaris. (Parisiis, Simon Vostre.) — Gr. in-8, fig. et bordures. Alm. de 1508 à 1528. Danse en 66 sujets.

46. — 1508. Hore beate marie virginis secundum usum romanum cum illius miraculis una cum figuris apocalipsis post biblie figuris insertis. (Parisiis, Simon Vostre.) — Gr. in-8, goth., fig. et bord. Alm. de 1508 à 1526. Mêmes planches que dans l'édition précédente. Danse en 66 sujets, mais sans les huitains qui les accompagnent ordinairement.

47. — 1509. Les p'sentes heures a lusaige de Ausserre au lo'g sa's req're auec les hystoires de lapocalipse, et plusieurs autres nouuuelles hystoires faictes a lantique ont este imprimes pour Symon Vostre. — In-8. Calend. de 1509 à 1529. Avec la Danse ordinaire. Se trouve à Bâle. (Massmann, p. 129.)

48. — 1510. Hore beate marie virginis secundu' vsu' Ro-

manum. — In-8, goth. Marque de Simon Vostre et alm. de 1510 à 1530. 66 fig., en tout 147, à la Danse Macabre.

49. — 1510. Ces presentes Heures a lusage dAngers au long sans rien requerir avec les miracles Nostre Dame et les figures de lapocalipse et des triumphes de cesar. (Paris, Simon Vostre.) — Alm. de 1510 à 1530. Gr. in-8, fig. et bordures. Danse en 66 personnages.

50. — 1510. Heures a lusaige du Mans.... avec les miracle nostre dame... Marque de Simon Vostre et alm. de 1510 à 1530. Gr. in-8, goth. Danse des Morts en 66 fig.

51. — 1512. Heures a lusage de Chalons.... avec les figures et signes de lapocalypse ; les miracles nostre dame, les accide's de lho'me..... à Paris, pour Symo' Vostre. — Alm. de 1512 à 1530. Gr. in-8, goth.

Les Accidents de l'Homme dont il est question dans cette édition se composent de vingt-six petits sujets assez mal exécutés et accompagnés de quatrains. (Voyez, à cet égard, l'explication de nos planches VII-XIV, IIe partie, 22-29.)

Ces sujets ressemblent assez à la Danse des Morts, qu'ils suivent immédiatement dans les Heures que publia Simon Vostre après l'année 1512.

52. — 1512. Les présentes Heures a lusaige de Langre toutes au long sans requerir : avec les figures et signes de lapocalipse, les miracles Nostre Dame, les accide's de lHom'e : et plusieurs aultres histoires de nouveau adjoutées ont esté faictes à Paris par Simon Vostre libraire demeurant a la Rue Neuue : près la grant eglise. — In-4, goth. fig. et bordures renfermant la Danse des Morts et les Accidens de l'Homme. Alm. de 1512 à 1530.

53. — 1515. Heures a lusaige de Rouen... — Marque de Simon Vostre. — In-8, goth., fig. et bord. Alm. de 1515-30. 66 sujets à la Danse des Morts, avec la suite de 26 fig. Se trouve à Paris, à la Bibliothèque nationale. (Brunet, IV, 782 A.)

54. — 1515. Heures à lusaige de Paris. (Paris, Simon Vostre, 1515.) In-8, fig. et bord. Cité par M. Douce comme renfermant une Danse Macabre et les Accidents de l'Homme. M. Brunet ajoute à cela que cette même édition ou tout au moins une semblable est annoncée sous le titre suivant dans le catalogue Sépher (n° 327):

55. — 1515? Heures a lusage de Paris au long sans rien requérir, avec les figures et signes de Lapocalipse, la vie de Judic et de Tobie, les accidents de lhomme, les triomphes de Cesar, les miracles de Nostre dame. Paris, Jehan Lebreton (sans date). In-8, goth.

56. — 1515. Les presentes heures a lusaige de Tou (Toul) toutes au long sans req'rir : auec les figures et signes de lapocalipse : la vie de thobie et de iudie, les accide's de lhom'e, le triumphe de Cesar, les miracles de nostre dame. ont este faictes a Paris pour Symo Vostre libraire demoura't en la rue neufue a le'seigne s. ieha'. leua'gel. — Gr. in-8. Alman. de 1515-40.

57. — 1515. Les presentes heures a l'usaige de Cambray (titre absolument semblable à celui qui précède). — Gr. in-8. Alm. de 1515 à 1550, avec des sujets en partie répétés dans la Danse Macabre. Se trouve à la Bibliothèque royale de Munich. (Massmann, p. 152.)

58. — 15..? Hore beate Virginis Marie secundum usum Sarum (*Salisbury*). Opera ac arte Nic. Higman impensis Sim. Vostre, Parisiis. — Gr. in-8. La Danse des Morts doit être contenue dans ce volume qui renferme la plupart des planches et des suites en bordures de ce libraire.

59. — (1519.) Les presentes heures a lusaige de Rome toutes au long sans req'rir : avec.... les accide's de lhom'e, etc... ont este faicte a Paris pour Symo' Vostre libraire, etc. 66 fig. à la Danse des Morts. Se trouve à la Bibliothèque

royale de La Haye. Cité (p. 105) par M. Kist avec la date de 1519.

ANTOINE VÉRARD.

60. — 1497. Hore beate marie virginis, secundum usum Romanum. — Pet. in-8, goth. Alm. de 1497 à 1520. Edition attribuée à Vérard ; le titre et la souscription sont effacés dans l'exemplaire connu de la Bibliothèque nationale. En tout 78 fig., dont plusieurs répétées, à la Danse des Morts. (Brunet, IV, 785 n.)

61. — 1498. Heures a lusage de Rome.... acheuees a Paris pour anthoine verard... le xxij iour d'octobre. Lan mil quatre cens quatre vingtz et xviii. — In-4, fig. et bord. Renfermant une Danse des Morts. Dans son *Bibliographical Decameron* (I, p. 35 et 101), le Dr Dibdin donne le fac-simile de sept personnages extraits d'une Danse des Morts qui se trouve dans un *Missel* in-8, imprimé par Vérard en 1498. Il doit être ici question de ces Heures à l'usage de Rome dont nous donnons le titre d'après Brunet (IV, 786), et nous ne croyons pas, comme le fait M. Massmann, que ce soient deux éditions différentes publiées par Vérard dans cette même année.

62. — 1503. Heures a lusaige de Rome. Imprimees a Paris le xix iour du mois de iuing mil cinq cens et trois (avec la marque de Vérard au frontispice). In-4, goth. 48 fig., en tout 90, à la Danse des Morts.

63. — 1506. Heures a lusage de Paris. acheuees le xx iour Daoust Mil cinq cens et six pour Antoine Verard. — In-8, goth. 42 fig., en tout 133, à la Danse des Morts.

64. — 1507. Heures a l'usage de Paris. acheuees Lan Mil ccccc et sept. pour Anthoine Verard. — In-8, goth. 48 fig. à la Danse des Morts.

65. — 1508. Heures a lusage de Paris. acheuees le xxi iour

de iuillet. Lan mil cinq cens et huyt (avec la marque de Vérard). — In-8, goth. 48 fig., en tout 120, à la Danse des Morts.

66. — 1509. Heures a lusage de Paris. acheuees le xv iour de feurier. Lan mil cinq cens et neuf. — In-8, goth., avec les mêmes figures que l'édition précédente. M. Douce indique ce volume sans dire qu'il est à l'usage de Paris.

67. — 1510. Heures a lusage de Paris. *A la fin* : Les presentes heures fure't acheuees a Paris le xxi iour de Juing Lan mil cinq cens et dix pour anthoine verard demoura't deuant nostre dame de Paris. — In-8, goth., orné des mêmes figures.

GERMAIN HARDOUIN.

68. — 1499. Heures a lusage de Rome tout au long, sans rien requerir : avec les figures de la vie de l'homme et la destruction de Hierusalem. — Gr. in-8. Dans cet exemplaire, que cite M. Massmann (p. 121.), d'après Fiorillo (IV, p. 158, 2), on trouve à la souscription finale ces mots : Hardouyn faictes a la mode dytalie.

GILLES HARDOUIN.

69. — 1514. Heures a l'usage de Rome. *A la fin* : Les presentes heures a lusaige de Rome ont este imprimees a Paris deuat par Gillet Hardouyn demourant au bout du Pont n're dame Sainct Denis de la Chartre : a lenseigne de la Rose d'or. Et on les vend audit lieu. — In-8, goth. Alm. pour seize ans, de 1514 à 1529. Danse des Morts en 22 fig. Se trouve à la Bibliothèque royale de La Haye. (Kist. p. 99.)

Ces éditions de Hardouin renferment un sujet d'Adam et Eve sous l'arbre de la Mort dans le genre de celui que nous reproduisons dans notre planche VII.

70. — (1520.) Les presentes heures a lusaige de Romme

toutes au long sans rie's requerir, ont este nouuelleme't
i'primees a Paris pour Gilles Hardouyn. — Gr. in-8, goth.,
avec un calendrier pour seize ans commençant en 1520.
Aux vigiles des morts se trouve le Triomphe de Mort en 22
figures. (Massmann , p. 134.)

JEAN POITEVIN.

71. — 1503. Hore intemerate virginis marie.... Jehan
Poitevin. Gr. in-8 , goth., fig. et bord. Alm. de 1503 à 1520.
En tout 78 personnages, dont plusieurs répétés , à la Danse
des Morts, qui est médiocrement gravée.

M. Massmann croit que ces Heures ont été imprimées à
Troyes. Mais c'est une erreur. Elles sortent de Paris, où
Jean Poitevin était libraire.

THIELMAN KERVER ET SA VEUVE.

72. — 1505. Hore diue v'ginis Marie sed'm veru' vsum Romanu' cum aliis multis folio sequenti notatis vna cum figuris apocalipsis post figuras biblie recenter insertis *A la fin* :
... Imp'ssu' Parisiis Anno d'ni millesimo quige'tesimo qui'to :
xvi. Kale'das Januarii opera Thielmani keruer Venaleq' est
supra ponte' s'cti Michaelis intersignio Vnicornis. — Avec
une Danse à l'office des morts. (Massmann , p. 127, d'après
d'Agincourt, *Histoire de l'Art par les monuments*, VI,
176, 6 , et III, 166-168.)

73. — 1506. Heures a lusaige de Rome. acheuees le xxii
iour de Juing Lan 1506 par Thielman Keruer. — In-8,
goth., fig. et bordures. Danse des Morts en 66 sujets médiocrement exécutés.

74. — 1506 Hore beate marie virginis sed'm veru' vsum
Romanum... Parisius. 1506, 27 oct. Thielmann Kerver.
In- 8 , lettres rondes, fig. et bord. Danse en 32 sujets, à deux
par page, assez mal gravés. Cité par M. Massmann, p. 126,
sous un titre un peu différent. (Brunet, IV, 789 A.)

75. — 1507. Heures à lusaige de Rome nouuellement imprimees, esquelles a plusieurs belles hystoires de la bible, auec les figures de lapocalipse, la da'ce macabre, et plusieurs autres. *A la fin* : Les présentes heures a lusage de Rome fure't acheuees le iiij iour de May. Lan mil cinq cens et sept. par Thielmann Keruer imprimeur et libraire iure de l'universite de Paris demourat a lenseigne du Gril eu la rue sai't Jaques en la dicte vniuersite. — Gr. in-8, caract. rom. Se trouve à la Bibliothèque impériale de Munich, et renferme une Danse des Morts différente des autres. Il y a deux figures par page accompagnées de vers français, puis répétées avec des vers latins. (Massmann, p. 127.)

76. — 1507. Hore dive virginis Marie sed'm veru' vsum Romanu'.... Parisius impressum Anno domini Millesimo quingentesimo septio die vero xiii. mensis septembris. opera Thielmanni Keruer.... In-8, caract. rom., jolies bordures, sujets divers, avec la Danse des Morts.

77. — 1508. Même édition que la précédente, publiée par Kerver, à Paris, le 10 juillet 1508.

78. — 1509. Même édition, réimprimée par Kerver, en 1509.

79. — 1510. Hore diue virginis Marie sed'm veru' vsum Romanu'.... Parisius, 1510, 29 maii, opera Thielmani Keruer. — In-8, fig., lettres rondes. Danse des Morts en 68 sujets, à deux par page.

80. — 1511. Hore beate Marie virginis secundum usum romanum.... Parisiis p' Thielmanu' Keruer.... M. cccc. xi. die xxiiij Julii. — In-8, fig., renfermant la Danse des Morts. (Douce, p. 70, et Brunet, IV, 790 A.)

81. — 1511. Hore dive Virg. Marie... Kerver, 1511. Même titre que l'édition de Kerver de 1507, n° 75. (Massmann, p. 130, d'après le Journal de la Littérature haute-allemande [*Oberdeutsche Litteraturzeitung*], 1809, p. 158.)

82. — 1511. Hore intemerate dei genitricis virginis Marie.. Kerver, 1511. (Massmann, p. 131, d'après la *Bibliotheca Büloviana*, 1, 149, n° 10,262.)

83. — 1512. Hore beate Marie, etc... M. cccc. xii. die xxiiij februarii. — Réimpression, par Kerver, de l'édition précédente, n° 80. (Brunet, IV, 790 A.)

84. — 1513. Hore... (Autre réimpression du même volume faite en 1513.)

85. — 1515. Horae quotidianae.... Keruer. M. cccc. xv. die xxvij octobris. — In-8, fig. (Brunet, *ibid.*, et Massmann, p. 132, d'après Hilscher et Fiorillo.)

86. — 1517. Horæ secundum usum romanum. *A la fin* : .... Thielmanum Keruer.... lauda : qui hor opus Parisius impressit Anno ab incarnatione Millesimo quinge'tesimo decimo septimo, die xxiii mensis Julii. Danse des Morts en 66 sujets accompagnés chacun d'un vers latin. Se trouve à la Bibliothèque royale de La Haye. (Kist, p. 100.)

87. — 1517. Hore dive virginis Marie secundum usum Romanum... una cum figuris biblic, apocalypsis, chorea lethi novisque effigiebus decorate. 1517. — Pervetusto caractere exarate sunt Parisiis per Thiel. Keruer. M. CCCCC. XVII. die xix mensis octobris. — In-8, fig. et bord. 66 sujets à la Danse des Morts. Par ce mot de *pervetusto caractere*, il faut entendre le caractère gothique, ancien par rapport aux lettres rondes.

88. — 1520. Thielman Kerver : Paris, 1520. In-8. (Cité par M. Massmann, p. 133, d'après la *Bibliotheca Büloviana*, I, 144, n° 10,263.)

89. — 1520. Thielman Kerver.... *A la fin* : Finiunt hore semper benedicte virginis marie sed'm vsum Romanum..... Exarate quidem Parisiis, arte industria bibliographi : Thiel-

mani keruer : preclare vniuersitatis parisiane librarii iurati in vico sancti Jacobi, ad signum vnicornis commorantis Anno domini Mil ccccxx. die xxiiii. mensis Nouembris. — In-8. Alm de 1519 à 1538. Avec une Danse des Morts en 30 personnages, 21 hommes et 9 femmes. Se trouve à Vienne, chez M. Kuppitsch. (Massmann, p. 133.)

90. — 1522. Heures a lusaige de Paris... *A la fin* : Imprimees a Paris par la veufue de feu Thielman Keruer.... 1522, le xvj de Feurier. Gr. in-8, fig. et bord. Cette édition, citée par Brunet et renfermant les *recommandances des trespasses*, doit avoir beaucoup de rapport avec l'édition suivante de 1525, et, comme celle-ci, contenir une Danse des Morts.

91. — 1525. Ces presentes Heures a l'usage de Paris.... *A la fin* : Ces presentes Heures sont imprimees a Paris par la veufue de Thielman Keruer. demourante a la grant rue Sainct Jacques a lenseigne de la Licorne, et furent acheuees le 19e jour de juing lan 1525. — Gr. in-8. Cette édition, que décrit M. Peignot, renferme une Danse des Morts en 66 sujets, assez semblable à celles de Simon Vostre, puis les figures des trois Morts et des trois Vifs, et les Recommandances des trépassés en latin.

92. — 1526. Hore ad usum Romanum. Thielman Kerver, 1526. In-8, avec la Danse des Morts précédée des trois Morts et des trois Vifs. (Douce, p. 70)

93. — 1531. Hore deipare virginis Marie secundum usum Romanum plerisque biblie figuris atque chorea lethi circunsepte, nouisque effigiebus adornate.... 1531. *A la fin* : Exarate quidem Parisiis, opera et impensis Yolande Bonhomme vidue spectabilis viri Thielmanni Keruer, in vico sancti Jacobi, ad signum Vnicornis, et ibidem Venales habentur. Anno Dni. 1531, x Januarii. — Pet. in-8, fig. et bordures. 66 personnages à la Danse des Morts, avec leurs noms et les sentences en latin.

GUILLAUME GODARD.

94. — 1510. Heures a lusaige de Rome, avec les figures de la vie de l'homme, les xii Sybilles et la Danse Macabre des hommes et des femmes. Paris, Guillaume Godard, 1510. In-4, goth.

95. — 1513. Heures de nostre Dame a lusaige de Paris. Pet. in-8, goth., format d'agenda, fig. en bois sans bordures. Alm. de 1513 à 1523. M. Brunet (IV, 797 a) cite cette édition sans dire si elle renferme la Danse des Morts. Nous avons sous les yeux un livre d'Heures fort incomplet contenant une Danse; et plusieurs indices, tels entr'autres que la présence du rébus de G. Godard à la même place dans les deux exemplaires, nous portent assez à croire que ce volume n'est autre que le précédent. Les planches, qui ne paraissent pas avoir été exécutées par le même graveur, occupent la partie supérieure des feuilles. La Danse, qui, du reste, n'offre rien de particulier, commence par un monologue de la Mort et se termine par celui de l'Acteur.

96. — 1514. Heures.... Godard. Gr. in-8, avec une Danse des hommes et des femmes en 48 sujets. (Massmann, p. 152.)

97. — 1515. Heures de nostre dame à l'usaige de Romme tout au long sans rie's requerir. Auecques plusieurs suffraiges et oraisons. Nouuellement imprimées. Paris, Guillaume Godard. — Pet. in-fol. S. D. Alm. commençant en 1515, avec plusieurs figures de Danse des Morts. (Massmann, p. 115.)

98. — 1516. Heures a lusayge de Reins..... a Paris pour Guill. Godard. — Pet. in-8, goth. Alm. de 1516 à 1527. 36 sujets répétés, en tout 129, à la Danse des Morts.

99. — 1520. Heures de nostre dame a lusaige de Troyes... imprimees a Paris par Thomas Englart... pour Guill'e Go

dard libraire demeurant entre les deux portes du palais a lenseigne de limage saincte Marguerite. — Alm. commençant en 1520. In-8, goth., fig. en bois. Les divers sujets de la Danse sont accompagnés de dizains, et M. Douce, en citant ce titre, écrit Goderet au lieu de Godard.

JEAN BIGNON.

100. — 1521. Hore beate Marie Virginis ad usum insignis ac preclare ecclesie Sarum cum figuris passionis mysterium representa'tibus recenter additis. Impresse Parisiis per Johannem Bignon pro honesto viro Richardo Fakes, London, librario, et ibidem commorante cymeterie Sancti Pauli sub signo A. B. C. 1521. — In-12. Cité par M. Douce, qui ajoute que l'exemplaire qu'il a rencontré était incomplet, et que sous chaque sujet de la Danse se trouvent des vers de Lygdate avec de légères variations.

SIMON HADROT.

101. — 1525. Heures a lusaige de Paris... avec les figures et signes de lapocalypse : la vie de Thobie et de Judic : les accide's de lho'me : le triu'phe de Cesar : les miracles de nostre dame : ont este faites a Paris pour Simo' hadrot libraire demoura't en la rue neufue : a lesci'. s. Jeha' leua'ge'. — Pet. in-4, goth., fig. et bord. Alm. de 1525-45. Cet exemplaire, en tête duquel on voit la marque du libraire Pierre Roffet, renferme les figures de la Danse des Morts publiées par Simon Vostre.

FRANÇOIS REGNAULT.

102. — 1527. Hore beatissime virginis Marie ad legitimum Sarisburiensis ecclesie ritum, cum quindecim orationibus beate Brigitte... 1527. Venundantur Parisiis a Fr. Regnault. — In-4, fig. et bordures, dans lesquelles est une Danse des Morts.

103. — 1530. Hore... 1530. — In-4. Réimpression de l'édition précédente.

104. — 1536. Hore... 1536. — In-4. (Idem.)

105. — 1537. Hore... 1537. — In-12. Nouvelle réimpression citée par Maittaire.

LYON.

BONINI DE BONINIS.

106. — 1499. Officium beatae Mariæ Virginis ad usum Romane ecclesie. Impressum Lugduni expensis Bonini de Boninis Dalmatini, die xx martij, 1499. In-12. Danse des Morts en 30 personnages.

107. — 1521. Officium beatæ Mariæ Virginis, etc... Réimpression du volume précédent, faite en 1521 par le même éditeur. (Douce, p. 71.)

ÉTIENNE GUEYNARD.

108. — 1508. Catalogus sanctorum et gestor' cor' ex diuersis voluminibus collectus : editus a Reuerendissimo in xpo' patre dno Petro de Natalibus de venetijs dei gratia epo' Equilino. VÆnu'datur Lugdunni a Stephano Gueynard prefate ciuitatis bibliopola et ciue. In vico Mercuriali vulgariter en la rue mercière : prope sanctum Antonium. *A la fin* : Lugduni impressum per Claudium Bauost al's de troys. Impesis honesti viri Stephani Gueynard eiusde' ciuis bibliopola. Anno domini millesimo quinge'tesimo octavo. XV. Kalendas Junii. — In-4, fig. et bordures. Cité par M. Massmann, p. 116, comme se trouvant à la Bibliothèque royale de Munich, et renfermant une Danse des Morts en 10 personnages.

LONDRES.

J. DAY.

109. — 1569. A book of Christian prayers, collected out of the ancient writers and best learned in our time, etc. Printed by J. Day (Un livre de prières Chrétiennes, recueillies d'après les anciens écrivains et les plus savants de notre temps. Imprimé par J. Day). 1569. In-4.

Cet ouvrage, qui porte ordinairement le titre d'Heures de de la reine Elisabeth, a dû être compilé par John Fox, et les gravures en ont été attribuées à tort à Holbein ou à la femme d'Albert Durer, Agnès Frey. Parmi les sujets qui ornent les élégantes bordures qu'on y rencontre, se trouve, dans les dernières feuilles, une Danse des Morts différente des précédentes, et composée de 76 personnages (48 hommes et 28 femmes) qui portent les costumes de l'époque. (Douce, p. 146.)

M. Dibdin a donné, dans son *Bibl. Décameron* (I, , 115), le fac-simile de quelques sujets de cette Danse, qui est assez habilement exécutée sur bois.

110. — 1578. Réimpression du même volume faite en 1578.

111. — 1581. Autre édition du même ouvrage.

112. — 1590. Autre édition.

113. — 1609. Autre édition.

114. — 1701. Selon M. Dibdin, ce livre d'Heures aurait été réimprimé une dernière fois en 1701 ou 1702.

COLOGNE, BONN, BRUXELLES.

H. LEMPERTZ.

115. — 1849. Holbenii pictoris alphabetum mortis. — Des

malers Hans Holbein Todtentanz.-Alphabet... Koln, Bonn und Brüssel, 1849 (Alphabet avec Danse des Morts du peintre Jean Holbein. Cologne, etc.).

Charmant petit volume in-8, de 25 pages entourées de bordures et contenant, avec des sentences de l'Écriture, un alphabet fort bien gravé sur bois par Loedel, d'après l'original de Lutzelburger et dont les différentes lettres sont ornées d'une petite Danse des Morts composée par Holbein. Nous renvoyons aux pages 38-42 de notre tome IIe pour les détails concernant cet alphabet, et nous ne parlerons ici que des bordures qui sont seules lithographiées et imprimées en encre rouge.

Celles de la marge extérieure, divisées pour la plupart en deux ou trois sujets placés dans de petites niches servant d'encadrement, renferment une véritable Danse des Morts en vingt-cinq tableaux. Quelques uns de ceux-ci sont visiblement empruntés aux Simulachres d'Holbein ; un certain nombre d'autres paraissent appartenir au dessinateur de l'œuvre, le peintre Osterwald. Les mêmes dessins s'y trouvent parfois répétés, et il en est quelques autres qui sont moins des sujets macabres que des sujets pieux tirés des livres d'Heures du xvie siècle.

De semblables remarques s'appliquent aux marges inférieures dans lesquelles on reconnaît aussi la copie réduite du fourreau de poignard d'Holbein (voyez notre planche XXIV), celle de la gravure de Hollar placée en tête du poême de Lydgate dans le *Monasticon anglicanum,* et celle enfin d'un sujet que Mérian a mis dans le frontispice de ses planches de la Danse de Bâle.

Nous n'avons compris dans le catalogue précédent que les livres d'Heures qui renferment une Danse des Morts plus ou moins complète, et nous ne mentionnerons pas tous ceux de la même époque dans lesquels on voit, par exemple, les figures des trois

Morts et des trois Vifs, ou quelque sujet séparé montrant un Squelette, tel que celui que nous avons reproduit plus haut (p. 159), ou comme les figures grotesques de la Mort qui se trouvent, indépendamment de la Danse, sur les marges de plusieurs livres de Prières imprimés par Kerver.

Nous préférons mentionner brièvement quelques publications singulières qui, sans être des copies de ces anciennes compositions, leur ressemblent cependant par le fond du sujet. Les unes, comme les trois premières, remontent à une époque presque contemporaine des diverses éditions de la Danse Macabre et paraissent dues à une inspiration du même genre. Celles qui suivent sont autant de Danses différentes, issues de la fantaisie capricieuse des artistes, et dont un certain nombre, publiées pour la plupart en Angleterre, affectent la forme des caricatures modernes les plus excentriques.

Cette dernière énumération, comparée aux catalogues précédents, fera voir que les premiers types furent longtemps reproduits et que les conceptions dans lesquelles les dessinateurs suivirent pour guide leur fantaisie ne parurent qu'à une époque fort postérieure, généralement vers la fin du siècle dernier.

COMPOSITIONS ANALOGUES AUX DANSES DES MORTS ET DANSES DES MORTS MODERNES.

1. — 14.? La Danse des aveugles. (Sans lieu ni date.) Pet. in-4, goth., fig. sur bois. Cette édition est sortie des presses de Lyon, à la fin du XVe siècle, selon M. Brunet (III, 385 B):

c'est un poême moral mêlé de prose dans lequel l'auteur, Pierre Michault, conduit par l'*Entendement* personnifié, montre que l'homme est soumis à la domination de trois aveugles, l'*Amour*, la *Fortune* et la *Mort*, et que, s'il peut à grand'peine secouer celle des deux premiers, il ne peut éviter de tomber dans les mains du troisième.

Il existe plusieurs éditions de cet ouvrage données à Genève ; à Lyon, par Pierre Mareschal (S D.) et Olivier Arnoulet, en 1543 ; à Paris, par Le Petit Laurens et la veuve Lenoir (S. D.) ; puis, en 1748, à Lille, par Joseph Panckoucke.

2. — 14.? Les Loups ravissants.

M. Leber fait trop bien connaître ce volume dans sa lettre ci-jointe pour que nous puissions nous permettre d'y ajouter quelques mots. Nous nous contenterons de dire que les détails qu'il donne sur ce livre se trouvent dans les pages 57 et suivantes de sa dissertation, et que notre XXXVIIIe planche est le fac-simile d'une des gravures de cet ouvrage.

3. — 16.? De standvastige Monarchye des Doods, etc.. door Abraham Allard. Gedrukt tot Amsterdam, by Carel Allard, etc. (La Monarchie constante de la Mort, par Ab. Allard.) 20 ff. in-fol., S. D., mais du commencement du XVIIe siècle.

Ce très rare ouvrage, mentionné par M. Kist, ne renferme que huit gravures, dont deux seulement représentent la Mort. Dans l'une d'elles, qui se fait remarquer par sa bizarrerie, on voit l'Amour et la Mort reposant paisiblement l'un près de l'autre ; à leur réveil, ils changent leurs armes, de sorte que l'Amour tue un jeune homme avec les flèches de la Mort, et que celle-ci rend la vigueur auprès d'une jeune femme à un vieillard qui n'est pas loin de sa tombe [1].

---

[1] M. Kist dit également (p. 89) que l'on peut prendre pour une Danse des Morts moderne un ouvrage publié en allemand, par M. L'Auvergne, médecin en chef du bagne de Toulon, sous

4. — 166.? Une Danse des Morts en cinq planches de forme ovale et gravée à l'eau-forte par Etienne de La Belle, qui a figuré son héros n'enlevant guère que des femmes et des enfants. Cet artiste célèbre mourut en 1664, avant d'avoir pu achever la cinquième estampe, qui représente deux Squelettes précipitant un Vieillard au tombeau, et dont la gravure, due à Melchior Küsel, est inférieure à celle des autres sujets.

M. Douce cite une sixième planche (la Mort jetant un Jeune Homme dans un puits), qui fut commencée par La Belle et achevée par son élève Galestruzzi; le catalogue Mariette (1775) en fait aussi mention, mais nous ne l'avons pas vue.

Nous connaissons encore de La Belle une grande planche oblongue, dans laquelle la Mort, montée sur un cheval-squelette et coiffée d'un bonnet à plumes, parcourt d'un air triomphant un champ de bataille où les hommes tombent pêle-mêle. Le dessin de toutes ces compositions est admirable et d'une vigueur étonnante.

5. — 16.? The Dance of Death,.... printed, cullored and sould by R. Walton at the Globe und Compasses at the West end of St Paules church turning down towards Ludgate. (La Danse de la Mort, imprimée, coloriée et vendue par Walton, au Globe et au Compas, sur le côté ouest de Saint-Paul, en tournant vers Lydgate.) C'est une feuille gravée sur cuivre et représentant une dizaine de scènes, au-dessous

---

le titre suivant : *Die letzten Stunden und der Tod in alle klassen der Gesellschaft, aus den Gesichtspunkt der Humanitat, der Psychologie und der Religion.* Leipzig, 1842. 2 vol. in-8. (Les derniers instants et la mort dans toutes les classes de la société, au point de vue de l'Humanité, de la Psychologie et de la Religion.)

Nous pensons qu'il y a ici méprise de la part de M. Kist et qu'il ne s'agit simplement que d'un ouvrage de psychologie.

desquelles est un poème en 66 vers sur le pouvoir de la Mort. (Douce, p. 164.)

6. — 17.? Papillon (I, 182) cite une Danse des Morts tirée en partie de la Danse Macabre et que Leblond gravait à Orléans, vers le milieu du siècle dernier, pour être vendue par les dominotiers. « Cette Danse, ajoute-t-il, compose en tout un carré de plusieurs feuilles assemblées, d'environ trois pieds en tous sens ; il y a quelques vers sous chaque figure, et le tout n'est pas mieux gravé que les jeux d'oyes gravés en bois, à Chartres, par Hoyau. »

7. — 17.? Ein stuck aus dem Todten tantz (un échantillon de la Danse des Morts). C'est sous ce titre qu'est renfermée dans un almanach suisse une Danse en huit sujets grotesques, bien gravés sur bois par Zimmermann, artiste estimé pour l'illustration de ses calendriers.

On connaît encore de lui, dans un almanach de Berne, une autre Danse assez singulière et composée de seize personnages dialoguant avec la Mort. (Douce, p 76 et 154.)

8. — 1792. Taschenbuch zum nutzen und vergnügen furs Jahr 1792, mit kupfern von Chodowiecky. Lauenburg, bey Joh. Georg Berenberg. In-16. (Almanach de l'Utile et de l'Agréable pour l'année 1792, avec planches sur cuivre, par Chodowiecky, Lauenbourg, etc.), renfermant une Danse des Morts en douze planches dues au burin de ce graveur.

Indépendamment de cette suite, Chodowiecky est l'auteur de deux petites gravures séparées, citées par M. Douce (p. 207-208) et montrant la Mort enlevant un malade et un étudiant en médecine ; celui-ci même lui répond :

> De grâce épargne-moi, je me fais médecin ;
> Tu recevras de moi la moitié des malades.

9. — 1785. Freund Heins Erscheinungen in Holbeins manier von J. R. Schellenberg. Winterthur, bey Heinrich Steiner und Comp. 1785. In-8. (Représentations de l'ami Hein à la manière d'Holbein, par J.-R. Schellenberg.) Cet

ouvrage, dont le texte est un mélange de prose et de vers, consiste en 24 planches en taille-douce bien exécutées.

10. — 1803. Freund Hein's Erscheinungen in Holbeins Manier, von J. L. Musaus. Neue Aufl. Mannhein (Wien). In-8. Nouvelle édition du volume précédent avec un titre sur cuivre, par J. Mansfeld. (Massmann, p. 59-60.)

11. — 1796. Newton's Dances of Death. (Danse de la Mort de Newton, publiée le 12 juillet 1796, par William Holland, n° 50, Oxford street.) — Cette Danse, gravée sur cuivre, consiste en 28 sujets dont un répété, en tout 29; ce sont des caricatures anglaises coloriées, qui ne se font remarquer que par leur grotesque excentricité, et qui peuvent servir de type dans ce genre. Les figures sont accompagnées de quelques vers de l'invention de Holland, comme l'indique la dernière inscription : The writing and some of the ideas by Wm Holland.

12. — 179?. Bonaparte's Dance of Death, invented, drawn and etched by Richard Newton (la Danse de la Mort de Bonaparte, inventée et gravée à l'eau-forte par R. Newton).

M. Douce ne donne que le titre des six planches qui forment l'ensemble de cette bizarre composition anglaise; elle ont sept pouces sur cinq, et voici la traduction de leurs inscriptions : Bonaparte poignardé à Malte; noyé à Alexandrie; étranglé au Caire; fusillé par un gentleman de Tripoli; dévoré par les bêtes fauves dans le désert, et vivant à Paris. Il est probable que ces absurdités correspondent à de faux bruits qui auraient couru en Angleterre aux différentes époques de la vie de Bonaparte [1].

---

[1] Quelques caricatures faites vers 1815, en France, contre Napoléon, offrent aussi des représentations de la Mort. Nous en connaissons deux dans lesquelles celle-ci cherche à l'attirer, soit en jouant devant lui de l'orgue de Barbarie, soit en lui faisant signe de le suivre dans sa barque.

Au reste, ce n'est pas la première fois que dans de méchantes

13. — 1800. The Dance of Death modernised, published July 13, 1800 and designed by G. M. Woodward, Berners Street, Oxford Street (la Danse de la Mort modernisée, publiée le 13 juillet 1800 et dessinée par G.-M. Woodward). Suite de 24 caricatures anglaises.

14. — 1815. The English Dance of Death, from the Designs of Thomas Rowlandson, With Metrical Illustrations By The Author of « Doctor Syntax, » published by Ackermann. London, 1815-1816. 2 vol. in-8. (La Danse Anglaise de la Mort, d'après les dessins de Th. Rowlandson, avec des explications en vers par l'auteur du Docteur Syntax, publiée par Ackermann.) 72 planches coloriées. Ce sont de véritables caricatures anglaises, parfois faibles, mais dont les groupes sont toujours grotesques. Pour servir de pendant à cet ouvrage, le même libraire publia aussi vers le même temps la Danse anglaise de la Vie (The English Dance of Life), par le même auteur.

15. — 1826. Death's Doings, consisting of numerous original compositions in prose and verse, the friendly contributions of various writers, principally intended as illustrations of 24 plates designed and etched by R. Dagley, author of « Select gems from the antique, » etc. London, 1826. In-8. (Les Faits de la Mort, consistant en nombreuses com-

---

caricatures on a mis le Squelette en face de personnages politiques. Ainsi, à la fin du XVIIe siècle, dans un pamphlet de Sandras de Courtilz, intitulé : *Vie de Jean-Baptiste Colbert, ministre d'Etat sous Louis XIV, roy de France. Cologne*, 1695, on voit une gravure qui porte le titre de *Surprise de la Mort*, et qui montre, avec bon nombre d'inscriptions, Colbert assailli par le Diable et par la Mort, pendant qu'il remplit un coffre d'argent.

Récemment encore, en 1849, on a vu une caricature paraître dans un journal éphémère, *le Caricaturiste* (juillet, n° 5), et figurer, sous le titre de *Danse des Morts électoraux*, des personnages politiques enlevés non par des squelettes, mais par des urnes électorales pourvues de bras et de jambes pour danser.

positions originales en prose et en vers, contributions amicales de différents écrivains, ayant surtout pour but d'illustrer 24 planches dessinées par R. Dagley, auteur des pierres gravées d'après l'antique, etc.) Livre estimé dont les planches sont sur cuivre et dont on a donné la réimpression suivante.

16. — 1827. Death's Doing, etc. 1827. Avec un nouveau frontispice dessiné par Adrien Van Venne, à qui M. Massmann attribue dubitativement cet ouvrage.

17. — 18.? The Britisch Dance of Death, exemplified by a series of engravings from drawings by Van Assen, with explanatory and moral essays. Printed by and for George Smeeton, Royal Arcade, Pall Mall. In 8. Sans date. (La Danse anglaise de la Mort développée dans une série de gravures, d'après les dessins de Van Assen, avec des essais explicatifs et moraux, imprimé par et pour G. Smeeton, etc.) 18 cuivres. Avec un frontispice dessiné par G. Cruikshank, et une préface qui expose que l'ouvrage est fait sur le plan des dessins d'Holbein, tels qu'ils sont dans les éditions de Lyon, mais avec lesquels ils ne présentent pas la moindre ressemblance.

18. — 1830. Voyage pour l'Eternité, service général des omnibus accélérés, départ à toute heure et de tous les points du globe, par J. Granville.

Véritable Danse des Morts moderne consistant en neuf sujets plaisants et très spirituels, lithographiés vers 1830, et que leur supériorité met infiniment au-dessus de ceux de Rowlandson. La Mort y est représentée sous le costume d'un postillon, d'un horloger, d'un apothicaire, d'un cuisinier, d'une courtisane, etc.

19. — 1833. Freund Hein. Grotesken und Phantasmagorien von E. Duller. Mit Holzschnitten nach Moritz v. Schwind. 2 Theile Stutt. 1833. (L'Ami Hein, scènes grotesques et fantasmagoriques par E. Duller, avec figures sur

bois d'après Moritz de Schwind. 2 vol. Stuttgard.) Pet. in-8 différent du n° 9.

20. — 1849. Auch ein Todtentanz ans dem Jahre 1848. (Encore une Danse des Morts pour 1848.) C'est sous ce titre que parut en 1849, en Allemagne, une série de six petites gravures sur bois, dues au crayon de M. Alfred Rethel et accompagnées d'un poème très court par M. Reinick. Cette composition se rattache aux événements survenus en 1848 en France et en Allemagne ; elle montre l'homme du peuple, égaré par les conseils de la Mort, se révoltant et tombant dans les déplorables luttes qui s'engagèrent à cette époque. C'est une conception fort remarquable qui rappelle le genre d'Holbein.

Cette Danse fut publiée sous le même titre à Paris, dans *Illustration* (juillet 1849, n° 335), avec la traduction du poème allemand en français, par X. M(armier), et l'année suivante elle a été lithographiée avec soin par A. Collette, sous le titre de : *Le Socialisme, nouvelle Danse des Morts*. (Paris, Goupil et Vibert. Six feuilles in-folio.)

21. — 1850. Bilder des Todes oder Todtentanz für alle Stande. Erfunden und gezeichnet von C. Merkel. In holz geschnitten von J. G. Flegel. Leipzig, W. Engelmann, R. Weigel. 1850. (Figures de la Mort ou Danse des Morts pour tous états, inventées et dessinées par C. Merkel, et gravées sur bois par J.-G. Flegel.) Recueil fort curieux de vingt-cinq gravures d'une grande originalité et finement exécutées ; elles sont accompagnées chacune de deux vers allemands. C'est le dernier ouvrage qui ait paru sur ce sujet.

Telles sont les diverses publications qui sont parvenues à notre connaissance. Quant aux gravures détachées qui présentent la Mort comme sujet principal ou accessoire, et qui, sous ce point de vue, offrent quelque ressemblance avec le sujet qui nous occupe, nous n'entreprendrons point d'en dresser le catalogue. Quelques spécimens en sont donnés dans les planches de notre II⁰ volume [1]; pour les détails qui peuvent concerner les autres, nous nous contenterons de renvoyer aux ouvrages de MM. Peignot et Douce, qui ont fait de cet objet une partie spéciale de leurs recherches.

---

[1] Voyez, par exemple, nos planches 25, 25 bis, 27, 40 et 41. Il serait difficile d'énumérer la totalité de ces gravures, qui ne forment entr'elles aucune suite et dont un petit nombre seulement se recommandent par les noms célèbres qu'elles portent, comme ceux d'Albert Durer, Lucas de Leyde, Ursus Grafft, David Hopfer, Rembrandt, de Bry, Martin de Vos, Jost Amman, etc. Les seules que nous puissions mentionner, en ce qu'elles représentent plusieurs sujets composant une certaine série, sont les suivantes : Une planche par Israël van Meckenen, consistant en six médaillons dans lesquels la Mort enlève divers personnages, avec ces mots : *Memento mori* ; cinq gravures de Giovanni Maria Mitelli, représentant des mortels entretenant un dialogue en vers italiens avec la Mort, quoiqu'ils ne soient point accompagnés du squelette habituel; une Danse en huit sujets in-12, portant la date de 1562, citée par Bartsch (IX, 482); une autre gravée, selon Heinecken (III, 77), vers 1740, par Maurice Bodenehr, de Fribourg; une troisième, d'une époque toute moderne, exécutée en Angleterre par John Nixon Coleraine, pour figurer, en guise d'ornement, sur des éventails. Enfin, dans la collection allemande compilée par Scheible sous le titre de *Das Schaltjahr* (l'année bissextile), Stuttgard, II⁰ vol., 1846, p. 444, on trouve, pour accompagner un article sur l'Art de bien mourir, par Adam Walasser, une très petite Danse des Morts, en 8 sujets, sur une seule feuille, grossièrement gravés sur bois.

LETTRE

DE M. C. LEBER A M. E.-H. LANGLOIS,

SUR L'ORIGINE

DE

LA DANSE MACABRE

OU

DANSE DES MORTS.

LETTRE

DE M. C. LEBER A M. E.-H. LANGLOIS,

SUR L'ORIGINE

DE

LA DANSE MACABRE

OU DANSE DES MORTS.

Paris, 25 juillet 1833 [1].

MONSIEUR,

'OBJET que vous vous proposez est
« de prouver (et d'abord de vous
» assurer), autant que l'exces-
» sive rareté des documents rela-
» tifs à ce sujet permet de le faire, que les pein-

---

[1] Je n'ai pas besoin de prévenir qu'il s'agit ici d'une improvisation dont ma mémoire et quelques heures d'entraînement ont

» tures morales connues sous les noms de *Danses Macabres*, *d'Icones Mortis*, etc., ne sont que des réminiscences ou des imitations même des véritables *Danses de la Mort* ou spectacles funèbres exécutés par des vivants dans un but religieux. » Vous avouez, toutefois, « que vous n'avez pu recueillir qu'un bien petit nombre de faits, et que ce que vous avez trouvé de plus positif à cet égard n'est consigné qu'en fort peu de mots dans le supplément du *Glossaire* de Du Cange, sous la rubrique de *Machabæorum chorea*. »

Je conçois, Monsieur, que l'idée de rechercher l'original d'un tableau aussi curieux ait souri à l'imagination de l'artiste, et que le savant ait cru n'y trouver d'abord qu'une entreprise facile à réaliser. Sans obéir, comme vous, aux inspirations de ces deux qualités réunies, j'admets

---

fait presque tous les frais : on s'en apercevra trop, peut-être; mais il m'importe de ne pas laisser ignorer qu'il y avait déjà plusieurs mois que cette lettre était écrite et parvenue à sa destination, lorsque sir François Douce fit paraître à Londres sa dissertation sur les Danses des Morts. Je n'avais point encore lu cet ouvrage. Si les idées de l'auteur s'accordent avec les miennes, j'en suis fort aise; sinon je lui abandonne volontiers un terrain dont je n'ai ni l'intention ni le temps de faire un champ de bataille. — (*Juillet* 1834.)

complètement votre supposition, parce qu'elle est naturelle, parce qu'elle a sa raison et son appui dans un ordre de choses dont elle est une sorte de conséquence nécessaire. Je ne doute pas que la Danse des Morts n'ait eu son modèle dans les actes des vivants; en un mot, tout me porte à croire que l'auteur du premier tableau de ce nom n'a fait qu'une copie dont l'original n'appartient ni aux arts, ni aux combinaisons mères du talent et du goût. Mais l'article du *Glossaire* de Du Cange, ou plutôt de Carpentier, dont vous vous prévalez principalement, me paraît loin de décider la question; et malgré tout mon respect pour le profond savoir qui produisait *jadis* de pareils livres, j'avouerai que je trouve l'assertion de Carpentier un peu hasardée, ou du moins que je n'y vois aucune garantie du fait qu'il semble établir; ne serait-ce pas même le fruit de quelque méprise?

Dans un article unique et fort court, entre des milliers d'autres qui remplissent dix in-folios, D. Carpentier pose d'abord en fait que la Danse dite *Macabre* fut instituée *par des prêtres dans un esprit religieux*, et qu'elle était exécutée par des personnes figurant les diverses conditions de la vie, qui disparaissaient successivement pour représenter l'empire de la Mort sur tous les hommes, etc.... Il cite ensuite un passage extrait d'un manuscrit de Besançon, qui aurait fait le sujet d'une lettre fort longue, insérée dans le *Mercure* de septembre 1742, et d'où résulte, en substance, l'ordre donné au trésorier de l'église de Saint-Jean-l'Évangéliste de payer le prix de quatre mesures de vin fournies à ceux qui ont exécuté la *Danse Macabre*, le 10 juillet 1453, dans cette même église de Saint-Jean.

Voilà deux choses qu'il ne faut pas séparer : l'assertion du lexicographe et le témoignage qui en est la base. Mais le fait annoncé n'est pas compris dans le témoignage. Où l'auteur a-t-il trouvé que la Danse Macabre a été instituée par des prêtres, et qu'elle s'exécutait dans l'esprit et par les moyens qu'il spécifie ? Le passage cité ne dit rien de cela ; et cette longue lettre du *Mercure* de 1742, qu'apparemment Carpentier n'avait pas sous les yeux, ne contient uniquement que cette citation sur le sujet de la Danse des Morts ; il n'y est d'ailleurs question que de la Danse de la *Bergerette*, qui n'a rien de commun avec l'autre [1].

---

[1] Voici la fin de cette lettre, qui n'a pas moins de 25 pages :
« J'avais dessein d'ajouter à ce que je viens de dire sur notre

Le manuscrit, la lettre et l'article du Glossaire ne constatent donc que ce fait simple, savoir : qu'une Danse Macabre a été exécutée par des gens à qui on a donné du vin pour régal ou pour salaire. Il y a donc lieu de présumer qu'en rédigeant son article, le savant bénédictin était beaucoup plus préoccupé de l'idée du tableau connu dont l'origine est en question, que de la portée du témoignage dont il usait pour l'expliquer. Mais j'irai plus loin : quand bien même l'assertion de D. Carpentier serait complètement justifiée par sa citation, cela ne prouverait point encore que le tableau de la Danse Macabre eût été tracé originellement d'après nature. Le plus ancien que l'on connaisse, le monument de *Minden*, remonte à 1383 : la Danse vivante de Be-

---

» *Bergerette*, quelques réflexions que j'ai faites sur une autre cé-
» rémonie que je crois avoir été une autre Danse ecclésiastique
» qui fut pratiquée ici (à Besançon) le 10 juillet 1453. Mais, comme
» ma lettre est déjà trop longue, et que d'ailleurs je n'ai pas les
» éclaircissements nécessaires pour écrire convenablement sur
» cette matière, je me contente ici de copier ce que j'en ai lu dans
» un manuscrit.

» *Sexcallus solvat D. Joanni Caleti, matriculario S. Joannis,*
» *quatuor simasias vini per dictum matricularium exhibitas illis*
» *qui* CHOROEAM MACHABOEORUM *fecerunt 10 julii nuper lapsâ horâ*
» *missæ, in ecclesiâ S. Joannis Evangel., propter capitulum pro-*
» *vinciale Fratrum Minorum.*

» A Besançon, 4 juillet 1742. »

sançon, postérieure de soixante-dix ans, ne pouvait être qu'une imitation renouvelée, et n'était, selon toute apparence, qu'une copie de la peinture mise en action. La même objection s'appliquerait aussi naturellement au fait de la prétendue Danse vivante exécutée au Marché-des-Innocents en 1424, et je suis surpris que M. Peignot ne l'ait point opposée aux partisans de cette opinion qu'il combat ; si elle laisse subsister le fait matériel, elle le détruit comme preuve de ce qui est en question.

D'un autre côté, Monsieur, ne pourrait-on pas dire, sans calomnier le siècle, que nos historiens modernes ont fait bien du bruit pour bien peu de chose. Quel monument nous retrace, quel acte nous révèle le fait de la Danse vivante de 1424? D'où est sortie cette trop fameuse *Procession de la Mort*, défilant en grande pompe dans les rues désertes de Paris, pour célébrer les hauts faits de la régence anglaise et la honte de notre malheureuse patrie ? Si l'on remonte aux sources, on trouve, dans un journal du temps, *deux lignes* qui sont loin de dire toutes les belles choses qu'on y a vues depuis. Mais ces deux lignes ont prospéré sous la plume de Villaret, lequel a été amplifié par un homme d'esprit, lequel a été réamplifié par un historien-poète qui a fait page pour ligne ; et si le romantisme s'en mêle, le commentaire du *Journal de Paris* va devenir un drame en cinq ou six actes, au moins, que nous ne manquerons pas d'aller voir, mais que nous nous garderons bien de consulter. Quant à la *Procession de Florence*, exécutée d'après les visions du peintre Cosimo, cet autre fait, le moins ancien de tous, ne remonte guère qu'à la fin du xve siècle, puisque Cosimo ne mourut qu'en 1521. Alors, le spectacle de la Danse des Morts donné par les vivants n'offrait rien de nouveau ni dans le sujet, ni dans le mode d'exécution : ce n'est donc pas là le type dont nous nous enquérons.

En effet, Monsieur, il ne suffit pas de rétrograder dans le moyen-âge pour trouver le principe d'une moralité qui appartiendrait à la religion universelle, s'il en existait une ; c'est d'abord l'antiquité, source de toutes les grandes conceptions, qu'il faut interroger. Gori, dans le *Musée Florentin;* De Jorio, dans son *Mémoire sur les Sarcophages de Cumes;* Millin, et, d'après eux, M. G. Peignot, décrivent quelques monuments antiques où figurent des squelettes en action. D'autres faits analogues, et qui pourraient servir à l'explication des premiers, ont échappé à l'attention de ces savants. Telle est l'Histoire des Spectres vivants d'Abdère, patrie de Démocrite, rapportée par Lucien, dialogue de l'*Incrédule* :

Démocrite avait choisi un cimetière pour y méditer à son aise; d'un sépulcre il s'était fait un cabinet. « Les jeunes gens d'Abdera, qui
» l'avoient en opinion de fol, estant avertis de
» cecy, s'accoustrèrent en esprits, prindrent
» des robes noires et des masques hydeux faits
» à semblance des morts qui n'ont que le cra-
» nion et la sarcasse nue, et l'environnèrent au-
» tour du sépulcre, faisant la danse en rond, et
» sautelans et capriolans sans relasche, etc. [1] »
Démocrite ne s'en émut point, et se borna à les traiter de fous. Anacréon, qui n'était guère plus sage, mais dont les grâces couvraient le délire, Anacréon s'écrie, dans ses transports de tendresse : « Amour, couronne-moi de roses; fais
» venir ma maîtresse; je veux me divertir ici
» avant d'aller danser chez les morts. »

Dès qu'on sait que les anciens plaisantaient

---

[1] Ancienne traduction de Le Loyer.

quelquefois avec l'idée de la mort, on comprend plus facilement les Sarcophages de Cumes et la Sardoine décrite par Gori. Je n'oserais pourtant conclure de ces monuments, avec M. Peignot, que les anciens ont connu la Danse des Morts telle que nous l'entendons ici. La moralité ne s'y trouve point, ou du moins elle n'y est pas reconnaissable pour nous. J'en aperçois les germes dans ce qui se pratiquait aux funérailles des Romains : les hommes ne pouvaient y assister que la tête voilée, et les femmes le visage découvert. Ce contraste, signalé par Plutarque (*Problême* 14), offrait, suivant un interprète moderne, le symbole de la vie et de la mort. Voilà bien la moralité ; mais il y a loin encore de tous ces faits à notre Danse Macabre. Laissons donc reposer la docte antiquité.

Revenant sur nos pas, nous rentrons dans le dédale des siècles obscurs. Comment régler sa marche à travers les brouillards ? Quel chemin prendre ? Je ne sais trop. Où s'arrêter ? C'est ce que je me demande. Errer à l'aventure, comme les *Roland* et les *Ogier* du pays ? Il le faut bien quand on n'a pas de point de mire pour se diriger, quand on ne sait même pas exactement ce que l'on cherche ni où l'on va. Pardon ! Monsieur, de la réflexion ; vous allez la comprendre, et vous n'aurez plus le courage de me la reprocher.

L'origine de la Danse Macabre n'est pas un fait isolé, singulier, qui appartienne exclusivement à un acte ou à une époque déterminée de l'histoire. C'est, si je ne m'abuse, une succession de faits qui dérivent des mœurs, des pratiques, des préjugés de nos pères, qui, répandus dans le vague des siècles barbares, existent partout, et ne se voient nulle part revêtus de la forme *arrêtée* que leur prête notre imagination, d'après les tableaux dont nous cherchons l'original. C'est un sujet d'épouvante et de désolation qu'il faut suivre à la piste pour s'en rendre maître. Ce caractère s'attache surtout au fléau qui menace la vie, au silence des tombeaux, à la solitude des lieux incultes ou inaccessibles au commun des hommes, aux mystères que couvrent, aux prestiges que font naître les ombres de la nuit. Il rappelle les préjugés, la croyance et les pratiques superstitieuses du moyen-âge, en tout ce qui appartient ou semble appartenir à l'ordre des choses surnaturelles. Les effets singuliers de contagions jusqu'alors inconnues, les traditions erronées de vingt générations sur l'apparition des esprits, l'existence des sorciers, des génies et des fées; le dogme du purgatoire, le culte des morts et les accidents de la vie future, ont dû nécessairement conduire à l'idée de notre tableau, et en fournir l'ébauche. Tout se bornerait donc à interroger les archives du sabbat et des cimetières, à leur demander ce qui se pratiquait dans les champs où reposaient les cendres de nos pères; dans les lieux où l'on croyait voir leurs ombres errer pour le châtiment ou la leçon de ceux qui leur survivaient; dans ces enceintes ténébreuses, et plus redoutables encore, où Satan était réputé exercer son empire. Là, sans doute, le premier dont le ciseau ou le crayon traça l'image de la Danse Macabre a trouvé un modèle ou puisé ses inspirations.

Remarquez, Monsieur, que les premiers monuments connus de la Danse des Morts ne représentent pas proprement des figures dansantes ou disposées à la danse, et que la position dramatique de la plupart de ces personnages exprimerait plutôt un sentiment contraire. Ces monuments sont pourtant arrivés jusqu'à nous sous la dénomination de *Danse Macabre*, et c'est ainsi que sont qualifiés les plus anciens dans les premiers livres où il en est parlé. L'original, ou vivant, ou fantastique, ou produit de l'art, présentait donc réellement une réunion de personnages dansant et gambadant sous différents masques.

Or, on ne saurait douter qu'on n'ait anciennement dansé dans les cimetières, et que les premiers tableaux des Danses Macabres n'aient été destinés aux lieux de sépulture. Lucien fait dire à Lycinus, disputant contre Craton, que la Dans eThéâtrale, qu'il qualifie d'art divin, a pris son origine du branle des cieux et de leur harmonie [1]. Pourquoi la Danse des Morts ne nous viendrait-elle pas du branle de l'enfer, ou des voies qui nous y mènent?

Reportons-nous d'abord à ce fait de lugubre mémoire dont M. Peignot signale la coïncidence avec l'époque du plus ancien monument connu de la Danse des Morts.

Il régna, en 1373 et 1374, une épidémie qui fit de grands ravages en Allemagne, en France et en Italie C'était une ardeur singulière qui sai-

---

[1] *Dialogue sur la Danse.*

sissait tout-à-coup les malades et les jetait dans le délire. Abandonnant subitement leurs maisons, ils couraient çà et là, et se livraient aux mouvements les plus violents, jusqu'à ce qu'étant épuisés de fatigue, ils tombassent pour ne plus se relever. L'auteur des *Recherches sur les Danses des Morts* n'est pas éloigné de penser que « la manière dont les infortunés de tout âge et » de toute condition attaqués de cette peste s'a-
» gitaient et terminaient leur vie et leurs maux, » a pu suggérer au peintre [1] qui a fait la pre-
» mière Danse, l'idée de représenter la Mort » exerçant ses rigueurs sur tout le monde indis-
» tinctement, en sautant, imitant les victimes » du dernier fléau. »

Sans adopter ni combattre cette opinion, on peut convenir que non seulement elle n'est pas dénuée de vraisemblance, mais qu'elle trouverait un nouvel appui dans plusieurs circonstances curieuses que M. Peignot a pu ne pas se rappeler. Une épizootie, qui produisit sur les bestiaux le même effet que la peste de 1373 sur les hommes, donna lieu, dit-on, à la Proces-

---

[1] J'ajouterais : ou au sculpteur.

sion Dansante au tombeau de saint *Willibrod* ou *Wibrod*, dans l'église du monastère d'Epternach [1], auquel l'empereur Maximilien Ier fit don d'une bougie de trois cent cinquante-trois livres pesant. Cette dévotion bizarre consistait en un pélerinage de plusieurs paroisses qui se rendaient processionnellement à Epternach, chacune sous sa bannière, le mardi de la Pentecôte, et y formaient, au son des instruments, une sorte de danse ou menuet dans lequel les pélerins avançaient trois pas et reculaient de deux. Elle avait été instituée, ou plutôt conservée, en mémoire de la guérison des bestiaux, qu'on avait obtenue de l'intercession de saint Willibrod par un pélerinage semblable [2]. Mais il n'y a pas ici mort d'homme.

Une autre Procession Dansante, la dévotion de *saint Weit*, a un rapport plus direct avec la conjecture formée ou du moins appuyée par M. Peignot : c'est l'époque qu'il signale, c'est la conséquence immédiate du même fait. Le fléau de 1373 à 1374, qui se répandit dans le

---

[1] *Epternach*, ou *Echteren*. Dans les Pays-Bas, à quatre lieues de Trèves.

[2] *Mémoire de l'Académie celtique*, tome III de l'ancien recueil.

pays de Trèves, y fut appelé, en langage du pays, *la maladie des Sauteurs.* Suivant les chroniqueurs du temps, les hommes qui en étaient atteints s'échappaient de leurs maisons, couraient, sautaient, gambadaient *deux à deux* dans les champs, et ceux qui résistèrent à cet étrange délire ne durent leur salut qu'à un pélerinage fait à la chapelle de Saint-Jean, située près de la ville de Kilburg. On les appela les *Danseurs de Saint-Vit* ou *Weit;* et leur maladie même reçut le nom de *Danse de Saint-Weit,* parce que ce saint étant supposé avoir été attaqué du même mal, on l'avait invoqué avec plus de confiance qu'aucun autre pour en obtenir la guérison [1].

Ces traditions ne permettent pas de douter que la peste et d'autres maladies n'aient été le

---

[1] Voici ce qu'on retrouve à ce sujet dans la *Chronique de Limbourg :* » Les danseurs de Saint-Weit datent de l'année 1374. On
» vit avec étonnement, dans plusieurs pays allemands, sur les
» bords du Rhin et de la Moselle, des gens qui dansaient comme
» s'ils eussent été fous, pendant la moitié d'un jour, et deux à
» deux. Ils tombaient ensuite par terre ; on leur marchait sur le
» corps, et on les regardait alors comme guéris. Ils couraient
» d'une ville à l'autre et s'asseyaient devant les églises. Le nombre
» de ces danseurs s'accrut tellement, qu'on en a vu à Cologne
» jusqu'à cinq cents. Les médecins attribuaient ces danses à un
» tempérament fougueux, d'où résultait des indécences et des
» abus réels ; mais les prêtres les exorcisaient comme s'ils eussent
» été possédés du diable. » (*Ibid.*)

principe de diverses danses votives, symboliques et toutes spéciales, associées aux communes pratiques de la dévotion; mais il n'en résulte pas évidemment que ces pratiques aient fourni le premier modèle de notre Danse Macabre. Allons plus loin.

C'est un fait au-dessus de toute discussion que, dans les siècles où les rites de la religion chrétienne étaient loin encore d'être purgés des pratiques propres aux cultes des païens, parce qu'elles appartenaient plus étroitement aux mœurs qu'à la croyance d'un peuple ignorant, les champs de repos, asiles naturels du recueillement et de la douleur, devenaient souvent le théâtre d'excès contraires, de véritables divertissements qu'une simplicité grossière se représentait comme des actes de piété envers les morts. Après avoir rappelé ces premiers temps où les obsèques étaient accompagnées de danses et de repas, un sage du dernier siècle décide que rien n'était plus naturel. « La Mort, selon lui, » inspire la paix; elle fait sentir le besoin de la » concorde; les peuples connaissent alors le » prix de l'amitié, et ils mangent ensemble pour » cimenter leur union. » Tout cela est fort beau dans la spéculation ; mais les Chrétiens semipaïens du moyen-âge n'étaient pas si philosophes. Leur action, déterminée par la superstition, et d'abord par un sentiment commun à tous les hommes, n'était bientôt plus gouvernée que par leurs sens, et l'on peut même croire qu'ils s'embarrassaient peu de la justifier à leurs propres yeux.

L'usage d'offrir des sacrifices sur les sépulcres remonte à la plus haute antiquité. Il en est de même des banquets et des orgies dans lesquelles ces repas dégénéraient parmi le peuple. Le but des sacrifices était de rendre les dieux favorables aux ames des défunts ; la chair des victimes et le vin, dont on faisait de larges libations, étaient réputés nécessaires aux cadavres qui s'en nourrissaient en les partageant avec leurs amis et leurs voisins, dans le sein de la terre ou sur le seuil de l'autre vie. Ces coutumes, généralement répandues chez les Grecs, les Romains et même parmi les Juifs, s'introduisirent, ou plutôt se conservèrent avec beaucoup d'autres, chez les Chrétiens. Les témoignages de l'Écriture et des Pères ne laissent aucun doute à cet égard. *Donnez à boire à ceux qui meurent* est une maxime du livre des *Proverbes*.

Tobie recommande à son fils de déposer du pain et du vin sur le sépulcre du juste, et de ne point s'en nourrir avec des pécheurs : « *Et noli* » *ex eo manducare et bibere cum peccatoribus.* » Tertullien blâme les banquets funéraires comme une inconséquence superstitieuse : «... *Et negant* » *sentire quidpiam, escam desiderare præsumunt*[1]. » Comme les morts d'autrefois ne soupaient guère plus que ceux d'aujourd'hui, les vivants se faisaient un pieux devoir de les aider à consommer le sacrifice ; ils faisaient honneur au repas, sans trop s'occuper vraisemblablement de la défense de Tobie ; le vin et la bonne chère dissipant la tristesse, ils oubliaient bientôt l'objet du festin pour ne plus céder qu'au plaisir de le pousser à ses dernières conséquences ; et c'est alors que, formant un branle autour des tombes profanées, ils présentaient ce contraste de la vie et de la mort, où l'on retrouve l'idée-mère de la Danse Macabre. Les orgies des cimetières nous sont attestées par ce passage de saint Augustin : « .... *Novi qui luxuriosissimè super mortuos bibunt,* » *et epulas cadaveribus exhibentes super sepulchra*

---

[1] Voyez sur ce sujet le P. Carmeli, *Storia de' Riti sacri e profani*, etc..... Venezia, 2 vol. in-12.

» *se ipsos sepeliunt.* » Le fait de la danse, qui n'avait lieu, comme vous voyez, que quand ces bons vivants n'étaient pas ivres-morts, est d'ailleurs confirmé par des traditions moins anciennes.

Le culte des morts passa dans nos mœurs avec les orgies qui l'avaient souillé dès les premiers siècles du christianisme; et tel était l'empire d'un vieil usage sur l'esprit du temps, que les pratiques les plus contraires à la décence publique et à la religion où elles s'appuyaient, recevaient la sanction de l'autorité qui aurait dû et qui pouvait s'y opposer.

D'après les statuts des crieurs de vin de la ville de Paris, confirmés par lettres de Charles VI[1], lorsqu'il mourait un crieur ou sa femme, tous les confrères, en habit de cérémonie, conduisaient le corps depuis la maison du défunt jusqu'au lieu de la sépulture. Chemin faisant, deux d'entre eux promenaient autour du cercueil, l'un un énorme pot de vin, l'autre un beau hanap[2] d'une énorme capacité, et ils versaient à

---

[1] Lettres de février 1415, t. x du *Recueil du Louvre*, p. 278.

[2] Le hanap était une sorte de vase que les marchands de vin mettaient sur les tonneaux qui étaient en vente.

boire à tous ceux qui en demandaient, aux dépens de la confrérie. On buvait à rasade jusque sur la fosse; d'un cimetière on faisait un bouchon, comme si l'on n'eût mis aucune différence entre inhumer un crieur de vin et enterrer le mardi-gras. Il y a plus; c'était une obligation, car le réglement scellé du sceau royal le voulait ainsi. Longtemps après cette époque, peu favorable à l'amélioration de la société, au commencement du xvie siècle, les champs de sépulture étaient encore le théâtre de divertissements périodiques non moins scandaleux que les orgies des semi-païens. On voit, par les anciens registres de la collégiale de Saint-Rieul de Senlis, qu'en 1504 le chapitre permettait aux vicaires de cette église de *faire les jeux* dans le cimetière, le jour de la Circoncision, *selon l'usage*. Ces jeux consistaient dans la représentation des farces à la *Fête des Fous* et des *Innocents*, dont les traces les plus nombreuses appartiennent aux provinces voisines de Paris, et principalement à la Picardie. C'était un évêque des fous qui, malgré les défenses des conciles, présidait à ces grossières profanations.

La simplicité naturelle des Suisses a dû favoriser la propagation des Danses Sépulcrales au sein de leurs montagnes ; et, à cet égard, tout peuple était suisse dans l'âge dont nous nous occupons.

« Advint un jour, en une ville de Suisse nom-
» mée Zurich, que quelques jeunes vagabonds
» et enfants sans soucy, changeant d'habits,
» dansèrent toute la nuict dans un cimetière ;
» et arriva que l'un d'entre eux, par plaisir,
» prenant un os de mort, sonna du tambourin
» sur un cercueil de bois qui là estoit. Quelques
» uns les ayant aperçus... semèrent incontinent
» par toute la ville *qu'ils avoient vu une* Danse
» de Morts, et qu'il y avait danger et mortalité
» qu'une peste s'en suivît après [1]. »

Vous voyez déjà, Monsieur, avec quelle facilité un branle exécuté par des vivants dans un cimetière suisse, devenait tout-à-coup une Danse des Morts, et, sans quitter le pays, vos souvenirs vous ont déjà transporté au fameux cloître de Bâle. Honneur à Mérian ! Mais voici quelque chose de plus curieux, et à quoi vous ne pourrez guère résister. La tradition suivante, que

---

[1] Ancienne traduction de Louis Lavater : *Tractatus de Spectris, Lemuribus variisque præsagitionibus*, cap. v. — Le texte porte : *Mox per totam urbem divulgarunt se* Mortuorum Choream *vidisse.*

j'ai eu occasion de rappeler dans mes notes sur le Traité de Noirot, est rapportée dans la Chronique de Trithême, d'où elle a passé dans le *Tractatus de Larvis seu Mascheris, auctore Bergerio*, folio 203. C'était en 1012, la veille de Noël, à minuit, dans le cimetière d'une église de Saxe. Une bande, triste ou joyeuse, composée de seize hommes et trois femmes, dansait au milieu des tombeaux. Ayant refusé d'obéir à la voix d'un prêtre qui leur avait ordonné de s'éloigner, et condamnés par ce ministre d'un Dieu vengeur à poursuivre leur branle au même lieu pendant une année entière, sans boire ni manger, ni prendre aucun repos, les malheureux sentirent la terre s'enfoncer graduellement sous leurs pas, et les cercueils près de s'entr'ouvrir pour les recevoir. Les uns en moururent après l'expiation complète de leur peine; les autres n'y survécurent, en conservant un tremblement effrayant dans tous leurs membres, que pour servir d'exemple aux impies, et peut-être, Monsieur, aux peintres de ces temps.

Il y avait là, sans doute, de quoi exciter la verve d'un artiste en capuchon, et le produit de cette inspiration pouvait bien être une *Danse Macabre*, ou quelque chose d'approchant. Le fait, direz-vous, n'est pas vraisemblable, et je n'y crois point : ni moi non plus, Monsieur, mais on y croyait dans le temps, et cela nous suffit [1].

---

[1] Au commencement du xvie siècle, la chaire de vérité retentissait encore du bruit de ces histoires de prodiges et d'esprits malins, amplifiées pour la terreur des impies et la plus grande édification des fidèles. C'était, pour les *Maillard*, les *Barlette*, les *Menot*, des textes de sermons comme l'Évangile ; et tout cela se confondait dans la croyance du peuple, pour qui tout est dogme quand il est religieux. On peut citer, comme un chef-d'œuvre en ce genre, l'épouvantable histoire de l'archevêque Eudes ou Odon, jugé et décapité par les puissances célestes, dans le chœur de la cathédrale de Midlebourg ; Jésus-Christ, la Sainte-Vierge, les anges, les apôtres, les martyrs et l'élite des bienheureux siégeant en personne, dans le même sanctuaire, sans compter Saint-Maurice à la tête de sa légion composée de six mille six cent quarante-six guerriers, ni plus ni moins. Du chœur de l'église, qui devait être, comme on le voit, d'une belle grandeur, la scène est transportée au fond d'une forêt, où le prince des ténèbres, présidant un conciliabule de démons, s'empare de l'ame visible du misérable Odon, et la prépare, par des cérémonies diaboliques, à l'éternité de tourments qu'elle est condamnée à subir. (Serm. de Maillard, *sur la Justice*.) L'auditoire frémissait au récit de pareils prodiges. Non seulement le peuple, mais des hommes qui appartenaient aux premières classes de la société, cédaient d'autant plus facilement à ces impressions de terreur, que la religion en consacrait le principe, et que des esprits trop prévenus n'étaient pas toujours capables de reconnaître l'abus qu'on en pouvait faire. On croyait généralement, et les théologiens diront, qu'on devait croire à l'influence des bons et des mauvais anges sur les destinées humaines. On admettait la possibilité de la présence corporelle des démons sur la terre pour l'accomplissement des desseins de Dieu. C'était là le principe religieux ; le sentiment des docteurs le mettait hors de toute discussion, et les conséquences suivaient d'elles-mêmes.

De là le crédit que conservèrent si longtemps, et la place qu'occupent dans l'histoire même de la civilisation, les anciennes tradi-

J'ai dans mon cabinet une Danse Macabre gravée en Allemagne, sur deux feuilles de grandes proportions. Outre les scènes isolées, à deux ou trois personnages, qui se succèdent dans les compositions les plus connues en France, on y remarque l'image du branle général, ou l'ensemble de la danse exécutée dans un cimetière, qui occupe le centre du tableau. Là, dix-huit personnages tant morts que vifs, de différentes conditions, se tiennent par la main, et forment un cercle en dansant autour d'un cercueil dont l'ouverture laisse à découvert un hideux squelette. Cette estampe n'est pas très-ancienne; je ne la considère pas non plus comme un monument, mais le branle du cimetière a certainement été gravé d'après les traditions germani-

---

tions relatives à la puissance intermédiaire des bons et des mauvais génies, à l'interposition, entre ce monde et l'autre, d'êtres surnaturels de toute espèce. Et, en effet, sous quelque forme qu'on se représentât un être fantastique, et quelque nom qu'on lui voulût donner, fée, génie, sorcier ou démon, mâle ou femelle, nain ou géant, bouc ou petit-maître; dès qu'il se pouvait que Satan fût caché sous cette apparence, tout était possible pour un chrétien orthodoxe, et pour le peuple tout était vrai. J'ai besoin d'ajouter, au surplus, que mon intention est loin d'attaquer une doctrine que je respecte dans son principe avoué par l'église. Je ne le rappelle ici que comme un fait, et parce que ce fait importe à l'appréciation d'une pensée, frivole en apparence, qui domine dans cet opuscule.

ques, plus sûres et bien plus fécondes que les nôtres en données de ce genre. Voilà donc une pièce justificative, en attendant mieux.

Maintenant, rappelez-vous, Monsieur, ma précédente observation sur l'ancienne croyance des faits incroyables, et vous continuerez de me suivre dans la voie des prodiges, sans trop craindre de vous y égarer avec moi.

Après les traditions des danses chrétiennes, ou plutôt des chrétiens, nous y retrouverons celles que les chroniqueurs et les démonographes nous ont transmises sur les magiciens et les sorciers. Ceux-ci pourraient contester aux danseurs des cimetières le mérite de l'invention, ou du moins le partager avec eux. Point de *véritable sabbat* sans branle ou gambades; et, de plus, il y avait ici des instruments comme on en remarque dans quelques scènes de notre Danse Sépulcrale. « Après
» avoir baisé l'image noire, dit un de leurs plus
» *véridiques* historiographes, les sorciers offrent
» une chandelle, ou bûche d'estrain ardente
» d'où s'échappe une flamme bleuâtre. Par après
» ils dansent, et font leur danse en rond doz
» contre doz. Les boiteux y vont plus dispote-
» ment que les autres...... Ils dansent ainsi

» doz contre doz pour n'être pas cogneuz. Mais,
» pour le jourd'hui, ils ont une autre invention
» au mesme effet, qui est de se masquer......
» Il y a encore des démons qui assistent à ces
» danses, en forme de boucs (ou sous d'autres
» formes fantastiques)........ Les hautbois ne
» manquent pas à ces esbatz......... Satan y
» joue mesme de la fluste........ Quelquefois,
» mais rarement, ils dansent deux à deux, et
» parfois l'un ça, l'autre là, estant telles dan-
» ses semblables *à celles des Fées*, vrays diables
» incorporez qui régnoient il n'y a pas long-
» temps [1]. »

Pesez bien, Monsieur, ces dernières paroles :
les Fées dansaient, et les Fées ont régné avant
le xvie siècle.

Ici, la tradition, assise sur les monuments,
commande le respect, et vous allez vous incliner avec moi devant le temple de Landerthun.

Il existe dans la plaine de ce nom, située à
quelque distance de Boulogne-sur-Mer, un *mallus*
ou sanctuaire druïdique, vulgairement nommé
les *Danses,* et en patois du pays *Neuches* (Noces).

---

[1] Boguet, *Discours exécrable des Sorciers*, p. 107.

C'est un amas de pierres brutes ou rochers de différentes grosseurs, partagées en plusieurs groupes. Les groupes isolés sont appelés les *violons ;* le plus fort est le *gros violon* ou la *basse.* On compte trois *ménétriers* de même espèce, environnés d'enfants qui s'ébattent au son de leurs instruments ; il est bien entendu que ces marmots sont aussi de la même famille, c'est-à-dire des pierres plus petites formant cercle autour des plus grosses. Enfin, les groupes principaux sont les *danseurs*, et les blocs épars représentent les *assistants* ou la galerie. C'est, comme vous voyez, tout ce qu'on veut. La tradition la plus accréditée dans le pays est que des Fées s'assemblaient anciennement la nuit dans cet endroit, et qu'elles s'y livraient au plaisir de la danse, dont l'attrait était d'autant plus vif pour ces dames qu'elles avaient l'immense privilége de ne point vieillir. On ajoute, d'après la même autorité, qu'une nuit où l'ardeur des pirouettes leur avait fait oublier l'une des lois capitales de la féerie, le bal, comme celui de Cendrillon, s'étant prolongé au-delà de l'heure fixée par un pouvoir supérieur, les danseurs, l'orchestre et la galerie se trouvèrent tout-à-coup métamorphosés en roches ; et voilà comme quoi la plaine de Landerthun, d'abord sanctuaire des Druides, ensuite colysée, ne fut bientôt plus qu'un champ stérile, désolé, sauvage, un amas de ruines informes, *horribile visu*. Il paraît que la commune de Saint-Antoine-du-Rocher, près de Tours, peut se vanter aussi de recéler dans sa solitude les précieux débris d'un monument semblable et de même origine. Cette autre ruine est connue dans le pays sous le nom de *château ou grotte des Fées* [1].

Que le peuple des villes, comme l'habitant des campagnes, ait cru jadis à la présence corporelle des fées et des génies dans les lieux retirés, au fond des bois et des autres souterrains; que de prétendus témoins oculaires se soient persuadés à eux-mêmes qu'ils les avaient vus s'assembler, s'ébattre, danser ou conjurer, c'est un fait qui s'élève au-dessus de toute contradiction. Le peuple croit volontiers à tout ce qu'il craint. On redoutait les sorciers et les fées plus qu'on ne les aimait; on n'aurait pas osé douter d'une puissance qui pouvait devenir fatale aux incrédules. C'était l'âge des visions, et j'en ai la

---

[1] *Mémoires de l'Académie celtique*, t. 5.

preuve sous les yeux. Il ne s'agit plus, Monsieur, de pierres informes et silencieuses, mais de mémoires écrits par un contemporain bien instruit, et qui en dit plus à lui tout seul que toutes les ruines du monde celtique ne pourraient nous en apprendre. C'est un livret singulier et des plus rares du xvie siècle, une de ces relations *au vrai*, dont l'auteur raconte, de la meilleure foi du monde, ce qu'une imagination prévenue lui a fait voir dans une carrière souterraine qu'il a réellement vue et parcourue. Le titre seul de ce mémoire en révèle tout l'esprit, et caractérise le peuple pour lequel il a été fait. Le voici :

« Les grandes et effroyables merveilles
» veues le premier jour du mois de juin, près
» Authun, ville fort ancienne en la duché
» de Bourgogne. De la caverne nommée aux
» *Fées*, et la déclaration de ladite caverne,
» tant des *fées*, *seraines*, *géans* et autres
» esprits.

» *Le tout veu* par le seigneur Dom Nicole
» de Gaulthières, gentilhomme Espagnol, et
» le tesmoignage de deux paysans, lesquels luy
» firent ouverture en ladite caverne. — Tra-

» duite (*sic*) d'Espagnol en François par le
» seigneur de Ravières Angoumois [1]. »

Ce n'est pas sans prendre ses précautions que le seigneur de Gauthières, homme de courage, mais bon chrétien, tenta et mit à fin sa périlleuse entreprise. Écoutez-le plutôt, et croyez bien ce qu'il vous dit :

« Voulant donc persister dans mon dessein,
» prins mon plotton de cordelle, et ayant lié le
» bout à une grosse pierre assez près de la tumbe
» et entrée, alors d'un zèle ardent, les genoux
» fléchis en terre, j'invoquay Dieu en toute la
» cour céleste de paradis, le suppliant de tout
» mon cœur de me faire assistance. Je baisay
» trois fois la terre, puis me levay pour chemi-
» ner en la garde de Dieu, mon espérance. Je
» prins ma lanterne de voirre en ma main, et
» une chandelle allumée dedans pour m'esclaire
» (*sic*), tenant sous mon bras le plotton de cor-
» delle pour le développer mesnuement partout
» le chemin ou j'iroye, avec opinion qu'il me
» servirait de reconduite à mon retour. »

---

[1] Suivant la copie imprimée à Rouen, 1582, pet. in-8. L'original espagnol, s'il existe, peut être plus ancien ; mais il ne doit pas remonter au-delà du règne de Philippe II.

Le voilà parti. Après avoir parcouru de longues galeries souterraines, et traversé douze salles toutes plus merveilleuses les unes que les autres, le sire de Gauthières trouve enfin..... vous devinez, Monsieur ; il trouve ce que nous n'avons pu qu'entrevoir à Landerthun sous les débris d'un enchantement de vingt siècles, ce qui fait le sujet de nos recherches actuelles, *un bal de Fées* de chair et d'os ; et qui plus est, *l'homme noir;* entendez-vous, Monsieur, un homme noir, ressemblant, à quelque chose près, au personnage de même race qui ouvre la Danse Macabre dans les anciennes gravures de ce monument, et qu'on suppose avoir présidé au branle du Charnier-des-Innocents [1]. Est-ce là une découverte !

---

[1] Je dis qu'on *suppose*, car le fait n'est pas certain.
Cet homme noir, ou maure, sonne du cornet dans les anciennes Danses Macabres ; c'est la trompette du jugement dernier qui fait sortir les morts de leurs tombeaux ; sa place était marquée dans un cimetière, et voilà pourquoi il figurait au Charnier-des-Innocents ; mais celui-ci appartenait, selon toute apparence, au monument de Nicolas Flamel, qui date de 1389, et qui, par conséquent, aurait précédé d'environ trente-cinq ans l'exécution de la Danse des Morts dans ce cimetière. *Voyez* les vers qui accompagnent la figure de l'homme noir dans les premières éditions, et même dans les réimpressions de la *Danse Macabre; — Le livre des figures hiéroglyphiques du cimetière des Innocents* (supposé), traduit du latin de N. Flamel, par Arnaud de la Chevallerie, in-4, 1612, p. 60 ; — *La vie de Nicolas Flamel,* par l'abbé Villain, in-12, p. 33, 115 et suivantes ; — Et les *Recherches sur les Danses des Morts*, de M. Peignot, p. 84 à 89.

Il vous tarde, je le sens bien, d'en recevoir la confirmation de la bouche même du témoin qui a vu et entendu ; soit. Parlez-donc, sire de Gauthières ; profitez de l'occasion ; vous ne trouverez pas toujours, dans notre jeune France, des oreilles aussi bien disposées à vous prêter leur atttention ; parlez vous-même. Sire de Gauthières continue :

« Au bout d'icelle galerie de jaspe toute voû-
» tée et peinte de fines couleurs, je trouvay un
» grand clos en forme de cloistre ayant plus de
» deux cens cinquante pieds de traverse, le
» tout circuy et fermé de murailles d'environ
» quarante pieds de haut par endroits, partie
» d'icelles ruinées. Ce circuit est tout rond et
» beau, ayant au milieu un préau fleuri et ver-
» doyant, et tout à l'entour d'icelui doubles ga-
» leries au dedans desquelles y avait plus de
» deux mil femmes ou *Fées* estant appuyées sur
» les barrières, escotoires ou appuis d'icelles,
» aucunes d'elles tenans des petits chiens, les
» autres des bouquets de toutes fleurs ; et me
» sembloit à leurs contenances qu'elles regar-
» doient une *danse ronde* composée de *cinquante*
» *Fées* bien apparentes et belles qui dançoient
» en ce lieu autour d'un gros et grand tillet fort

» feuillu et ombrageux, spacieux et de grand
» estendue : sous lequel estoit un grand et puis-
» sant homme de statue de géant, *fort noir de*
» *visage*, ayant les yeux verds, ronds et gros
» comme le fond d'une chaudière, luy tournant
» en la teste, le nez crochu, la bouche grande et
» fendue jusques aux oreilles; fort maigre, vestu
» d'une grande robe de trippe de velours, assis
» en une chaire de cuyvre. C'estoit l'homme le
» plus espouvantable que l'on sçaurait voir, et
» à l'entour duquel estoit la dance. Cecy me fait
» estimer que c'estoient toutes les fées lesquel-
» les demeuroyent aux douze salles cy devant
» dites, qui estoient venues en ce lieu à l'heure
» de midy, pour faire leurs assemblées et dan-
» ces ordinaires, et recognoïstre ceste grande et
» espouvantable idole, en dançant autour de
» luy.... Il y avait trois joueurs de cornemeuses
» qui sonnoient mélodieusement bien, au son
» desquelles dançoient les dites fées bien mi-
» gnonnement. » Plus loin, l'équipage du grand
ordonnateur de ces danses prend une couleur
funèbre, j'allais dire une teinte *macabrée*.

« Ce néanmoins je vis approcher de grandes
» troupes; et au devant d'icelles estoit en un
» riche char triomphant, conduit un grand....

c

» personnage bien révéré de tous, comme un
» roy.... assis sur son chariot d'argent, conduit
» par quatre chameaux enharnachez de *velours*
» *noir, passementez d'argent*, qui faisoient une
» grande parade...... Devant ce chariot mar-
» choient plusieurs joueurs d'instruments, et à
» la suite venoient joyeusement soixante fées
» *cinq à cinq, toujours dançant.* »

Le sire de Gauthières en vit bien d'autres pendant trois jours et trois nuits qu'il employa à visiter ce monde souterrain ; mais nous ne le suivrons point dans mille détours où chacun de ses pas était marqué par un prodige. L'admiration trop prolongée fatigue les sens et trouble l'esprit. Nous en savons assez, Monsieur, pour reconnaître que l'antique existence des fées et leur goût prononcé pour la danse sont des faits prouvés par les monuments.

Or, les fées étaient de la famille des sorciers : pourquoi n'auraient-elles pas contribué aux mêmes œuvres? Les femmes n'ont-elles pas leur Danse Macabre aussi bien que les hommes ?

Si l'histoire des spectres et des vampires, qui n'est au fond que celle des morts, vous paraît une autorité plus imposante, en matière sépulcrale, *oyons* ce qu'en relataient, ce qu'en pensaient, ce qu'en croyaient les contemporains des fées et des génies ; ou plutôt, pour ne pas nous attrister avec des esprits, contentons-nous de les voir danser.

C'est dans les contrées du Nord, et à des époques assez éloignées, que ces danses ont fait le plus de bruit. L'âpreté du climat, la sauvagerie des lieux, la brute stupidité des spectateurs pouvaient, en effet, convenir à de pareils bals. *Olaüs Magnus* en fait mention dans ses histoires. On voyait, selon lui, et, selon nous, on croyait voir, la nuit, des bandes de spectres plus ou moins effrayants, s'avancer en cadence, et former un branle au son de divers instruments. Saxon le Grammairien parle aussi de ces branles nocturnes exécutés par des esprits. Lavater raconte les mêmes choses dans son Traité *de Spectris, Lemuribus*, etc. : « *Scribit.... monstra quædam vel spiri-* » *tus.... noctu præsertim, choreas ducere ad concen-* » *tum instrumentorum musicorum varii generis.....* » *Incolas vocare* CHOREAM ELVARUM......... » Le même auteur ajoute que ces spectres, se promenant la nuit dans les lieux habités, barraient le passage aux personnes qu'ils rencontraient, les détournaient du bon chemin, et parfois leur causaient une telle frayeur, que leurs cheveux en blanchissaient subitement, ce qui ne permettait pas de révoquer en doute le récit de leur piteuse aventure. « *Hæc spectra aliquando iter* » *facientibus viam intercludunt, abducunt eos à rectâ* » *viâ, terrent eos ut nocte aliquando canescant* [1]. »

Ne voyez-vous pas ces spectres, ces images de la Mort arrêter dans le chemin de la vie chacune des personnes qu'ils y rencontrent, quelle que soit leur condition, et hâter l'heure fatale qui doit les rejoindre à eux dans l'autre monde ? Ne retrouvez-vous pas ici l'esprit de la Danse Macabre ? Vous exigeriez peut-être un rapport plus étroit entre ces deux termes. Vous voudriez savoir où l'une de ces danses se trouve *nominativement* associée à l'autre : eh bien ! Monsieur, osez le demander, j'ai réponse à la question. Taillepied, auteur à peu près contemporain de Louis Lavater, et qui reproduit les mêmes faits, articule positivement le mot. Ces branles des esprits du Nord, cette *Danse des Elves* ne sont plus dans son style que des *Danses de Machabrez* [2].

---

[1] Lud. Lavater, *Ubi sup.*, p. 129 et 133.
[2] *Traité de l'Apparition des Esprits*, p. 165.

Mais d'où vient ce mot *Macabre*, qui nous paraît étrange ? D'où il vous plaira, Monsieur; car je ne connais rien de plus facile que de forger l'étymologie d'un nom inconnu. Toutefois, s'il y a quelque vraisemblance dans les aperçus que je viens de livrer à votre critique, la qualification de *Macabre* doit ressortir des mêmes faits et circonstances; ni les Etienne, ni Labbe, ni Du Cange, ni Ménage ne nous apprendront rien sur son origine; c'est toujours l'asile de la Mort, c'est le sabbat, ce sont les fées qu'il faut consulter, à moins que la personne même de l'auteur ne nous en dispense. Examinons d'abord cette première difficulté.

Est-il vraisemblable que l'épithète de *Macabre* soit le nom de l'inventeur, suivant l'induction qu'on a tirée de l'édition de Desrey, 1490, dont le titre porte : *Chorea ab eximio Macabro edita*, etc... ? M. Peignot n'aurait-il pas rejeté un peu trop légèrement cette opinion, qui a eu ses partisans ? Voici quelques faits qu'il ne rapporte pas, et dont ses adversaires pourraient s'armer contre lui au besoin. Vous les trouverez peut-être plus curieux que concluants. N'importe; je vous les livre pour ce qu'ils valent, comme tout ce qui coule de ma plume en ce moment.

D'abord, indépendamment du titre, *Chorea ab eximio Macabro edita*, on lit, dans l'édition française qui suivit immédiatement celle de Desrey [1], non plus un titre qui rapporte l'ouvrage à *l'illustre Macabre*, mais un vers latin placé isolément à la fin du poème, et dont la contexture énigmatique rappelle la même idée. Voici ce vers, qui ne paraît pas avoir encore été remarqué :

Vir fuit istud opus quod conditor indicat ejus.

N'a-t-on pas voulu faire entendre par là que l'auteur du livre ait indiqué, par le livre même, que *Danse Macabre* signifie danse composée par le nommé Macabre ou Macaber ?

S'il était permis de substituer *quem* à *quod*, ce vers, elliptique et obscur, exprimerait assez clairement le rapport établi, dans le titre de Desrey, entre l'œuvre et l'auteur. Ce serait un fait de plus à l'appui de l'opinion répudiée par M. Peignot, et ce fait semblerait puiser quelque force dans une autre circonstance non moins remarquable d'une époque postérieure.

---

[1] L'édition de janvier 1490 (1491 avant Pasques), que donna le même libraire, Guyot-Marchand, et que M. Peignot n'a pas été à même de consulter. J'ai sous les yeux l'exemplaire De la Vallière, qui m'appartient.

Noël Du Fail, seigneur de la Hérissaye, dans le conte intitulé : *Des Bons Larrecins*, parlant de *Nicolas Flamel, grand et souverain arracheur de dents en ce mestier*, et des alchimistes ruinés du même temps, ajoute ce qui suit, sur le monument du cimetière des Innocents : « On les voit
» par bandes et régimens, comme estourneaux,
» se promenans aux cloistres saint Innocent à
» Paris, avec les trespassez et secrétaires des
» chambrières visitant la *Danse Macabre* (sic),
» *poète parisien*, que ce savant et belliqueux roy
» *Charles-le-Quint y fit peindre*, où sont représen-
» tées au vif les effigies des *hommes de marque de
» ces temps là*, et qui dansent en la main de la
» mort. Parmy lesquelles peintures y a des deux
» costés du cimetière, deux pourtraits d'un lion
» rouge et d'un serpent verd, illec fait mettre
» par iceluy Flamel, avec bonne dotation pour
» l'entretenement d'iceux, etc... [1]. »

Où Du Fail a-t-il pris celà ? Je l'ignore ; mais s'il dit vrai, la question étymologique sera décidée, et il faudra renoncer à l'interprétation des deux lignes du Journal de Paris sous Charles VI,

---

[1] *Contes d'Eutrapel*, t. 1er, p. 149 de l'édition petit in-12 de 1732.

qui constateraient le fait de l'exécution du monument de 1424. Si l'observation du conteur est exacte, il en résultera que la danse du cimetière des Innocents est plus ancienne d'un demi-siècle au moins qu'on ne l'a supposé de nos jours; que les personnages figurant dans cette action étaient des portraits; qu'elle tire son nom, si ce n'est de l'artiste qui l'a inventée, au moins du poète qui en a rimé les moralités; et, enfin, que ce n'était point une sculpture, mais un tableau peint et accompagné d'inscriptions en vers. Cette dernière circonstance déciderait aussi la question que M. Peignot se fait, et dont il pressent la solution dans le passage suivant : « Plus de doute que la Danse Macabre n'ait été » représentée sur les murs du charnier des In- » nocents. Mais était-elle peinte ou sculptée? Je » pencherais pour la peinture, et même je ne » ferais pas de doute qu'on n'y eût ajouté des » inscriptions [1]. » C'est bien ainsi que l'entend l'auteur des *Contes d'Eutrapel.*

Mon autorité ne consiste, il est vrai, que dans un conte. Mais Du Fail n'est pas le seul écrivain qui ait rapporté le nom de notre danse à son au-

---

[1] *Recherches sur les Danses des Morts*, p. 84.

teur. Le docte Fabricius attribuait la composition poétique de cette danse à un nommé *Macaber*, en français Macabre [1]. Naudé, savant bibliothécaire, range au nombre des mauvais ouvrages de la basse latinité, le livre intitulé : *Chorea ab eximio Macabro edita*, sans faire aucune observation sur le titre, que, selon toute apparence, il jugeait exact [2].

Non seulement La Monnoye a aussi adopté le fait que ce titre établit, mais il croyait que le dessin même de la Danse Macabre était de l'invention d'un peintre de ce nom. M. Peignot, qui lui reproche, un peu durement, peut-être, son ignorance à ce sujet, rentre lui-même, sans qu'il s'en aperçoive, dans l'idée dominante d'Eutrapel, lorsque rapprochant la figure de l'homme *noir* qui était peint au cimetière des Innocents avec une inscription en vers, de l'homme *noir* et des vers qu'il a remarqués dans les gravures françaises de la Danse Macabre, il ajoute que ce rapprochement semblerait annoncer que la *danse est d'origine parisienne*. Son observation pa-

---

[1] *Biblioth. mediæ et infim. latinitatis.*

[2] *Jugement de tout ce qui a été imprimé contre le cardinal Mazarin*, p. 224.

raît ne devoir s'entendre que du poème, et c'est en ce sens que Du Fail pourrait avoir raison.

Quant à la portée du témoignage de ce dernier, si l'on se demande quelle confiance peut mériter un conteur, on répondra que le fait dont il s'agit n'appartient pas essentiellement à la fable de l'auteur, qu'il l'a rapporté comme tout autre, parce qu'il l'avait, pour ainsi dire, rencontré au cimetière où son imagination l'avait conduit; que ce fait étant isolé et sans aucune importance dans son récit, il n'avait aucun intérêt à le défigurer pour l'ajuster à un système; que son assertion porte tout le caractère de la naïveté, et qu'apparemment il n'a dit que ce que l'on croyait savoir de son temps, puisqu'il n'ajoute rien au fait nu, qui tende à le justifier. Il est présumable, enfin, que si ce trait d'histoire eût pu trouver alors des contradicteurs, Du Fail, homme d'esprit et bon dialecticien, ne l'aurait pas jeté dans son conte, sans le soutenir et l'étayer de quelques réflexions. Il y a donc apparence qu'il croyait que la Danse Macabre ou Marcade, peinte par l'ordre de Charles V, était, quant aux vers, l'œuvre d'un poète de ce nom, et qu'il ne faisait en cela que partager l'opinion d'un siècle où la tradition du fait ne pouvait être perdue. Le concours des divers témoignages que je viens de rappeler donnerait quelque poids à cette supposition.

On n'aurait point à objecter que le mot *Marcade* a pu être lancé légèrement et sans conséquence dans un ouvrage dont l'unique but est d'amuser, ou que l'auteur l'a emprunté au monument même dont le nom était alors fixé, et qu'en effet il n'a pas existé de poëte parisien du nom de *Marcade*.

Il se peut que ce nom associé à la qualité de poëte parisien ne soit pas venu jusqu'à nous, mais on doit tenir pour constant qu'il existait en France une famille portant le nom de Marcade, à une époque très-rapprochée du règne de Charles V.

On lit, dans une ordonnance de Charles VI, du 25 mai 1443 [1], pour la police générale du royaume :

« Nous ordonnons que le criage de la ville de
» Paris que souloit tenir à sa vie feu Jacques
» *Marcade*, et que tient à présent la femme du
» dit *Marcade*.... soit et demeure doresnavant en
» nostre dict domaine. »

---

[1] *Recueil du Louvre*, t. x, p. 77, art. 22 de l'ordonn.

Cette famille, si elle n'était noble, devait appartenir à la bonne bourgeoisie, car on trouve plusieurs *Marcade* dans la classe des officiers royaux et municipaux ; d'où l'on peut inférer qu'elle jouissait d'une certaine considération.

Un Pierre ou Paul *Marcade* exerça des fonctions publiques à la chancellerie de France pendant les premières années du xve siècle. Il nous reste plusieurs lettres-patentes de Charles VI, de 1405 à 1411, contre-signées ainsi : *Par le roy. P. Marcade* [1]. D'autres lettres du même prince, en date d'octobre 1409, prouvent qu'un Jean Marcade était alors maire de Béthune avec Guillaume Esmenault. On voit, enfin, des *Mascardi* établis à Rome dans le xviie siècle, notamment *Augustin*, camérier d'honneur du pape Urbain VIII, et *Vitale*, son contemporain, qui descendaient peut-être d'une souche commune aux *Marcade* français [2]. N'allez pas, Monsieur, me chicanner sur de légères différences d'orthogra-

---

[1] Lettres de Charles VI, confirmatives de divers réglements et statuts, d'octobre 1406, d'avril 1407, d'octobre 1409, de 1410, etc. Voyez le t. ix du *Recueil du Louvre*, p. 199, 482, 520, 630.

[2] Ce Vitale publia en 1635 une relation intitulée : *Festa fatta in Roma alli 25 di febraio*, 1634, *e datain luce da Vitale Mascardi. in Roma*, in-4. Il existe beaucoup d'autres livres imprimés sous ce nom.

phe. Si l'on est d'accord sur ce point que Maratre [1] et Macabre ne font qu'un, il y aurait par trop de rigueur à contester l'identité de Macabre et Marcade. Les scribes du xve siècle n'étaient pas forts sur l'orthographe; ils ne respectaient pas plus celle des noms propres que de tous autres mots ; et le nom même de Marcade, qu'on écrivit Martade dans des actes publics de l'époque à laquelle ce nom était le plus répandu, est précisément une preuve de la facilité avec laquelle les noms propres s'altéraient sous les plumes du moyen âge. Une ordonnance de juillet 1411, rédigée en latin, est contre-signée : *Per regem ad relationem consilii*, Martade [2]. Or, les éditeurs du Recueil du Louvre, où cet acte est classé, n'ont pas douté qu'on ne dût lire Marcade.

Maintenant, que conclure de tout ceci? Rien, Monsieur, selon moi, si ce n'est que vous ne devez pas considérer comme étant résolue négativement la question de savoir s'il est vrai que la Danse Macabre tire son nom de l'inventeur de ce monument; et que le titre latin de l'ancienne

---

[1] Expression du *Journal de Paris*, sous la date de 1424.
[2] *Recueil du Louvre*, t. ix, p. 638.

édition de Desray n'est pas absolument indigne de votre attention.

Mais je crains d'en abuser moi-même en vous faisant des histoires de fées et de sorciers avec un commentaire appuyé sur l'autorité d'un conte. Cependant, Monsieur, il faut bien, puisque vous m'avez fait l'honneur de me consulter, que vous ayez la bonté de m'entendre jusqu'au bout. J'ai encore à vous demander grâce pour quelques mots savants et barbares qui m'arrivent à la file, et que je ne puis éviter de vous présenter comme membres de la famille des *Macabre*. Quelque menaçants qu'ils vous paraissent pour un tympan délicat, ne vous effrayez point ; ce petit nuage d'érudition sera bientôt passé.

Vous n'ignorez pas que les dénominations de *Macabre*, *Macabré*, *Machabrez* et *Machabée*, ont servi également à désigner notre Danse des Morts : j'insiste, et pour cause, sur celle de *Machabée*. Le Livre des *Curiosités françaises*, d'Antoine Oudin, porte : « Danse *Macabée*, ou plus » vulgairement *Macabré*. » La même dénomination se retrouve encore dans plusieurs réimpressions modernes de la Danse Macabre.

Masca ou *Mascha* est pris pour *stria* ou *striga* (sorcière) dans la basse latinité, et dans les lois

lombardes : « *Nullus præsumat aldiam alienam aut
» ancillam, quasi* strigam, *quæ dicitur* Mascha [1]. »
Ainsi Mascha, d'où sort, du premier bond, Mascabe, puis Macabe, Macabée, Macabré, Macabre, aurait signifié *sorcière;* et, accolé au mot danse, Danse des Sorciers : d'où, par analogie, Danse des Morts.

Cependant, Macabée ou Machabée est un nom biblique ; ce nom a retenti dans l'histoire sacrée longtemps avant qu'il fût question de la Danse Macabre ; il appartient à la langue hébraïque ; et comme la signification de ce mot *composé* a beaucoup de rapports avec l'idée de notre danse, il s'élève ici une présomption de parenté qu'on ne peut se dispenser de vérifier.

Mecabberet, selon Guichard, signifierait, en hébreu, un lieu de rassemblement : *Locus ubi congregabantur;* et *cavas* ou *cabas* vaudrait autant que *subjugare, capere vi ac violentiâ* [2], prendre de force : en d'autres termes, faire ce que fait la Mort. Dom Calmet, plus décisif, tire Macabée, *Macchabœus,* ou, suivant la prononciation hébraïque, *Maccabaïahu,* de *Macchabaïah,* qui

---

[1] *Glos. Cang.*, verb. *Masca.*
[2] *Harmonie étymologique des Langues,* in-8, 1619, p. 255.

FRAPPE, QUI EXTERMINE AU NOM DU SEIGNEUR. Vous conviendrez que cette étymologie n'était pas à négliger, et que *Machabée* est tout une image qui caractérise merveilleusement l'action de la mort aux prises avec la vie. Pour mon compte, Monsieur, je vous déclare que si la Danse des Morts n'avait point encore été qualifiée, je voudrais, *proprio motu*, la nommer *Machabée*, tant ce mot va bien à la chose.

En effet, Machabée, ce nom vénéré des Juifs, qu'illustra le valeureux Judas, n'est pas aussi étranger qu'on pourrait le croire aux merveilles de notre moyen âge. Vous vous rappellerez, Monsieur, le livre sacré qui porte ce nom; vous n'avez pas oublié les descriptions qu'il nous donne de ces prodiges aériens, de ces chevaliers angéliques armés pour la défense du peuple de Dieu, qui, sous la forme de brillants météores, devenaient pour les Machabées un présage assuré de triomphe et de gloire. Eh bien! vous retrouvez là le type de cette *Chasse Machabée* dont la tradition subsiste encore dans les campagnes du Blésois. C'est ainsi qu'on nommait jadis la prétendue chasse aérienne du comte Thibault, partant de Chambord pour Blois, *à grand bruit d'hommes, de chevaux, de chiens et de cors*. Les paysans du pays ont cru long-temps, et d'après le témoignage d'une personne aussi obligeante qu'éclairée [1], à qui ces localités sont bien connues, ils croient toujours entendre très-distinctement, dans les belles nuits d'automne, le bruit de cette chasse merveilleuse, toujours désignée sous le nom de *Machabée* ou *Macabrée*.

Ce n'est pas, au surplus, la seule étymologie que nous fournissent les lieux qui furent le théâtre des croisades en Orient, ou de la conquête des Maures en Espagne. *Magbarah*, *Magbourah* ou *Magabir*, dans la langue de Saladin et des Abencérages, signifie un cimetière. La Danse *Magbourah*, *Magabir*, et en vieux français, *Magabré*, *Macabré*, rappellerait donc l'idée d'un branle de cimetière. M. Peignot, il est vrai, ne se montre pas favorable à ce rapprochement; mais nous avons pour nous une autre autorité, celle de M. Van-Praet, et il faudrait être bien difficile pour ne pas s'en contenter. Cependant, Monsieur, libre à vous de n'y pas déférer sans plus

---

[1] M. De la Saussaie, bibliothécaire de la ville de Blois. — N'y aurait-il pas quelque rapport entre cette *Chasse machabée* et la figure des Chasseurs à cheval faisant partie du tableau intitulé : *les Trois-Vifs et les Trois-morts*, qu'on trouve ordinairement dans les Danses Macabres?

ample examen. Si vous répugnez à tirer du Midi un nom qui semblerait se rapporter à un sujet du Nord, vous pourriez ne pas chercher si loin.

Villaret, cité par M. Peignot, fait venir *Macabre* de l'anglais *to make*, faire, et *to break* rompre. Voilà, je l'avoue, une étymologie bien vague, bien nébuleuse, et j'aimerais autant la filiation de notre *Cheval*, arrière-petit-fils de *Equus*, à la douzième ou quinzième génération; mais de l'Angleterre à l'Écosse, il n'y a qu'un pas. L'Écosse et l'Irlande furent dans tous les temps la terre promise des fées et des génies : c'est aussi la patrie des *Mac* : *Écoutez ! écoutez !* J'ai lu quelque part, dans Bullet[1], une histoire fort drôle de *Fées* et de *Mac;* mais je retrouve la même légende rapportée, d'après Boèce, par un auteur plus ancien, et la naïveté de notre vieux langage fait mieux valoir le merveilleux du sujet. Je lis donc dans mon bouquin : « Alexandre,
» troisiesme de ce nom, roy d'Escosse, prenant
» en tiers nopces, comme écrit Hector Boèce,
» la fille d'un comte de Dreux, et célébrant la
» nuit la solemnité des nopces..... veit entrer
» en la grand salle une effigie de Mort toute des-

---

[1] C'est, je crois, dans sa *Mythologie française*.

» charnée qui sautoit et gambadoit. De quoy
» bien estonnée, et l'assemblée des courtisants
» semblablement, ils désistèrent tous de plus
» danser, non seulement cette nuict-là, ains
» tous les jours consécutifs en après. Et n'appa-
» rut pas ce spectre sans cause, car, au mesme
» an, le roy chevauchant un cheval fougoux
» (*sic*) et hargneux, il tomba de dessus et se
» tua, et de sa mort arrivèrent tant de séditions
» et de meurtres au pauvre royaume d'Escosse,
» qu'il cuida presque tomber en désolation et
» en ruine. Le mesme Hector Boëce raconte [1]
» que *Machabée*, qui fut après roy d'Escosse, et
» Banchon Stuard, allant trouver le roy, comme
» il estoient en une forest, ils veirent venir à
» leur rencontre trois dames inconnues (trois
» fées) qui les saluèrent, et prédirent à *Macha-*
» *bée* qu'il auroit de grands estats, et seroit roy
» à la fin, et à Banchon Stuard, qu'il serait
» père de plusieurs roys. Cecy remarqua bien
» *Machabée*, et ayant obtenu la couronne, vou-
» lut exterminer Banchon et sa race. Mais, mal-
» gré tout son effort, si est ce que les Stuards
» régnèrent après luy, etc.... »

---

[1] Annal. Scot.

Voilà mon drame-féerie avec tout son spectacle. Sans vouloir en tirer aucune conséquence rigoureuse, par rapport à la danse de spectres nommée *Machabée*, je le livre à vos méditations, comme tous les aperçus que je viens de jeter sur ce papier, et dans lesquels je vous prie instamment, Monsieur, pour votre garantie et ma responsabilité, de ne voir, tout au plus, que des conjectures, et pas une seule opinion que je puisse avoir un jour à justifier au tribunal du public. On parle de faire une nouvelle édition du *Dictionnaire des Origines*, revu et *considérablement augmenté* : dans l'intérêt de la vérité historique, je l'aimerais mieux considérablement réduit ; mais il coûterait beaucoup plus, et se vendrait bien moins. *Perge modo.....* estimable libraire : voici un nouvel article de plus pour votre édition.

Quant à l'exécution calcographique de la Danse Macabre, ce qui me reste à vous dire, Monsieur, sera bien peu de chose en comparaison de ce que vous pourriez m'apprendre vous-même sur un sujet qui se lie aussi étroitement à l'étude et au culte des arts. Je me bornerai donc à de courtes observations dans l'ordre des choses dont vous recherchez le principe.

Les Danses des Morts les plus connues en France, et dont les figures sont accompagnées de texte français, peuvent se réduire à trois types :

1° La Danse Macabre, imprimée à la fin du xve siècle, dont la première édition connue est de 1485 ;

2° La Danse des Morts de Bâle ;

3° Les Figures de la Mort, de Jean Holbein.

Le sujet de la Danse de Bâle, en tant qu'elle se distingue des deux autres, est épuisé ; et personne n'ignore que ce monument a été gravé par Mérian, au commencement du xviie siècle. Mais il me semble que l'auteur de la première Danse Macabre imprimée n'est nommé ni indiqué nulle part.

Seriez-vous éloigné de penser que Michel Wolgemuth, le maître d'Albert Durer, eût participé à cette composition ? Wolgemuth, peintre et graveur sur cuivre et sur bois, né à Nuremberg en 1434, et dont la carrière se prolongea jusqu'en 1519, a fait, dit-on, les dessins, et peut-être gravé une partie des nombreuses figures de la Chronique de Hartman Schedel, imprimée à Nuremberg en 1493. C'est à peu près le temps de la première apparition de nos morts dans l'ancienne librairie française. Wolgemuth avait le goût des compositions sataniques et sépulcrales. Sa pièce des *Quatre Socières* et celle du *Diable* soufflant dans l'oreille d'un homme endormi, en sont une preuve. On connaît même de lui une scène tellement analogue à la Danse des Morts, qu'elle aurait pu être associée au branle comme plusieurs autres qui n'y ont paru qu'après coup. C'est l'image de la Dame se promenant avec son amant dans un jardin, sans paraître se douter que la Mort est sur ses pas tenant sur sa tête une horloge de sable. Si Wolgemuth, allemand, travaillant à Nuremberg, n'a pas fait les gravures françaises, il a pu en fournir le modèle dans des dessins, ou même des estampes allemandes qui nous seraient inconnues. Mais je n'ai sur ce fait aucune donnée particulière. Il n'en est pas ainsi de la troisième Danse dont il me reste à vous entretenir : ceci devient plus sérieux.

L'opinion dont on vous a parlé à ce sujet est mienne. Comme elle a dû vous paraître téméraire, il est juste, si elle porte à faux, que je m'en confesse coupable, et que j'en assume toutes les conséqences : *Me me adsum qui feci*. Cependant, elle ne va pas aussi loin que vous semblez

le supposer : elle n'aboutit qu'à un fait négatif,
qui est que le célèbre Jean Holbein n'est pas
moins étranger au dessin qu'à la gravure de la
suite des figures en bois dont le nom de ce maître n'a point encore été séparé depuis trois siècles. C'est déjà beaucoup, trop peut-être ; mais,
Monsieur, si vous voulez bien jeter les yeux sur
la note extraite de mon catalogue, que m'a sug-
gérée la lecture du prétendu livre de Holbein,
vous conviendrez, je l'espère, qu'il serait difficile d'entendre autrement l'épître dédicatoire
de la première édition, et que ce n'est pas ma
faute si les amateurs de ces précieuses vieille-
ries ne parcourent pas au moins les premiers
feuillets des livres qu'ils ne lisent point. Je joins
ici une copie de cette note ; vous en ferez, Monsieur, tel usage qu'il vous plaira ; je ne réclame
de vous qu'une seule grâce, c'est de me conserver mon droit de priorité pour le cas où mon
observation prendrait place un jour dans le catalogue imprimé de ma bibliothèque. Les enfants
s'amusent de bagatelles ; et ces riens scientifi-
ques, qui coûtent souvent plus qu'ils ne valent,
sont les hochets des grands enfants.

Actuellement, Monsieur, ne me demandez pas
quel auteur je substituerais à Holbein ; je vous

répondrais encore par la devise de Montaigne : *Que sais-je?* Vous-même vous nommez Jean Lutzelburger, du moins pour la gravure. M. Peignot rappelle aussi ce nom, d'après M. Jansen, je crois, et divers catalogues modernes. Pour moi, qui ne le connais pas autrement, tout ce que j'en puis dire, c'est que je serais fort porté à penser que l'artiste qui eut assez de talent pour exécuter le chef-d'œuvre de gravure en bois qu'on lui attribue, n'était point incapable d'en créer le modèle, et que le graveur et le peintre ne font qu'un dans l'histoire de cette belle composition.

Mais je m'aperçois que, déjà loin de nos origines fantastiques, nous marchons à grands pas dans le domaine de la bibliographie, que je croyais avoir exclu de mon itinéraire. N'importe : puisque nous y sommes, grâce à vous, Monsieur, qui m'y avez conduit sous le nom d'Holbein, je profiterai de l'occasion pour glaner ce coin de terre où M. Peignot a fait une si large moisson. L'auteur des *Recherches sur les Danses des Morts* est trop ami de la science pour ne pas accueillir tout ce qui peut contribuer à ses développements : il me pardonnera donc de suppléer au silence qu'il garde sur deux Danses

Macabres d'origine nationale, et toutefois étrangères à ces trois maîtresses branches que nous avons vu sortir de la tige *macabrée*.

La première est un imprimé que jusqu'ici aucun bibliographe n'a présenté sous son véritable caractère. Cet épisode appartient cependant à un livre connu, bien que les exemplaires en soient d'une assez grande rareté. Il forme la seconde partie du pastiche gothique, mystique, philosophique, satirique, soi-disant moral, et tant soit peu gaillard, pétri de la prose et des vers du *doyen de chrestienté de Laigny-sur-Marne, maistre Robert Gobin*, sous le titre de :

Les Loups ravissans.

Cestuy livre
Ou autrement Doctrinal moral
Intitulé est....... etc.....

Paris, sans date, in-4°, *gothique*. La souscription porte : ..... *Imprimé pour Anthoine Verard*, etc......

L'auteur, dans l'épilogue de ses *Loups*, annonce que sa vision du grand *Archilupus* a été suivie d'une profonde pamoison et d'une autre vision où les morts succédèrent aux loups. Les imaginations de maistre Gobin étaient, comme vous voyez, moult récréatives et plaisantes. « Et

» fut la vision telle qu'avis m'estoit que la Mort
» et ung nommé Accident, qui moult estoient
» espouvantables a veoir, menoient une *Dance*
» en laquelle estoient dançans plusieurs gens
» qui en leur vie avoient esté remplis de vice et
» iniquité, et avoient ensuivy la doctrine et in-
» struction maulvaise du faulx loup Archilupus :
» c'est du dyable, et avoient fait le contraire
» des commandemens de Dieu. Pour laquelle
» chose avoient esté punis en ce monde, ainsi
» que les loups dessusditz, et estoient morts
» meschamment par plusieurs et divers accidens
» comme ils racomptoient eulx mesmes. Mais
» la mort qui tant hideuse me sembla que tout
» effroyé en fuz, tenant un dard en sa main :
» commença à dire premièrement ce qui s'en
» suit :

> » Comment la Mort de son povoir se vante
> » En racomptant le mal qu'aux humains fait,
> » Et comme iceulx pour leurs pechez tormente
> » Par le vueil Dieu vers qui ils ont forfait. »

Je n'avais rien à supprimer de cette prose, qui explique tout, de ces vers qui forment l'unique titre de l'ouvrage dont ils vont être suivis. On y voit, au premier coup d'œil, en quoi la composition de Gobin diffère de toutes les autres Danses Macabres. Dans celles-ci, la Mort s'attaque à toutes les conditions de la vie ; elle parcourt, en quelque sorte sans dire gare, elle éclaircit, sans pitié et sans choix, tous les rangs de la société. Son principe est que le monarque et le pâtre, le méchant et le juste lui sont également soumis. C'est la mise en action de ce vers foudroyant d'Horace, que Malherbe n'a point traduit :

> *Pallida mors œquo pulsat pede pauperum tabernas,*
> *Regumque turres*[1].....

Sa morale est que l'homme, quels que soient sa position, son mérite et ses œuvres, doit toujours se tenir prêt à la recevoir.

Dans la Danse de Gobin, c'est bien le même sujet, mais non pas le même drame. L'auteur met la Mort aux prises avec l'être vicieux que lui livre l'Accident, le héros de sa pièce :

> « Accident suis à qui humanité
> Si est subgecte comme le serf au maistre.

---

[1] Hor., Ode IV, liv. I. — Malherbe a fait sur ce sujet une magnifique amplification de rhétorique ; mais je n'appelle pas cela traduire Horace.

«   .   .   .   .
.   .   .   .   .   . Sur elle je fais naistre
Maintz grans maulx, et si garde de croistre
Les biens par quoy mourir de fain
Je fais plusieurs à celle fin
Qu'ilz viennent dancer à ma dance,
Et tel est aujourd'hui bien sain
A qui demain ferai grevance. »

Sa morale est que le pécheur, exposé à tant d'accidents qui peuvent le tuer au moment où il y pense le moins, ne doit point attendre la maladie ni la vieillesse pour se réconcilier avec Dieu.

« Je suis Accident qui jadis
En l'eau si feiz trebucher
Le pont Nostre Dame pas dix
Ans n'y a [1] qu'on tenoit si cher,
La ou je feis fort empecher
Ungs et aultres en les tuant,
Et les aultres aucuns en les noyant
Pour les apprendre a dancer.
Homme qui ne veult forvoyant
Aller, doit a sa fin penser. »

---

[1] Cette indication peut servir à faire reconnaître l'époque de la publication du livre de Gobin. Le pont Notre-Dame et les soixante maisons qui le couvraient croulèrent dans la Seine le 25 octobre 1499, à onze heures du matin. Puisqu'il n'y avait pas encore dix ans que ce désastre avait eu lieu quand le poète le rappelait dans ses vers, on peut en inférer que l'impression de son poème, dont la date n'est point indiquée, appartient à l'année 1508 ou 1509, ou qu'elle ne remonte pas plus loin.

Ce drame de la Mort suivant l'accident à la piste dans la voie du tombeau, et frappant tout ce qu'il touche, est divisé en vingt-quatre tableaux gravés sur bois, d'un style et d'un effet tout particuliers. Chacun de ces tableaux est accompagné d'un petit poème en vers français, dont l'accident personnifié explique d'abord le sujet, en sermonant l'acteur. Viennent ensuite les personnages auxquels le tableau fait allusion, et qui, par le récit de leurs mésaventures, prouvent comme quoi Accident a raison dans tout ce qu'il dit, et doit être redouté dans tout ce qu'il fait. Ces prosopopées, puisées en partie dans notre ancienne histoire, répandent beaucoup de variété, et même un certain charme, dans ce lugubre poème. C'est la vallée des larmes ; mais les miennes n'ont point coulé aux déplorations les plus pathétiques de maître Gobin, et j'ai souri plus d'une fois à la naïveté de ses historiettes. En somme, le doyen de chrestienté de Laigny-sur-Marne est du très-petit nombre des poètes de son temps qui valent encore la peine d'être lus, et je recommande son livre à votre attention. Malheureusement, Monsieur, le plus difficile n'est pas de lire, mais de trouver, de payer ces gothiques raretés, qui sont devenues précieuses. Le siècle, rassasié de tant d'autres doctrines, a soif de ces enseignements naïfs ; ce sont ses nouveautés ; la mode les couvre d'or, et leur possession nous enivre et nous ruine sans nous désaltérer.

Vous me saurez donc gré de vous offrir ici le programme de ma *Danse Gobine*, qui n'a pas encore été décrite. Calqué sur le modèle que me fournit l'ouvrage même de **M. Peignot**, il aura du moins pour vous l'intérêt qu'il peut tirer de ses rapports avec un livre estimé et fait pour l'être.

Danse Gobine [1].

Ier TABLEAU. — FRONTISPICE.

La Mort assise dans un cimetière, tenant sa faulx de la main droite, et de la gauche indiquant un tombeau.

Poëme. Monologue de la Mort, en dix stances, chacune de dix vers, dont le premier commence, sans exception, par ces mots :

Je suis la Mort . . . .

Ensuite trois stances de l'ACTEUR.

---

[1] Passez-moi l'épithète ; ma Danse n'a pas de nom, et il lui en faut un qui la distingue dans sa nombreuse famille.

IIᵉ TABLEAU.

L'Accident, personnifié sous la forme d'un squelette, armé d'une lance ou plutôt d'une longue flèche, et tirant à lui trois personnages qui paraissent représenter le prêtre, le magistrat et le guerrier. Il prend ici, comme dans la plupart des tableaux suivants, le rôle que joue la Mort dans la Danse Macabre.

Poëme. Accident s'annonce dans un monologue qui le caractérise. — Réflexions de l'Acteur.

IIIᵉ TABLEAU.

Accident saisissant Adam et Eve, dans le paradis terrestre, au pied de l'arbre de vie qu'ils viennent de souiller par le premier péché. La position de leur main gauche témoigne assez de la perte de leur innocence et de la honte qu'ils ont de paraître nus aux yeux d'un tiers.

Poëme. Histoire du péché originel.

IVᵉ TABLEAU.

La Mort d'Abel. Accident se présente à Caïn au moment où celui-ci tue son frère d'un coup de mâchoire.

Poëme. Dialogue entre ces trois personnages et la Mort. — Réflexions de l'Acteur.

Vᵉ TABLEAU.

Le Noble, le Prélat et le Laboureur. Accident, à la tête du groupe, tire le premier par son manteau.

Poème. Prosopopée de la Mort, en seize stances. — Histoire de Xercès, roi de Perse. — Narration de l'Acteur.

VIe TABLEAU.

GROUPE DE TROIS FLÉAUX PERSONNIFIÉS, la Famine, la Guerre et la Peste. Accident saisit celle-ci par son manteau.

Poème. Monologue des Fléaux. Chacun d'eux rapporte divers événements de son fait. — Réflexions de l'Acteur.

VIIe TABLEAU.

LA GUERRE, sujet unique du tableau, immolant un guerrier qu'elle vient de terrasser, et atteinte elle-même par Accident, qui paraît lui plonger son dard dans les reins.

Poème. Monologue de la Guerre. — Histoire de Cyrus. — Réflexions de l'Acteur.

VIIIe TABLEAU.

LA MORTALITÉ (la peste), sous la forme d'Accident, frappant de sa faulx quatre malades couchés sur un même grabat.

Poème. Monologue de Mortalité. — Réflexions de l'Acteur.

IXe TABLEAU.

LA FAMINE, sous la même forme de squelette, debout devant quatre personnages, deux couchés, une femme priant à genoux, et à ses pieds un enfant au berceau, emprisonné dans un tissu de bandelettes croisées, comme une momie égyptienne.

Poëme. Monologue de Famine, racontant ses désastres. — Réflexions de l'Acteur.

X TABLEAU.

Accident, monté sur un taureau, poursuivant, atteignant trois personnages qui cherchaient à lui échapper. L'un d'eux, une femme, expire, déjà foulée sous les pieds du taureau ; un second tombe percé d'un coup de la lance d'Accident ; le troisième, encore debout, paraît saisi d'effroi.

Poëme. Monologue d'Accident. — Prosopopée de Gannelon « *qui trahit les douze pers* (pairs). » C'est lui qui fait le sujet du tableau.

XI TABLEAU.

La Maladie. Quatre personnages : Accident, deux malades dans leurs lits, et une femme qui les garde.

Poëme. Monologue de Maladie, longue et triste énumération de tous les maux qui affligent ou menacent le corps humain. L'un des plus horribles, la Nouveauté, du temps de l'auteur, n'y est pas oubliée :

« Aultres m'appellent de Naples rongne,
Ou galle, qui est ung mal divers
Par lequel je griefve et fais hongne
A maintes gens tant soit parvers,
Et les fais dedans mes lictz envers
Gesir rongneux et tous plains de gratelle
Ou ilz seuffrent une peine mortelle.
Etc. . . . . »

— L'Acteur.

XIIᵉ TABLEAU.

Accident fustigeant un riche assis devant une table couverte d'or, deux autres personnages, un homme et un enfant.

Poëme. Histoire de Zambrias, roi des Juifs, vainqueur d'Hélon (Zambri, usurpateur du trône d'Ela), qui, assiégé dans son palais, y fit mettre le feu, et se laissa consumer au milieu de tous ses trésors. — L'Acteur.

XIIIᵉ TABLEAU.

Tableau de l'Ambitieux. Au premier plan, Accident perçant de son dard un homme dont les mains ont saisi une branche d'arbre, soit pour s'élever, soit pour éviter une chute : en perspective, un personnage tombant, la tête en bas, du haut d'une forteresse.

Poème. Monologue d'Accident. — Prosopopée de Marcus Manlius Capitolinus. — L'Acteur.

XIVᵉ TABLEAU.

Un Voyageur, chargé d'or, égorgé dans un bois par un brigand, sous les yeux d'Accident.

Poème. Monologue d'Accident. — Prosopopée de Cacus, meurtrier et larron. — L'Acteur.

XVᵉ TABLEAU.

Scène patibulaire à six personnages. Accident préside au supplice de deux favoris du prince qui ont abusé de leur pouvoir ; l'un pend au gibet dans la perspective, c'est Aman [1] ; l'autre, livré au bourreau, tient encore à l'échelle qui va manquer sous ses pieds, c'est le fameux Olivier Le Dain ; il occupe le premier plan : deux spectateurs, un homme et une femme.

Poëme. Monologue d'Accident.

« Il vous souviengne comme maistre Olivier
Le Dain je fis estrangler d'un fort chevestre
Qui du roy Loys unziesme fut barbier
Et Montfaulcon fit son cymetiere estre :
Du Connestable aussi qui fut grant maistre [2]
Vous souviengne lequel fis décoller
Dedans Paris en grève : plus parler
De ce ne vueil, mais je vous admoneste
Que se faictes le peuple ainsi fouller
La main mettray sur vostre col ou teste. »

Prosopopée d'Aman. — L'Acteur.

XVIe TABLEAU.

LE MONARQUE EMPRISONNÉ, tableau à quatre personnages : Accident, deux rois, dont un mourant, et un courtisan qui le soutient.

Poëme. Monologue d'Accident. — Prosopopée d'Alexandre-le-Grand. — L'Acteur.

XVIIe TABLEAU.

La même planche que celle de l'Ambitieux (XIII) ; mais Manlius s'y est métamorphosé en Cicéron.

---

[1] Ou le comte de Saint-Pol (Paul).
[2] Sans doute le connétable de Saint-Paul.

Poëme. Monologue d'Accident. — Prosopopée de *Tullus* (*Tullius Cicero*) *prince de éloquence latine.* — L'Acteur.

XVIIIe TABLEAU.

Groupe de trois jeunes débauchés trahis par leurs maîtresses : Accident vient d'en saisir un au collet ; ils n'ont pour toute défense que leurs flûtes douces, dont les accords n'ont pu les préserver de la Perfidie qui les tue.

Poëme. Monologue d'Accident. — Histoires de Sichen et de Tarquin. — L'Acteur annonçant, en huit vers, la scène suivante, sur laquelle il garde après un silence absolu :

« Puis Accident qui nud et sans linceul
Estoit, de rechief ung *tas* de religieux
Qui avoient esté apostatz et vicieux,
Il amena avec maints ypocrites
Qu'a mort villaine avoit par ses conduytes
Livrez, et si entre eulx un deux pape,
Mais par Accident telles paroles dictes.
Furent, d'iceulx tenant un par sa chappe. »

XIXe TABLEAU.

Scène de religieux à quatre personnages, dont le sujet vient d'être décrit.

Pas un mot de texte ; aucun intervalle entre cette figure et celle qui suit :

XXe TABLEAU.

Financier ou maltotier surpris par Accident au moment où il compte ses écus. Deux femmes debout dans le lointain.

Poëme. Monologue d'Accident. — Histoire curieuse de Béthisac, trésorier du duc de Berri, que son mauvais génie envoya au bûcher comme hérétique et sodomite, quoiqu'il ne fût que voleur. Mais il paraît que cette dernière qualité n'aurait pas suffi pour le faire pendre malgré le prince qui le protégeait. — L'Acteur.

XXIe TABLEAU.

GAUVAIN, chevalier de la Table-Ronde, tombant sous le fer d'Accident. Un autre personnage dans le lointain.

Poëme. Monologue d'Accident. — Prosopopée de Gauvain. — L'Acteur.

XXIIe TABLEAU.

UN HOMME D'ÉGLISE, EN TIERS AVEC DEUX PROSTITUÉES, est renversé d'un coup de lance que lui porte Accident

Poëme. Histoire de Dalila, de Myrrha, du pape Jean XII et de Boniface VIII.

« Le pape Jehan douziesme de ce nom
Suis qui fus plain de tous vices et luxure.

———

. . . .
Auquel péché persévérant tousjours
De plus en plus d'Accident aigrement
Fus assailly tellement que mes jours
Il abrégea, et fuz villainement
Par sa poursuite demys totallement
De la haultesse et dignité papalle
Pour la vie imbecille et brutalle
Qu'avois menée, et en mon lieu fut mys

Pape Leon neufiesme ¹ par la égalle
Opinion de ceulx à ce commis.

Mais Accident non point encores assouvy
De me mal faire, une nuigt que jestoye
Couché avec une femme et endormy
En ce point comme accoustume avoye,
Ung dyable et luy devers moy prindrent voye
Et m'assaillirent et firent tel grevance
Que subitement sans faire pénitence
Mouruz ². Et pour ce entre vous gens d'église
Mieux que nay eu chasteté et continence
Ayez en vous, et servez Dieu sans faintise.

— L'Acteur.

XXIIIᵉ TABLEAU.

UN POSSESSEUR DE BIENS MAL ACQUIS tombe à la renverse sur les genoux d'Accident. Deux héritiers debout, au second plan, se disposent à s'emparer d'une bourse qui n'a point encore échappé de sa main.

Poème. Moralité d'Accident. — Requête des morts aux vivants. — L'Acteur.

XXIVᵉ ET DERNIER TABLEAU.

LE JUGEMENT DERNIER.

Poème. Prosopopée de la Mort, en forme de moralité, sur la fin du monde et le Jugement dernier. — L'auteur s'éveille. Son poème se termine par huit

---

¹ L'auteur se trompe; c'est Léon VIII qui succéda à Jean XII.

² Jean XII fut assassiné par le mari de sa maîtresse; mais le poète suit ici l'opinion vulgaire accréditée par Luitprand. C'est ce pape qu'on accusait d'avoir bu à la santé du Diable.

stances intitulées : « *L'excusation de l'auteur et son nom et seurnom par les premières lettres des lignes.* »

On lit, en effet, sur la tranche gauche des deux premières stances, l'acrostiche ROBERT GOBIN.

L'autre monument non décrit, ou plutôt non expliqué dans les *Recherches sur les Danses des Morts*, est moins l'objet d'une omission que d'une erreur de M. Peignot, je n'ose dire de M. Van Praet, autorité souveraine en matière bibliographique, et qu'il faudrait toujours environner de nos respects alors même qu'elle aurait failli. M. Peignot, si estimable, d'ailleurs, si utile à la science, trouvera l'excuse la plus légitime dans la position qui le livre à ses propres ressources, en le tenant éloigné du centre où affluent tous les moyens d'instruction et de recherches.

Il s'agit de la *Danse de Blois*.

Sans doute, Monsieur, vous avez entendu parler plus d'une fois de la *Danse Macabre de Grenoble*, et du *Livre de Blois* sur le même sujet ; car c'est ainsi qu'on désigne communément ces deux choses. Cependant, l'expression n'est pas exacte ; c'est tout le contraire qu'il faudrait dire.

La plus ancienne édition connue de la Danse Macabre date, comme vous savez, de 1485.

C'est M. Champollion-Figeac qui la découvrit, en 1811, dans la bibliothèque de Grenoble, et qui en forma l'objet d'une notice également savante et curieuse, comme tout ce qu'il écrit. J'ai sous les yeux un exemplaire de cet opuscule, dont je suis redevable à sa généreuse obligeance. La *Danse Macabre de Grenoble* ne signifie donc pas un monument de sculpture ou de peinture particulier à cette ville, mais un exemplaire unique, plus ancien que tous les autres exemplaires connus de la même Danse.

Le *Livre de Blois*, au contraire, nous retrace un monument propre à la localité.

M. Peignot, à qui cette distinction a pu échapper, s'est borné à transcrire la note de M. Van Praet sur le livre en question, dont il établit ainsi le titre : *La Danse Macabre et les trois Mors et les trois Vifs.* (Paris, pour Antoine Vérard, vers 1500.) [*Sic.*] — On lit, dans cette note, que l'exemplaire sur peau de vélin, enluminé, de la bibliothèque du roi, vient de celle de Blois, dont l'inventaire, dressé en 1544, le désigne en ces termes : « Un autre grand livre en parchemin, » imprimé, intitulé : *La Danse Macabrée*, etc. » Comme rien ne fait connaître, d'ailleurs, l'origine de cette danse, M. Peignot a pu supposer, et beaucoup d'autres croiront après lui, que le livre réputé sorti des presses de Paris vers 1500 n'avait d'autre rapport avec Blois que d'avoir fait partie de l'ancienne bibliothèque du pays. Mais il y a quelque chose de plus, et ce quelque chose n'est pas sans importance dans l'histoire du Branle des Morts. C'est que le Livre de Blois n'a pu être fait, sinon imprimé, que dans cette ville, et plus tard qu'on ne croit; c'est qu'il nous offre l'image d'une Danse particulière qui fut peinte par ordre de Louis XII, vers 1502, sur un mur de l'ancien château des comtes de Champagne, où se tinrent les états de 1588. Je possède, je revois en ce moment, des copies gouachées des principaux personnages qui figuraient dans cette fresque, depuis longtemps détruite. C'est bien la *Danse Macabre* telle que nous la connaissons, mais avec des différences notables; et, quoiqu'on ne puisse voir dans l'ensemble de ce tableau qu'une reproduction de ce qui existait ailleurs, la Danse de Blois n'en doit pas moins être comptée comme un fait spécial [1] au

---

[1] Il est inutile de vous rappeler celui de la Danse Macabre de l'abbaye de la Chaise-Dieu, en Auvergne, dont MM. Nodier et Taylor nous ont donné la description et une lithographie, dans

nombre des monuments de ce genre qui appartiennent à l'ancienne France. Les peintures de Bâle et du Charnier-des-Innocents de Paris ne pouvaient être non plus que des copies ou des imitations, puisqu'elles étaient primées par le monument de Minden ; cependant, vous avez vu quelle importance M. Peignot met à ne les point confondre dans ses savantes recherches.

Au reste, Monsieur, gardons-nous bien de reprocher à ce docte et modeste bibliographe, qui écrit à cent lieues de Paris, d'avoir indiqué, page 93 de son ouvrage, un manuscrit in-4°, de douze feuillets, du xv° siècle, vendu 2 livres 17 sols chez le duc de La Vallière, et, puisqu'il se bornait à un seul manuscrit, de n'avoir pas cité de préférence celui (ou l'un de ceux) de la bibliothèque du roi qui serait un sujet d'admiration, si la Mort ne glaçait tout ce qu'elle touche. Ce manuscrit, petit in-folio, sur peau de vélin, paraît remonter à la fin du règne de Louis XI, et conséquemment à une époque antérieure à la

---

leurs voyages pittoresques, qui vous sont bien connus. Ce monument a d'autant plus d'intérêt aujourd'hui, qu'il est du très-petit nombre de ceux que le temps n'a pas entièrement détruits, et qu'il paraît remonter à l'époque de la Danse du Charnier-des-Innocents.

première édition connue du même livre. Les miniatures en sont parfaitement belles et d'une rare fraîcheur. Elles représentent, non seulement la Danse des hommes en quarante sujets, mais encore celle des femmes, dont la suite n'est pas moins nombreuse. Cette dernière circonstance mérite surtout d'être remarquée. Les premières éditions ne contenant que les hommes, puis les hommes et quelques sujets de femmes, on pourrait en induire que la Danse des femmes, imitée de celle des hommes, n'a été exécutée que postérieurement aux premières gravures des hommes ; et l'on se tromperait, suivant toute apparence, puisque le fait contraire résulterait de l'existence du manuscrit dont il s'agit [1].

Voilà, Monsieur, à quoi se borne ce que ma mémoire et quelques heures de réflexion m'ont pu fournir sur l'histoire ignorée de la Danse des Morts. Si de ce *rudis indigestaque moles* il s'élève quelque lueur qui puisse vous aider à vous re-

---

[1] Cette observation pourrait servir à l'éclaircissement de la question rappelée par M. Peignot (p. 145-46 de ses *Recherches*), et d'abord examinée par M. Raymond dans sa *Notice* sur des Heures imprimées au xve siècle, où se trouve une Danse de femmes.

connaître dans les voies ténébreuses et sauvages où l'ardeur du savoir vous entraîne, je me féliciterai d'avoir pensé un instant au sujet de votre entreprise, et de m'y être associé par le désir de vous la voir porter à une heureuse fin. Vous n'en aurez pas moins, Monsieur, tout le mérite d'un succès qui ne peut être dû qu'à votre discernement, et sans doute aussi à vos propres découvertes dans un pays que je n'ai fait que traverser en poste, comme cette lettre vous le prouve assez.

Agréez, etc.

C. LEBER.

EXTRAIT

DU

CATALOGUE DE LA BIBLIOTHÈQUE DE M. C. L.

Les Simulachres et historiées Faces de la Mort, autant élégamment pourtraictes que artificiellement imaginées. Lyon, sous l'Escu de Coloigne (Trechsel), 1538 ; petit in-4°, fig. sur bois, mar. r.

Volume rare et recherché.

C'est la première édition, en forme de livre, avec un texte français, de la Danse des Morts attribuée à J. Holbein, et dont la gravure sur bois passe pour le chef-d'œuvre du genre.

Voilà ce que tout le monde sait ; mais le texte de cet ouvrage, bien moins connu que les figures, donne lieu à une observation assez importante pour renverser des idées reçues et suivies sans contradiction depuis trois siècles.

La bibliographie est loin encore d'être purgée des préjugés et des fausses traditions qui l'ont corrompue dans ses principes. Il y a telle erreur qui, provenant d'une source ignorée, mais plus ou moins ancienne, ne s'est perpétuée jusqu' nous sans contradiction que parce qu'il n'est pas arrivé une seule fois que l'amateur ou le bibliographe qui aurait pu la reconnaître ait lu le livre auquel elle se rapporte. Voici un nouvel exemple de cette singulière confiance dans les catalogues, qui, sans doute, épargne bien du temps et des recherches, mais à la faveur de laquelle une bévue, une fois lancée, peut traverser dix générations avec toute l'autorité d'un fait avéré.

C'est une opinion généralement reçue, et qui n'a point encore trouvé de contradicteurs, que Jean Holbein a peint ou dessiné la *Danse des Morts*, dont la première édition, comme livre, avec un texte français, parut à Lyon en 1538; communément aussi, on attribue au même maître l'exécution de la gravure sur bois, au moins des quarante premières figures, la suite pouvant être d'une autre main. On croit être sûr de l'existence des dessins d'Holbein; on les a vus et reconnus; ils ont servi de modèle à Hollard, dont le burin a reproduit les mêmes tableaux au nombre de trente; on sait, enfin, qu'ils sont conservés dans un musée de Pétersbourg. Quelques doutes se sont élevés sur la véritable origine de la gravure sur bois de ces dessins. Des amateurs éclairés ont prétendu que J. Holbein n'en était pas l'auteur, et ont substitué à ce grand nom, un nom à peu près inconnu; mais personne n'est allé jusqu'à suspecter l'origine même des dessins; pas la moindre difficulté sur ce point; l'honneur en est resté à Holbein.

Cependant, il résulte évidemment de l'*Épître à l'abbesse de Saint-Pierre de Lyon*, qui précède les figures de la première édition de Lyon, Trechsel, 1538, que l'auteur de ces images était mort quand le livre a paru. « Retournant a noz
» figurées faces de Mort, très grandement vient a regretter
» la mort de celluy qui nous en a ici imaginé si élégantes
» figures. » Il n'y a aucune raison de suspecter la date de cette édition; son exécution matérielle est bien en rapport avec le millésime; elle appartient certainement à l'époque qui s'y trouve indiquée; elle est de 1538.

Or, c'est un fait non moins certain que J. Holbein, victime de la peste de Londres, n'est mort qu'en 1554. Holbein ne peut donc être le peintre dont l'éditeur de 1538 déplore la perte dans son épître dédicatoire ; il ne serait donc pas l'auteur des tableaux recueillis dans ce livre de 1538, et constamment reproduits sous le nom d'Holbein, depuis près de trois siècles, ou plutôt depuis Hollar, d'où l'erreur pourrait bien provenir.

On n'aurait point à objecter que le maître dont notre épître offre, en quelque sorte, l'oraison funèbre, doit s'entendre seulement du graveur, et non du peintre. Les regrets et les louanges dont il est l'objet ne peuvent convenir qu'au génie qui crée, à l'inventeur des tableaux, et non au simple talent du graveur. On en jugera par les traits suivants :

« La Mort craignant que ce excellent *painctre* ne la *pai-*
» *gnist tant vifve*, qu'elle ne fut plus crainte pour Mort, et
» que pour cela luy-même n'en devînt immortel, que à ceste
» cause, elle luy accéléra si fort ses jours, qu'il ne peult pa-
» rachever plusieurs autres figures jà par luy *trassées*, mesme
» celle du Charretier froissé et espaulti soubz son ruyné
» charriot ; les roes et chevaulx duquel sont là si espouven-
» tablement trébuchez, qu'il y a autant d'horreur à veoir
» leur précipitation que de grace à contempler la friandise
» d'une Mort qui furtivement succe avec ung chalumeau le
» vin du tonneau effondré. Auxquelles imparfaictes histoires,
» comme à l'inimitable arc céleste appelé Iris, nul n'a osé
» imposer l'extrême main....... Cessent hardiment les anti-
» quailleurs et amateurs des anciennes images de chercher
» plus antique antiquité que la pourtraicture de ces Morts,
» etc...... (*Epit.*, p. 4 et 5.) »

Ces réflexions ne s'appliquent ordinairement qu'au peintre, à l'inventeur de ces images insignes que l'on présente ici comme un sujet d'admiration dans leur esprit et leur ensemble. On y voit que l'un de ces tableaux, le plus remarquable de tous par les détails de la composition, qui n'était qu'esquissé quand la mort surprit le peintre, demeura d'abord quelque temps dans cet état d'imperfection. Et, en effet, la planche du Charriot renversé ne se trouve point dans l'édition de 1538, qui ne contient que quarante-une figures. Elle n'a pris place que dans les éditions postérieures avec les autres tableaux commencés et non terminés par l'auteur des quarante-un premiers.

Il suit de là,

1° Que la tradition suivant laquelle Holbein aurait composé la Danse des Morts dont il s'agit, si elle n'est absolument fausse, doit paraître au moins fort difficile à expliquer d'après l'épître dédicatoire de la première édition française ; et qu'il y a sujet de douter que les dessins de cette composition, attribués jusqu'ici et sans contradiction à Jean Holbein, soient réellement de lui ;

2° Que si Holbein n'est pas l'auteur des dessins, il est hors de toute vraisemblance qu'il ait fait les gravures, non qu'il eût absolument dédaigné de graver la composition d'autrui, mais parce que l'éditeur du livre de 1538 n'aurait pu donner au peintre des éloges aussi exclusifs, si un maître du mérite et de la réputation de J. Holbein avait participé, comme graveur, au chef-d'œuvre qu'il exalte, et qu'en pareil cas, il n'eût pas osé dire que nul ne s'était trouvé capable d'achever ce que le défunt avait commencé.

3° Qu'il est constant, enfin, que la plupart, si ce n'est la totalité des sujets ajoutés après coup à la suite de 1538, ont la même origine que les quarante-un premiers tableaux, circonstance qui a toujours fait question, et sur laquelle on n'avait eu jusqu'ici aucun éclaircissement.

C. L.

NOTE

SUR

LES DANSES MACABRES,

PAR M. DEPPING.

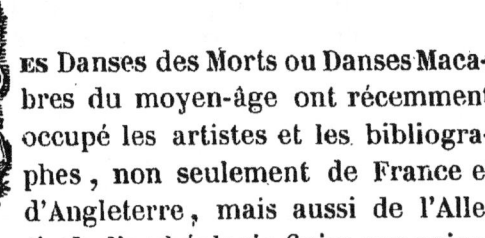

Es Danses des Morts ou Danses Macabres du moyen-âge ont récemment occupé les artistes et les bibliographes, non seulement de France et d'Angleterre, mais aussi de l'Allemagne. Cette partie de l'archéologie finira par exiger une bibliographie spéciale. Depuis que M. Peignot a publié ses *Recherches historiques et littéraires sur les Danses des Morts et sur l'origine des Cartes à jouer* (Dijon et Paris, 1826), le nombre des écrivains qui se sont occupés de ces danses s'est beaucoup accru, de même que les anciens monuments qui représentent ce sujet deviennent plus nombreux. M. Ulric Hegner, dans un ouvrage sur Jean ou Hans Holbein jeune [1], a fait connaître la plus ancienne peinture dans ce genre; c'est celle qui se trouvait sur un mur de l'endroit appelé Klingenthal, dans un faubourg de Bâle, et dont il reste encore quelques traces; elle date de l'an 1312. Comme la chronique de Bâle, par Wursteisen, parle d'une épidémie qui désola la ville vers cette époque, M. Hegner voit, dans cette circonstance, une nouvelle preuve à l'appui de l'opinion qui trouve l'origine des Danses Macabres dans la terreur inspirée aux Chrétiens par les maladies meurtrières qui ravageaient alors fréquemment l'Europe.

M. Grüneisen [2] a examiné, principalement sous le rapport de l'art, les peintures des Danses Macabres du XVIe siècle, qui nous sont les mieux connues. C'est surtout Nicolas Manuel Deutsch qui lui paraît avoir eu en vue, dans son tableau du Couvent des Dominicains, à Berne, la satyre des mœurs de son siècle. C'était peu de temps avant la réforme religieuse de Luther, que le peintre esquissa, avec un pinceau vigoureux, ses allusions satyriques aux mœurs corrompues des gens d'église; tout y est plein d'allégories. La Mort dépouille de ses ornements le pape assis sur sa litière ornée de bas-reliefs qui représentent, l'un, les traficants chassés du temple par Jésus-Christ; l'autre, la femme adultère, entourée des Pha-

---

[1] *Hans Holbein der Jüngere.* Berlin, 1827.
[2] *Kunstblatt*, Stuttgard et Tubingue, 1830, nos 22-26.

risiens et des Scribes coiffés de la mitre d'évêque. Ailleurs, la Mort entraîne de gros moines, des religieuses, des abbés, dont la conduite est censurée par des vers que l'artiste a ajoutés à sa peinture, pour mieux exprimer ses sentiments au sujet des vices de son siècle. Holbein, venant après Nicolas Manuel, et à une époque où la réforme avait déjà triomphé, fut plus grand peintre que Nicolas Manuel; mais il lui céda peut-être en invention. Chez Holbein, l'exécution est celle d'un grand-maître : tout est plein de vérité ; il y a des contrastes frappants ; tel est celui du chanoine insouciant, qui, suivi de ses serviteurs et de ses fous d'office, va entrer dans la cathédrale sous un dais, et à qui la Mort présente le sablier, et du pauvre abandonné sur la paille, qui appelle en vain la Mort à son secours. Chez Nicolas Manuel, qui n'a pas la réputation de Holbein, il y a des idées profondément senties, et, comme dit M. Grüneisen, vraiment poétiques. C'est ainsi que, dans son tableau, on voit le jeune ouvrier s'associer étourdiment et de bon gré à la danse funèbre, et ailleurs la Mort, penchée vers un enfant, l'attirer à elle en jouant, et traînant tout doucement la mère après l'enfant. La différence entre les manières des deux peintres de sentir le même sujet, se voit dans les attitudes différentes qu'ils ont données aux gentilshommes, chevaliers et militaires, vis-à-vis de la Mort. Holbein les a représentés dans une lutte désespérée contre le sort inévitable. Nicolas Manuel, qui avait été militaire lui-même, et qui nous a laissé des vers sur le combat de Bicocque, en Italie, auquel il avait pris part, figure la Mort coiffée du bonnet de lansquenet ; elle vient par derrière, saisit de ses deux mains osseuses la lance du militaire, et s'efforce de la briser sur sa poitrine, sans que le militaire, cédant à l'impérieuse nécessité, fasse la moindre résistance.

Quoique ce monument curieux soit à peu près détruit, il en reste heureusement deux dessins, l'un, d'Albert Kaw, l'autre de Stettler ; ce dernier a été publié par Haller, lithographe à Berne. Il faut mentionner aussi la *Notice* publiée par le pasteur Edel [1], et contenant les figures de la Danse des Morts qu'on a retrouvée en 1824, sous une couche de chaux, dans l'ancienne église des Dominicains, à Strasbourg ; ce tableau diffère de beaucoup d'autres en ce que la plupart des groupes y sont de plus de deux figures [2].

Le premier, qui représente la prédication d'un dominicain, a même dix figures groupées d'une manière naturelle et expressive. En général, les premiers groupes annoncent plus d'art que les suivants qui sont probablement d'un autre maître. On pense que le tout n'est pas indigne d'appartenir à l'école de Martin Schoen. Il est à regretter que les derniers groupes aient été trop effacés pour qu'on ait cru devoir les conserver ; en conséquence, on les a recouverts d'une nouvelle couche de chaux. On remarque encore, comme une particularité dans ces peintures, la Mort qui est

---

Die neue Kirche in Strassburg, Von Fr. W. Edel. ; Strasbourg, 1825, in-8, avec pl. lithogr.

Lettre de Schweighæuser dans le *Kunstblatt de* 1824, n° 72.

figurée, non comme un squelette, mais comme un homme excessivement maigre, ou comme un mort véritable. On pense que ces peintures sont de la première moitié du xv⁰ siècle. Il existait autrefois, dans le cloître de la cathédrale de Strasbourg, une peinture qui se rapprochait du même sujet, et qui était accompagnée de réflexions pieuses en vers.

M. Grüneisen, dont j'ai parlé plus haut, se donne beaucoup de peine pour expliquer comment le grotesque a pu se mêler aux représentations de la Mort dans ces peintures ; mais ce mélange du sérieux et du grotesque se retrouve, comme il le rappelle d'ailleurs, dans les sermons, dans les poëmes, dans les sculptures des cathédrales, et dans d'autres ouvrages du moyen-âge. Le peuple aime à passer du grave au doux, et c'est particulièrement pour le peuple que travaillaient artistes, poëtes et sermonneurs ; c'est probablement parce que la réunion des idées grotesques et lugubres offrait un contraste plaisant, que les Danses des Morts firent une si grande fortune dans le moyen-âge. Car, outre les monuments de ce genre que nous possédons, il a dû s'en perdre un bien plus grand nombre. Danser avec la Mort dut paraître une idée très-comique au peuple ; enfin, M. Grüneisen ne pense pas qu'il soit nécessaire, pour expliquer la vogue des Danses des Morts, d'admettre, avec M. Peignot, que c'est parce que la peinture avait heureusement imité les mouvements frénétiques des malades, pendant l'épidémie qui ravagea, en 1373, la France et l'Angleterre. Il y avait des Danses des Morts bien avant cette épidémie.

J'énoncerai ici une conjecture à laquelle je ne voudrais pourtant pas attacher trop d'importance. Dans les premiers temps du christianisme, le clergé eut beaucoup de peine à empêcher les Danses dans les cimetières ; plusieurs conciles les prohibèrent ; cependant on continua ces réjouissances publiques en dépit de toutes les défenses. Alors vinrent les contes sur des punitions terribles que Dieu avait infligées quelquefois aux profanateurs des cimetières. Les moines consignèrent dans les chroniques qu'en 1012, la veille de Noël, douze hommes et trois femmes ayant dansé et chanté dans le cimetière de Colewiz en Saxe, le prêtre Robert, à qui ils avaient désobéi, prononça contre eux des imprécations, à la suite desquelles Dieu les condamna à danser un an sans relâche ; au bout de ce temps, plusieurs d'entr'eux moururent[1]. Ces contes firent de l'effet, et les danses au cimetière devinrent plus rares. Dans quelques contrées pourtant, la fête des Morts continua d'être célébrée par des solennités moitié profanes, moitié religieuses ; elles avaient lieu dans la nuit du 1er au 2 novembre, dans les cimetières ou dans leurs environs ; or, la danse nocturne faisait partie de cette fête. L'usage en existe encore, à ce qu'il paraît, en Pologne, et c'est ce qui a récemment inspiré au poëte polonais Adam Mickievicz l'idée de son poëme patriotique de *Dziady, ou la Fête des Morts*. Il serait possible que des représentations mimiques aient été ajoutées à la solennité dans

---

[1] Matth. Westmonast. *Flores Histor.*, lib. I, ad ann. 1012.

quelques contrées, et que de là soient venues et les peintures et les Danses Macabres.

Je continue ma revue bibliographique.

Un poëte allemand, Bechstein [1], a pris pour sujet d'un poëme la composition de Holbein, et ses vers servent en quelque sorte de paraphrase ou de commentaire à quarante-huit planches, dont les dessins sont gravés d'après Holbein. M. Schlotthauer a retracé avec plus d'exactitude encore, en cinquante-trois planches, la grande suite du célèbre artiste de Bâle, et il y a joint un texte explicatif [2].

On annonce en outre des recherches considérables sur la Danse des Morts, par M. Massmann, professeur à Munich, qui paraît aussi en avoir fait une étude spéciale. A en juger par quelques fragments qui ont été insérés dans les journaux, ce sera un travail curieux. C'est ainsi que M. Massmann a fait connaître [3] une famille d'artistes, errante comme les Holbein, et dont le nom se rattache à l'histoire bibliographique de la Danse Macabre; ce sont les Denecker, graveurs sur bois, établis à Augsbourg, Leipzig, Vienne, etc. Jobst Denecker grava, en 1544, la Danse des Morts de Holbein, d'après les quarante-une planches originales faites à Bâle, en 1530, et y ajouta des explications en vers. Le recueil de J. Denecker se distingue de tous les autres par la planche de l'adultère, qui ne

---

[1] *Der Todtentanz, ein Gedicht.* Leipzig, 1831, avec fig.

[2] *Hans Holbeins Todtentanz.* Munich, 1832, in-8°, avec fig.

[3] *Kunstblatt.* 1831, n° 76.

se trouve ni dans les éditions de Lyon, ni dans celles de Cologne, Venise et d'autres endroits. Cette planche représente l'homme et la femme adultère couchés ensemble, le mari les surprenant et enfonçant son épée dans les corps des deux coupables, et la Mort, paraissant dans la ruelle du lit, saisissant de la main droite les cheveux de la femme adultère, et aidant de la main gauche à enfoncer l'épée du mari outragé. Il faut que cette quarante-deuxième planche ait causé du scandale, car il existe une autre édition dont les planches sont gravées d'une main ferme comme les précédentes, encadrées de la même manière, mais où cette quarante-deuxième planche a subi des modifications : le couple adultère, au lieu d'être couché, y est figuré assis devant le lit, et ayant les bras entrelacés, tandis que sur un des côtés la Mort fait voir un miroir et un sablier.

Ces deux éditions ont encore une autre planche représentant un crucifix, mais il leur manque l'Astrologue et le Soldat, qui ne se trouvent pas non plus dans la *Danse des Morts* de Bâle, édition de 1530, tandis qu'on les voit dans les éditions subséquentes de Lyon. Il existe une contrefaçon des deux éditions de Jobst Denecker, faite à Saint-Gall (1581, in-8º), avec un titre imprimé en partie en rouge; la feuille de l'adultère y manque; le monogramme HL qu'on remarque au lit de la duchesse, dans les éditions de Denecker, n'est pas non plus reproduit dans la contrefaçon de Bâle.

David Denecker, peut-être fils du précédent, fit une troisième édition in-folio de la Danse des Morts, à

Augsbourg, où il ne reproduisit pas non plus la planche de l'adultère, ni les encadrements des autres planches, et une quatrième à Leipzig, avec des encadrements.

Ce David Denecker, auquel succéda ensuite, à Vienne, un Hercule de Necker, également graveur sur bois, mérite encore un moment de fixer notre attention. Il publia, à Vienne, une espèce d'album représentant les dix âges de la vie, suivis de la Mort (1579, in-4º): les gravures en bois sont encadrées, et exécutées avec beaucoup de netteté.

Ce qu'il y a de remarquable, c'est qu'il existait de vieux textes pour les représentations théâtrales de ce sujet. Un spectacle de ce genre fut composé à Bâle, en 1517, par Pamphile Gengenbach; il a été réimprimé plusieurs fois. D'après cela, on n'aura plus aucune difficulté, je pense, d'admettre que les textes poétiques des Danses des Morts ont été également débités sur la scène par des personnages qui représentaient les diverses conditions de la société.

Enfin, M. Ferdinand Wolf [1] a porté l'attention du public sur un vieux poëme espagnol: *la Danza general de la Muerte en que entran todos los estados de gentes*, qui lui paraît incontestablement du XIVᵉ siècle, et dont Sanchez et Rodriguez de Castro ont donné des fragments [2]. C'est, autant qu'on sache, la plus an-

---

[1] *Beytraege zur Geschichte der kastil. National Literatur.* Vienne, 1832, cah. 1, pag. 131.

[2] Sanchez, *Collect. de Poesias castill.*, t. 1. — Rodr. de Castro, *Biblioth. espanola*, t. 1.

cienne composition littéraire sur le sujet qui nous occupe. Je crois même qu'on peut la regarder comme le texte d'une représentation scénique de la Danse des Morts. En effet, tous les personnages y sont mis en action et parlent. Le poëme pouvait se jouer d'un bout à l'autre sur le théâtre dressé dans un cimetière ou à l'entrée d'une église, pour amuser les fidèles à la sortie des vêpres. Qui sait combien de fois ce poëme a diverti les dévots espagnols!

Après une courte exposition en prose, servant de sommaire, on voit paraître la Mort, qui rappelle à tous les mortels le sort qu'elle leur prépare. Un prédicateur lui succède pour exhorter les mortels à se rendre dignes d'une mort chrétienne par une vie vertueuse. C'était, pour ainsi dire, la consécration pieuse du spectacle. Le tableau de Strasbourg commence aussi par une prédication, comme on a vu plus haut. Dans le poëme espagnol dont je parle, la Mort reparaît ensuite et se met en action, en ouvrant le bal avec quelques jeunes filles dans la fleur de l'âge; puis elle passe aux diverses classes de la société, en les prenant selon la hiérarchie admise alors, savoir : pape, cardinaux, patriarches, rois, évêques, seigneurs ecclésiastiques et laïques, moines, prêtres séculiers, et ainsi de suite jusqu'aux marchands et aux laboureurs. Le poëte a consacré à chaque classe deux strophes de son poëme, qui a soixante-et-onze couplets. Dans la première de ces strophes, la Mort invite à la danse la victime qu'elle a choisi, et dans l'autre celle-ci déplore son triste sort. Une dernière strophe, qui sert d'épilogue au poëme, exprime les réflexions pieuses des mortels qui attendent leur sort avec résignation. Peut-être, en fouillant plus profondément dans la littérature du moyen-âge, trouvera-t-on d'autres poëmes dramatiques de ce genre. On pourra décider alors si le poëme espagnol est original, ou si c'est une imitation ; si les poëtes ont inspiré les peintres, ou si, au contraire, les tableaux, sculptures et dessins ont donné lieu aux poëmes et aux drames, à moins que les uns et les autres ne tirent leur source de quelque circonstance inconnue. Jusqu'à présent, nous savons seulement que les représentations mimiques étaient en usage dans la première moitié du xve siècle [1]. Quant au poëte Macabre, c'est encore un personnage très-douteux.

Dans le manuscrit de ce poëme espagnol, on lit, à la suite de la *Danse des Morts*, les stances *sur le débat du corps et de l'ame*, qui se trouvent aussi à la suite des plus anciennes *Danses Macabres* françaises ; par exemple, dans les éditions de Paris, 1486 et 1491, et qui paraissent avoir été composées originairement en latin par un religieux nommé Fulbert, sous le titre de *Rixa animæ et corporis*. La bibliothèque impériale de Vienne possède un exemplaire manuscrit de ces stances ; l'auteur y est désigné sous le nom de *Philibertus Francigena* ; mais, dans une vieille traduction allemande, il est appelé *Fulbertus de Francia* : la bibliothèque Bodléienne, en Angleterre, en possède une vieille traduction anglaise, à la tête de laquelle

---

[1] Carpentier, *Glossar*, tom. 2, art. *Machabeorum chorea*.

se trouvent ces mots : *Hic incipit carmen inter corpus et animam* [1] ; enfin, dans le manuscrit espagnol cité plus haut, le poëte est qualifié de *sabidor en esta sciencia gaya* ; quel qu'il soit, il est évident que, dès le xive siècle, ces stances étaient jointes à la Danse Macabre, puisque le manuscrit espagnol paraît être de cette époque.

Je ferai remarquer en terminant que le bibliographe allemand Ebert [2] a signalé, parmi les vieilles éditions de la Danse Macabre, un livre bohémien qui a échappé à l'attention des autres bibliographes : c'est une traduction du traité d'Erasme de Rotterdam sur la préparation à la mort : *Knigha Erasmi Roterodamskeho* (Prague, 1563, in-8°), à laquelle se trouvent jointes cinquante-trois figures gravées, en bois, de la Danse Macabre, avec des vers en bohémien. Il est probable que la plupart des peuples qui, au moyen-âge, avaient une littérature, se sont approprié ainsi le sujet de la Danse Macabre.

---

[1] Warton, *History of english poetry*, Londres, 1824, vol. 2, pag. 436.

[2] *Allgemein. bibliograph. Lexicon*, Leipzig, 1830, art. *Danse Macabre* et *Todtentanz*.

FIN DU PREMIER VOLUME.

Fontaine St Maclou de Rouen.

Passage du Cloître St Maclou de Rouen.

E. Belaise del. juxta monum. E. H. Langlois aq. f.

Pierre commémorative du Cloître St Maclou.

Plan et détails du Cimetière de St Maclou de Rouen.

Danse Macabre du Cimetière St Maclou de Rouen.

Danse Macabre du Cimetière St Maclou de Rouen.

www.ingramcontent.com/pod-product-compliance
Lightning Source LLC
Chambersburg PA
CBHW050555230426
43670CB00009B/1138